新・金融政策入門

湯本雅士
Masashi Yumoto

岩波新書
1980

はじめに

「光陰矢の如し」とはよく言ったもので、本書の前身である『金融政策入門』（以下「前著」と称します）が刊行されてから早くも10年近くの年月が過ぎました。当時は、黒田日銀総裁の下でスタートした「量的・質的金融緩和政策」—いわゆる「クロダノミクス」—が始まって間もなくの頃で、それを巡って毎日のように喧々諤々の議論が交わされていましたが、学者や金融関係者ならいざ知らず、一般の人々にとっては何が何だかさっぱりわからないというのが実情だったと思います。筆者は当時、杏林大学での学生指導という任務を終え、新たに、衆議院調査局の財務金融調査室でスタッフの求めに応じて適宜アドバイスを行うという役割を与えられていましたが、その第一回目の会合（2013年4月）のテーマが、まさにこの「量的・質的金融緩和」であったことを想い出します。

後程詳しく述べますが、それまで「正統」と教えられてきた政策風土の中で育ってきた当時の多くの日本銀行OB—筆者もその一人です—にとって、この政策転換はまさに「異端」、ないしは「コペルニクス的転回」ともいうべきものであって、その心理的抵抗感は尋常なものではなかったという記憶があります。ましてや、日頃金融という仕事にタッチする機会の少ない一般の人々にとっては、何が何だかよくわからないというのが率直なところではなかったでしょうか。当時メディアを賑わしていた、いわゆる「経済評論家」達のあまり筋のよくない政策批判に素直に頷いていた人々も少なからずおりました。２０１２年の後半、選挙演説とはいえ、「今、皆さんがデフレに苦しんでいるのは、日銀が銀行券を出し惜しんでいるからだ」、といった荒っぽい言葉があれほど強い説得力を持ったのはそうした背景があったからだと思われます。

このような光景に危機感を抱き、一般の人々と金融関係者、それに学界との間に立ちはだかる大きなギャップを少しでも埋めたい…それが、筆者が前著の執筆を思い立った主たる理由でした。この種の本の性格上、「たちまち重版！」というようなわけにいかないのは当たり前ですが、それでも、「複雑な事柄を上手く説明してくれている」「バランスがとれている」「決しておろそかにできない入門書」といった比較的好意的な書評を頂き、何回か増刷の機会を得たことはまことに幸せなことでした。

しかしながら、ここ十年足らずの間に、金融の理論と実践の両面で起こった変化はまことに大きなものがありました。伝統的な政策環境の下で育った中央銀行マンが、「マイナス金利政策」「イールドカーブ・コントロール」「中央銀行によるデジタル通貨の発行」、果ては「金融政策の気候変動への対応」などという言葉を初めて耳にした時の反応を想像してみてください。

そして最近では、どのようにして「出口」を見出すかについての議論が盛んです。前著では、「インフレターゲット」「量的緩和」までは取り上げましたが、読者がそこで右に記したような「newspeak」(一昔前に"Fedspeak"という言葉が流行ったことがありました。グリーンスパン議長時代のFRBが発する、どう解釈したらいいかよくわからない謎めいた言葉を指しています。もともとの出所は、G・オーウェルのデストピア小説『1984年』でした)を探そうとしても、勿論影も形もありませんん。それでもなお「金融政策入門」と題してこのまま世に出し続けていいものか…これが、ここ数年来筆者を悩ませていたことでした。この度、前著の執筆意図と基本的な性格は維持しつつ、しかも過去10年の空白を埋める機会を与えられたことを大変嬉しく思っています。

前著では、執筆に際しての心構えとして以下のようないくつかの事柄を挙げました。いずれも「何を今さら」と言われそうなことばかりですが、筆者がとかく陥りがちな罠に気をつけるようにとの自戒の言葉であって、本書においてもこれを守っていきたいと思います。

(1)思い込みや、無意識のうちに行われる「刷り込み」に注意すること。
(2)自分に都合のいい情報やデータ、あるいは理論しか受け付けず、それ以外は排除するという態度をとらないこと。
(3)基礎の基礎から積み上げて最終的に完成に至るという地道な努力を続けること。
(4)細部に留意しつつ、しかも全体を見失わないこと(木も森も見る)。

(5)因果関係の方向性—どちらが原因でどちらが結果か—を見失わないこと。
(6)使われている言葉の定義を明確にしてから議論を始めること。混乱の多くはそこに起因する(その端的な例が「デフレ」の定義です。しばしば、「長期停滞の原因はデフレ」などという言葉を耳にしますが、定義次第では同義反復になってしまいます)。

前著同様、学術書ではない一般向けの入門書なのですから、できるだけ専門用語や数式を避け、たとえ話などを利用しながら話を進めていきます。前著に対しては、「入門書にしては難しすぎる」という批判がありました。入門書とはいえ理論のレベルを落とすようなことはしたくないと思ったためであり、その姿勢は本書でも引き継がれていますが、よりわかり易い言葉で、より丁寧に説明していくつもりです。

本書は2023年3月末までの出来事に基づいて記されています。執筆から刊行に至るまでのギャップを埋めるべく努力したつもりですが、それでも避けられない部分があることをお断りしておきます。

目次

第二部　政策編

第一部
基礎編

第一章　金融政策とは何か

建築現場などでよく見かける光景ですが、工事が始まってから相当期間が経過したにもかかわらず、建物の姿がなかなか現れて来ないということがよくあります。覗いてみると、思いがけない深さまで土が掘り下げられ、基礎を固めるのに多くの時間とエネルギーが費やされていることに気づきます。言うまでもなく、基礎工事がしっかりしていないと地震や台風に弱い建物ができてしまうためですが、同じことは、我々が第一章から第五章にかけて行おうとしていることにも当てはまります。家具の配置やカーテンの色などよりも、まずは土台を固めなければならないということです。第六章から第八章に至ってようやく柱を立て、屋根を葺く作業に取り掛かります。

金融政策とは

というわけで、まずは普段何の気なしに使っている「金融政策」という言葉について、改めてその意味を考えるところからスタートします。地味で目立たない仕事ですが、それなしでは先に進むことができません。

金融政策をどう定義するか。いろいろな考え方があると思いますが、ここではとりあえず、「政策運営担当者が、一定の意図をもって通貨・金融面から経済主体（個人・組織）の行動に働きかけ、その意図を実体経済面に反映させるべく努める一連の行動」としておきます。以下、この定義に従って、一つ一つの概念をできる限り明確に把握する作業を試みますが、その下準備として、そもそも通貨とは何か、金融とは何かというところから始めます。

通貨と金融

（1）「通貨」とは

一般に「通貨」(currency)というと銀行券や鋳貨(coin)などがすぐ頭に浮かびますが、それは全体のごく一部に過ぎず、現代ではむしろ銀行預金（当座・普通）が主流です。現在、通貨ないしはそれに類似した資産と見なされているものの規模を示すと図表1-1のようになっています（Mは「通貨—マネーストック money stock」の略です）。ちなみに、「貨幣」という言葉もよく目にしますが、若干ニュアンスは異なるものの、ここでは通貨と同義語として扱います。

通貨の起源については、これまで「商品貨幣説」と「貨幣法制説（表券貨幣ないしは国定貨幣説）」の二つの考え方が唱えられてきました。これまで通説的地位を占めていたのは商品貨幣

図表 1-1　各種の通貨とその規模(2022 年 12 月平均残高)

M1　1,042 兆円	
(内訳)預金通貨	925(要求払預金－金融機関保有手形小切手)
現金通貨	117(銀行券発行高＋貨幣(コイン)流通高)
M3　1,569 兆円	
(内訳)M1	1,042＋準通貨 495(定期預金等＋外貨預金)＋CD 32(譲渡可能預金証書)
広義流動性　2,084 兆円	
(内訳)M3	1,569＋金銭・投資信託＋金融債＋金融機関発行 CP＋国債＋外債

出所：日本銀行

説ですが、最近では、歴史的にみてこの説は受け入れ難い(それを立証する根拠が見当たらない)という見方が有力になってきています(日本銀行金融研究所ニュースレター(2023)「マネーシステムの歴史を語る」参照)。これは重要な指摘であって、後々の議論に関係する問題ですが、そのことはさておき、ここではとりあえず、この二つの説がどのようなことを言っているのかを見ていくことにします。

「商品貨幣説」は次のように考えます。…人間の歴史は、直接的な物々交換の時代から始まって間接的な商品交換の時代に進む。その過程で次第にある「モノ」が一般受容性を獲得するようになり、交換の一般的な媒介手段として機能するに至る。それが通貨(貨幣)の起源である…。

ここで「一般受容性」とは、ある「モノ」について、それがいつでもだれでも、そして何にでも交換することができるということについて、広く一般の期待・信認が確立していることを指します。通貨はそれによって、全く知らない相手方との間で、需要と供給をぴったり一致させる役割を果たすことになります。経済学ではこのことを、"double coincidence of desire"(欲望の二重の一致)と表現します。

この一般受容性を持った「モノ」は、歴史的にはさまざまな姿をとりました。穀物・動物・貝・宝石・貴金属等がそれですが、やがて時がたつにつれて金・銀に統一されていきます(「金銀本位制度」)。金銀が、美しい、運搬・分割が容易である、性質が変わらない、量が少なく、容易に手に入らない(希少性)といった、他の「モノ」にはない特性を持っていたためです。歴史的に見ると、初めの頃は銀が、次いで金が主たる通貨となりました。

金銀は当初貨幣(コイン)の形でそのまま流通していましたが、それではいろいろ問題が起こる(変形・摩耗等)ので、次第にその代替物が通貨としての機能を果たすようになってきました。代替物は銅や鉄、あるいは紙などだったのですが、重要なのは、社会の成員すべてが、最終的にはそれを金銀に交換することができると信じていたことです。ここで「紙」とは、手持ちの金銀を他人(両替商等の専門家)に預けて、代わりに交付される預かり証のことで、これが後に銀行券に発展します(両替商は銀行家に「変身」します)。

銀行券に対する信認が、金銀との交換可能性(兌換《だかん》)に依存しているということは、銀行券の発行高に対する大きな制約になります。金銀、とりわけ金の生産量は極めて限られているからです。しかしながら、経済活動の拡大に伴って、通貨に対する需要は際限もなく増加していきます。それにもかかわらず、銀行券の金兌換可能性が問題になるようでは、経済活動は大きく制約されざるを得ません(このことを表す言葉として"golden fetters"(金の足枷)という表現がありま す)。金銀が貨幣として流通していた時代にこの問題の解決策として考え出されたのが、1枚の貨幣に含まれている金銀の量を減らしていく――いわゆる「改鋳」――でしたが、それがどういう結果をもたらしたかは歴史が教えてくれています。長い日月と数々の失敗を経て、人類はついに金銀本位制を捨て、通貨の量を自らコントロールする「管理通貨制度」の時代に入っていきました。

「商品貨幣説」による通貨の歴史物語(narrative)は以上のようなものですが、これに対して「貨幣法制説(表券ないしは国定貨幣説)」は、通貨が通貨として流通するのは、「政府が法律によってそれを通貨と定めているからである(「法貨」――決済のためにそれを提示されたら受け取る義務がある)と主張します。一頃話題になった「現代通貨論」(Modern Monetary Theory: MMT)は、通貨の起源を債権債務(信用)関係に求める独特の「信用通貨説」を唱えていますが、ここでも「政府がそれを受け取る義務」をもって通貨の重要な属性としていますから、表券ないしは国定貨幣説の一変形とみることができます(後に詳しく述べますが、MMTは、国民に対し、国家が定める通貨で税金を納めることを義務付けるとともに、国にはそれを受け取る義務があるとし、それをもって通貨流通の根拠とします(tax-driven money))。ただ、いくら政府がこれが通貨だと言っても、それに対する一般の信頼が失われては通貨の役割を果たすことはできません。そのことは、大インフレに遭遇した際の人々の行動を考えてみれば明らかです。歴史的に有名なのは第一次大戦後のドイツの惨状ですが、第二次大戦直後の日本でも似たような光景が繰り広げられました。農家がコメの対価として現金を受け取らず、着物との引き換えを要求したというエピソードがよく知られています。

このように、商品貨幣説、貨幣法制説のいずれをとるにせよ、重要なのは通貨の「一般受容性」について人々の信認が確立していること、そのことが通貨を通貨にしている、という事実です。その条件さえ充たされていれば、その「モノ」がどのような形をしていようが、何でできていようが問題ではありません。岩井克人教授はこのことを、「貨幣が貨幣であるのは、それが貨幣であるからである」、と表現しています（無限の循環論法（『貨幣論』1993））が、まことにその通りだと思います。

こうした認識が広く行き渡るに至るまでには長い歴史があるのですが、今や単なる電子記号でも通貨として認識される時代になってきました。このような意味での「通貨」が取引される場である「金融市場」もまた電子記号が飛び交う世界になっています。一部の市場ではなお人の姿が見られますが、基本的にはコンピュータ内の出来事です。

ついでながらここで、クレジット・カードと、その変形ともいうべきスマホ決済について一言しておきます。クレジット・カードそれ自体は通貨ではなく、伝統的な銀行口座を経由する資金決済のための手段とみることができます。スマホ決済も最終的には銀行口座間の取引に結び付くという意味では伝統的な決済メカニズムと大きな違いはありません。ただ、最終的な決済に至るまでの時間差がリスクを含んでいることは確かであって、この点については法的な手当てが必要になります。一方、ポイント制度は、潜在的には既存の通貨を脅かす可能性を秘めていますが、その一般受容性についてはなお問題があり、当面は既存の通貨に取って代わるような存在になるとは考えられません。ただ、いずれこうした形の取引が大規模に行われるようになってくると、通貨統計にそれを反映させ、それをベースとした政策対応が求められる場面が出てくるかもしれません。

このことに関連して、昨今話題の「仮想通貨」をどう考えるか、ということが問題になりますが、少なくとも現時点ではその一般受容性についてなお大いに疑問がある以上、これを「通貨」と呼ぶことはできないというべきでしょう。法制面でもこれを「暗号資産」(crypto-assets)として、「通貨」(currency)と呼ぶのを意識的に避けています(「資金決済に関する法律」改正第2条)。とりわけその価値が乱高下する点が大きな問題で、現に関連企業の大規模な経営破綻が話題になっており、既存の金融機関等がこの種の「通貨」を扱うことを認めるべきか否か、扱うことを認める場合にはどういう規制が必要か、改めて考えてみる必要があります。中国では銀行や企業がこの種の資産を扱うことを禁止しています。国際的にも、ＢＩＳ(国際決済銀行―国際的な銀行監督・規制の拠点)を中心に、仮想通貨をどのように規制するかについての検討が進んでいます。ＥＵでは近々暗号資産規制法案を審議する予定であると伝えられています。英国でも規制の導入が決まっています。日本では、「改正資金決済に関する法律」により、日本で登録する仮想通貨交換業者から預かる金銭については信託銀行への信託義務が課されており、コインの裏付け資産についても保全義務が求められています。一つの考え方は、この種の「通貨」を発行する際には、それに見合う法貨の裏付けがあることを義務とし、その実効性を担保する(１００%準備率―"stable coin")ということでしょうが、それでも不安は消えません。なお、中央銀行自身がデジタル通貨を発行することについての研究が進んでいますが、そのことについては137ページで取り上げます。

ところで、これまで「決済」という言葉が何度か出てきました。言うまでもなく、既に発生している債権債務関係(例えば資金の貸借)を解消(返済)する行為のことです。当事者間の債権債務関係は、それぞれの取引金融機関の債権債務関係に転嫁され、最終的に日本銀行に置かれた各金融機関の預金口座間の振替で完了します(日銀ネット)。日銀における決済は、かつてはある時点を区切って、それまでに溜まった貸し借り関係全体を相殺したベースで行われていましたが、現在では相殺せず、直接即時に行われています(real-time gross settlement: RTGS―２００１

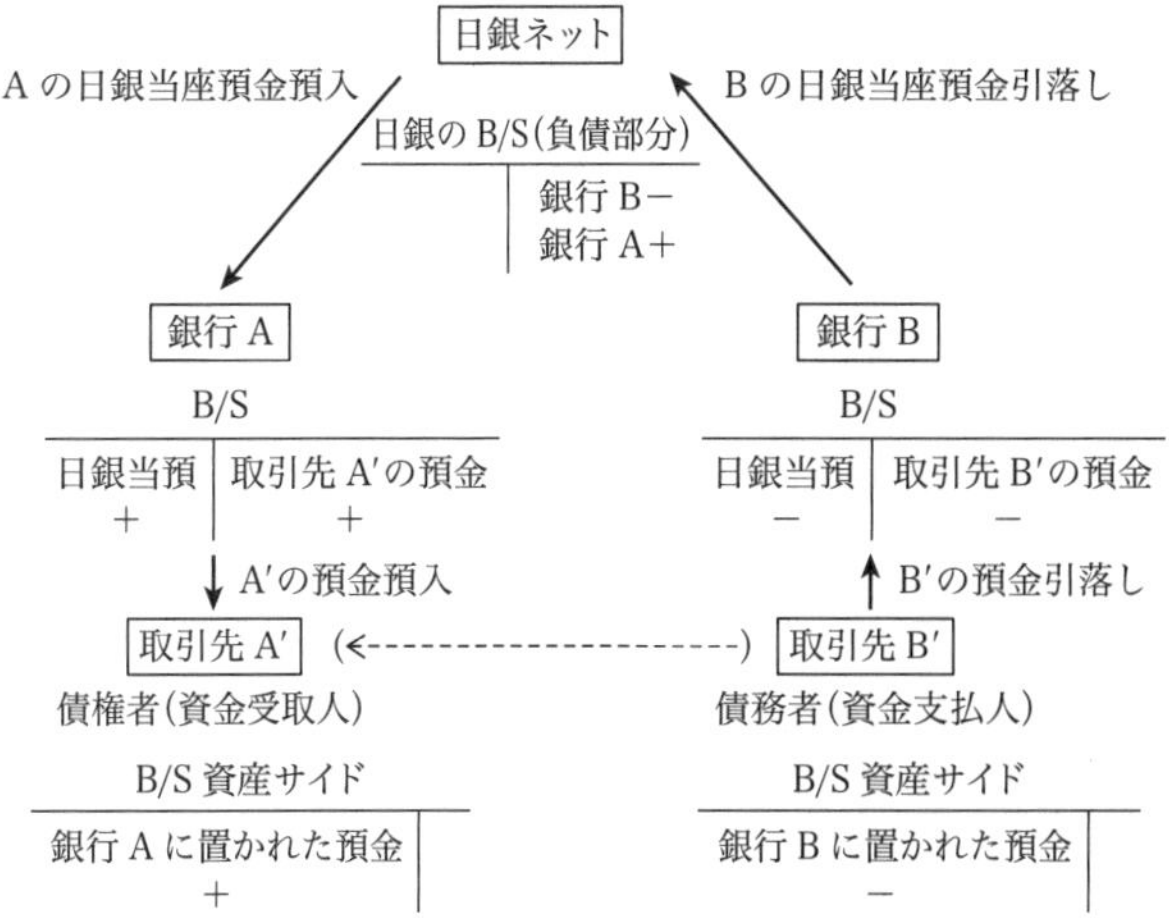

資金決済のメカニズム

年1月より)。言うまでもなく、決済過程で生ずるリスク(決済不能)を最小限に止めるための仕掛けです。日々の決済は膨大な規模に上りますが、その過程で一つでも齟齬が生ずると、経済全体に大きな影響が出ることになります。日本銀行法第1条は、日本銀行の目的の一つとして、「金融機関相互の資金決済の円滑の確保」とそれを通ずる「信用秩序の維持」を掲げていますが、そのことからもわかるように、金融システムの安定維持とその円滑な運営は、金融政策と並んで、中央銀行にとって最も重要な任務の一つとされています。なお米国でも、2023年7月にFedNowという類似のシステムが稼働する予定です。

　通貨の存在がひとえに人々の期待と信認に基づいているという事実は、通貨・金融の世界が如何に脆い(fragile)ものであるかを意味しています(別掲コラム参照)。金融取引には実にさまざまな種類・態様がありますが、その基本は「通貨(資金)の貸し借り」であって、それが複雑に絡み合って大きなピラミッドを形成しています。たとえて言えば、トランプ(前米国大統領のことではありません)のカードでできた家を考えてみればいいでしょう。それがすべて通貨に対する人々の信認、ないしはその安定性についての期待にかかっているのですから、一旦この基礎が失われたときにどのようなことが起こるかは想像できます。「将棋倒し」という言葉がありますが、金融危機の時に起こる現象はまさにそれです。こうした将棋倒しのリスクを“systemic risk”といいます(自分に非がなくともそれに巻き込まれる——IT機器の不具合などにより金融機関などが損失を被るリスクを意味する“system risk”とは違うことに注意してください)。したがって、金融当局は、通貨に対する人々の信認が傷ついたり動揺したりすることのないよう、あらゆる手段を尽くす義務を負っています。財政当局が、健全財政の維持確保に強いこだわりを持つのも、それが自国通貨に対する内外の信認に深くかかわっているからです。金融財政政策の運営に際しては、一歩誤ると信認の喪失、ひいては経済活動全体の動揺・崩壊に通ずる危険が常に潜んでいることに留意する必要があります。

コラム●「星の王子」が語ること

サンテグジュペリの『星の王子さま』(Le Petit Prince)といえば、世界中で誰知らぬ者はいない永遠の名著である。一見お子様向けのおとぎ話かと思われるこの小さい本が、大の大人にこれほどのインパクトを与え続けているのはなぜか。それは、言うまでもなく、何者にも曇らされていない目を持つ王子が発する言葉が、世俗の塵にまみれて生きている大人にとって厳しいムチとなって跳ね返ってくるためである。一例を挙げてみよう。

さまざまな星を巡る旅の途中、王子は銀行家(原文では businessman となっている)に出会う。彼は四六時中数を数えており、めちゃくちゃに忙しい。王子は彼に尋ねる。「何を数えているの?」。銀行家は答える。「あそこに金色に光っている小さいもの—つまり、星だ」。王子「それを数えてどうするの?」。銀行家「それは俺が所有しているからだ」。王子「それを所有することがどうしてそんなに大事なの?」。銀行家「金持ちになれるからだ」。王子「星は持っていけないじゃないか」。銀行家「銀行に入れることができる」。王子「それはどういうこと?」。銀行家「俺が持つ星の数を紙に書いて、それを安全なところにしまって、鍵をかけておくのだ」。王子「それだけ?」。銀行家「それで十分だ」…。王子はあきれて他の星を目指して旅立った。

この話には後日談がある。王子はその後、あの銀行家のことを思い出して、彼の住む星をもう一度訪ねることにした。銀行家は相変わらずめちゃくちゃに忙しがっており、昔よりその度合いが増しているように見受けられた。王子は、銀行家が昔のように紙に数字を書いていないことに気がついて、そのことを尋ねてみた。銀行家は言う。「すべてコンピュータの中に入っている」。王子「それで星を所有していることになるの?」。銀行家「その通り。今は世の中が進歩して、コンピュータの中で星を作り出すことができるのだ。われわれはそれを、ビットコインとかリブラとかいう名で呼んでいる」。王子「どんな形をしているの?」。銀行家「形などはない。触ることもできない。電子の移動なのだから」。王子「それで星を所有したことになるの? それで金持ちになったというの?」。銀行家「うるさい。あっちへ行け」。王子は理解できないまま、諦めてこの星を後にした。

ふと気がつくと、あまりの暑さに耐えかねて、読みかけの『Le Petit Prince』を枕に一場の夢を見ていたようだ。現代版「邯鄲《かんたん》の枕」といったところか。

王子はあれからどこに行ったのだろう。あの時、銀行家がこう言ったら納得してくれただろうか。「ビットコインは危ないところがあるが、リブラは大丈夫だ。なぜならば、それは、銀行預金や債券の裏付けがあるからだ」。

王子がこう聞いてきたら、銀行家は何と答えただろう。

「銀行預金も債券も電子記号ではないの? それで裏付けがあると言えるの? それを数えていれば金持ちになったということで満足できるの?」。

どうもまだ眠気から十分に覚めていないようだ…。

(2019年10月記)

(2)「金融」とは

通貨についてのおさらいはこれくらいにして、次に金融について基礎的な事柄を確認しておきます。「金融」とは端的に言えば通貨の貸し借りです。通貨を資金と言い換えてもいいでしょう。ただ、資金の運用・調達というと、単純な通貨の貸借だけではなく、利益の配分を目的とする資金拠出(出資)の領域をも含むより広い概念になります。金融商品の一つである債券は前者、株式は後者に属します。債券には返済期限がありますが、株式にはありません。

国内外において、資金の運用・調達がどのように行われているか、だれがそれに参加しているかが一目でわかる便利な表が、日本銀行が作成している「資金循環表」(図表1-2)です。この表の右手が資金の提供者(運用サイド)、左手が需要者(調達サイド)で、間に仲介役を務める金融機関(広義)が存在するという構図です。資金循環表には、このように、ある一時点でどのような債権債務関係が成立しているかを示すストック表と、それが一定期間内にどのように変化したかを示すフロー表(図表1-3)とがあります。

この図で一言しておきたいのは、しばしば聞かれる次のような言葉—家計は2000兆円以上の金融資産を持っているのだから、少々国債を増発しても簡単に消化できる—をどう考えるかということです。こうした理解は、2000兆円という現預金がなおタンスに眠っていると

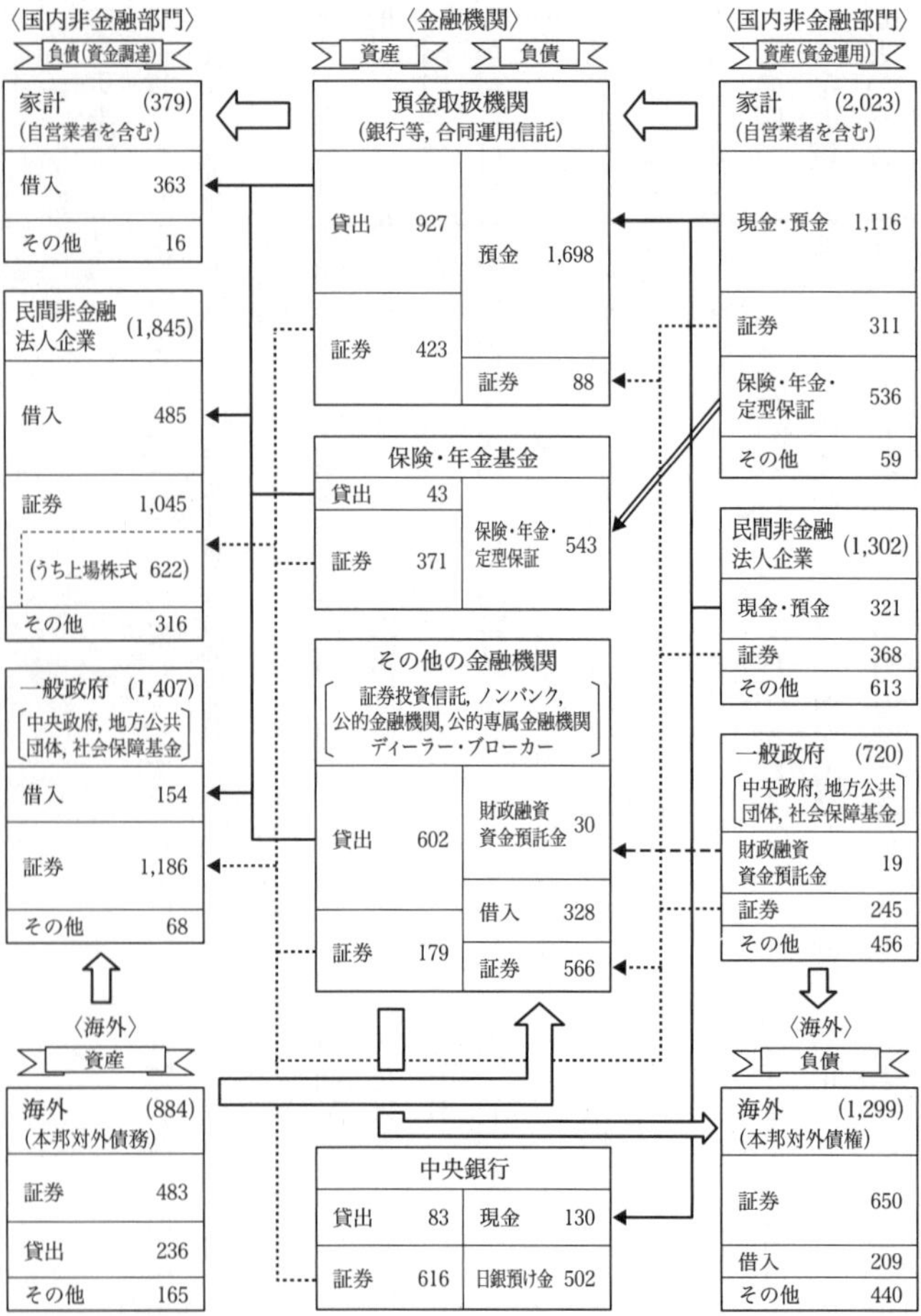

〈国内非金融部門〉
負債(資金調達)
〈金融機関〉
資産
負債
〈国内非金融部門〉
資産(資金運用)
家計 (379)
(自営業者を含む)
借入 363
その他 16
預金取扱機関
(銀行等, 合同運用信託)
貸出 927
証券 423
預金 1,698
証券 88
家計 (2,023)
(自営業者を含む)
現金・預金 1,116
証券 311
保険・年金・定型保証 536
その他 59
民間非金融法人企業 (1,845)
借入 485
証券 1,045
(うち上場株式 622)
その他 316
保険・年金基金
貸出 43
証券 371
保険・年金・定型保証 543
民間非金融法人企業 (1,302)
現金・預金 321
証券 368
その他 613
一般政府 (1,407)
〔中央政府, 地方公共団体, 社会保障基金〕
借入 154
証券 1,186
その他 68
その他の金融機関
〔証券投資信託, ノンバンク, 公的金融機関, 公的専属金融機関 ディーラー・ブローカー〕
貸出 602
証券 179
財政融資資金預託金 30
借入 328
証券 566
一般政府 (720)
〔中央政府, 地方公共団体, 社会保障基金〕
財政融資資金預託金 19
証券 245
その他 456
〈海外〉
資産
海外 (884)
(本邦対外債務)
証券 483
貸出 236
その他 165
中央銀行
貸出 83
証券 616
現金 130
日銀預け金 502
〈海外〉
負債
海外 (1,299)
(本邦対外債権)
証券 650
借入 209
その他 440

出所：日本銀行
(2022年12月末, 単位：兆円)

図表 1-2 資金循環表——部門別の金融資産・負債残高

いう認識に基づくものですが、図表からもわかるように、家計は既に直接、あるいは金融機関を経由して間接的に相当量の国債を保有しているのであって、それに加えてさらに国債を積み増す余裕があるというわけではありません。これなどは、しばしばみられる「事前(ex ante)」と「事後(ex post)」の取り違えの一例というべきでしょう。

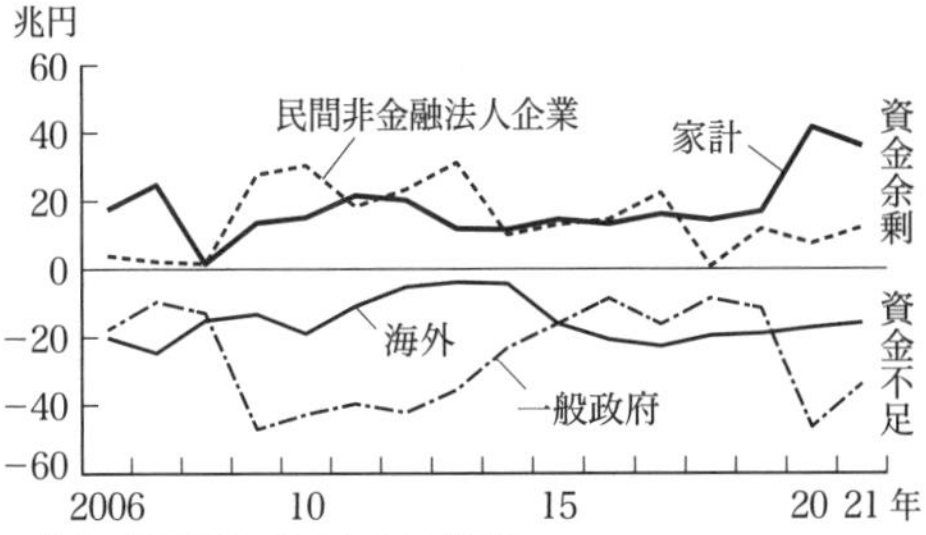

出所：日本銀行，2021 年 9 月末現在

図表 1-3　部門別資金過不足の推移

その他に留意すべき点を挙げれば次の通りです。

①家計は大きな資産超過(ストック)かつ資金余剰(フロー)部門であるが、その大部分は金融機関を通じて資金需要部門に提供されている(間接金融―ここで金融機関の果たす役割は「資産変換(asset transformation)」と呼ばれます)。

②民間法人部門は負債超過部門であるが、フローで見れば資金不足幅は減少し、むしろ資金超過部門に転じている。つまり、昔(戦後復興期から高度成長期にかけての時期)に比べ、資金調達面で銀行借り入れに依存する必要性が薄れている。

③政府部門は大きな負債超過部門であり、フローで見ても大幅な資金不足の状態が続いている。すなわち、財政事情は悪化の一途をたどっている。

④海外部門は負債超過（日本の資産（債権）超過）である。ただ、一時に比べれば資金不足幅が縮小しており、時に資金余剰となることもある。つまり、日本の経常収支黒字幅はかつてのように大きなものではなくなっており、時には赤字に転ずることもある。

すでに見たように、金融とは通貨の貸し借りないしは提供（出資）ですが、その結果債権債務関係が成立します。こうした「関係」が仲介役である金融機関を通じて取引（預け預かり・売買・貸借）されていると考えると、それ、ないしはその表章―例えば預金・株式・債券等―を「金融商品」と呼んでも不自然ではありません。そうした金融商品の取引の場が広義の「金融市場」です。「場」といっても具体的な市場があるわけではなく、大方はコンピュータ内の出来事です。広義の金融市場には、プロ向けの短期金融市場・債券市場・外国為替市場、アマも参加する預金・保険・信託・株式市場などがあります。金融政策が働きかける場は主としてこの短期金融市場ですが、このことについては後に詳しく述べます（51ページ以下参照）。

金融政策の運営主体

以上で下準備が整ったところで、いよいよ本題の金融政策に話を進めます。先に金融政策の定義として、「政策運営担当者が、一定の意図をもって通貨・金融面から経済主体（個人・組織）の行動に働きかけ、その意図を実体経済面に反映させるべく努める一連の行動」としました。

まずはこの「政策の運営担当者」ですが、これは言うまでもなく中央銀行を指します。政府の他になぜ中央銀行という組織が生まれたのかについてはすでによく知られていることですが、ここでもう一度復習しておきます。

中央銀行は、商業銀行のうち、ある有力な銀行が王や領主といった支配者と結びつき、財政面で彼らの面倒を見る代わりに銀行券を独占的に発行する権利を獲得するところから始まったとされます。17世紀のスウェーデンのリクスバンク(Sveriges Riksbank)やイギリスのイングランド銀行(Bank of England)がその例ですが、やがて19世紀に入ると、富国強兵・殖産興業といった観点から、国家にとって必要不可欠な存在という認識が広まり、各国で次々と中央銀行が設立されていきます。日本銀行もその一つであって、1882年に設立されました。

米国の中央銀行制度(Federal Reserve System: FRS)は、国の成り立ちの経緯(独立した各州の連合体)もあって、全米を12の地域に分け、それぞれの地域に設立された連邦準備銀行(Federal Reserve Banks)が集まって、ワシントンDCに本部(理事会―Federal Reserve Board of Governors: FRB)をおくという、他国には見られない独特の形をとっています(1913年成立)。金融政策は、この本部で年8回開催される公開市場委員会(Federal Open Market Committee: FOMC)で決定され、それに基づいて具体的な指示(directives)がニューヨーク連銀に通達され、実行されます。FOMCは、Boardの理事7名とニューヨーク連銀の総裁、およびその他の地区連銀総裁のうち毎年ローテーションで選出される4名の計12名で構成されています。

中央銀行設立後は、それが発行する銀行券だけが法律で通貨と認められ(「法貨」)、それ以前に流通していた様々な通貨はしばらくして使用禁止になりました。ただそのことは、銀行券の発行権限が中央銀行に属することを意味するわけではありません。発行権(通貨高権)はあくまでも国にあり、中央銀行は法律によって発行事務を委託されているというのが正確な表現です。したがって、銀行券の発行によって生ずる利益(通貨発行益)は中央銀行にではなく、国に属します。

法貨には中央銀行発行の銀行券と、政府発行の鋳貨(コイン)が含まれますが、後者の発行額はそれほど大きなものではありません。銀行券は無制限に流通しますが、鋳貨には枚数制限(日本では額面の20倍まで。それ以上は受け取りを拒否しても違法ではないという趣旨)があります。ちなみに、銀行券・鋳貨の製造は、それぞれ独立行政法人国立印刷局と同造幣局に委託されています。しばしば誤解されていますが、銀行券を発行したからといって、日本銀行に額面だけの利益が生まれるわけではありません。このことについては後述します(239ページ参照)。もう一つの誤解は、銀行券の発行高を決めているのは日本銀行だ、というものですが、銀行券の発行高を決めるのはあくまでもそれを使う人であって、この点で日本銀行は全くの受け身です。したがって、「日本銀行が銀行券を出し惜しんでいる」という言葉は、誤解でなければ一種のフエイク・ニュースですが、金融緩和を渋っているという趣旨ならばまだ意味は通ります。

こうした設立当初の段階では、今日言うような金融政策の運営主体という認識は希薄であって、多くの場合、国家財政の支援や地域金融の円滑化、あるいは特定産業の育成振興といった目的が背後にありました(日本銀行も例外ではありません)。今日のような意味での金融政策が生まれたのは比較的最近の話であって、とりわけそれが重視されるようになったのはここ半世紀程度であるということは記憶しておいていいかと思います。

この点を拡張していくと、一国において、政府の他に、そこから独立した中央銀行という組織がなぜ必要なのか、それと政府とはどういう関係にあるのかという、いわゆる「中央銀行の独立性・自主性」という問題に突き当たります。結論から言えば、議会制民主主義の原理を奉ずる限り、国民の信託を受けた議会や政府から「独立」した組織が国家内に存在することはあ

主要中央銀行の設立時期

1668年	スウェーデン
1694	英国
1800	フランス
1811	フィンランド
1814	オランダ
1816	ノルウェー
1817	オーストリア
1818	デンマーク
1846	ポルトガル
1850	ベルギー
1860	ロシア*
1874	スペイン
1876	ドイツ**
1882	日本
1893	イタリア
1913	米国
1934	カナダ
1948	中国
1998	欧州中央銀行

*ロシアはその後，1921年にゴスバンク，1990年にロシア連邦中央銀行に改組

**ドイツは第二次大戦まではライヒスバンク．その後，1948年にレンダーバンクに改組，1957年にブンデスバンク設立

り得ず、何らかの形でその意思決定が国家の制約を受けるのは当然というべきでしょう。そのことは、以下に記す各国中央銀行の政策運営目的にも表れています。

しかしながら、日々の金融政策の運営に際しては、極めて複雑かつ技術的な知識・経験を要する事柄が多いことは事実であって、それについては専門家に委ねることが賢明であるということについては広くコンセンサスがあります。このことをよく表しているのが、「目的の独立性と手段の独立性」（"goal independence vs instrument independence"）という言葉です（元FRB副議長S・フィッシャーの講演"The Independent Bank of England—20 Years On"（2017）を参照）。要するに、政府は経済政策運営の大筋の方向性を決定し、それについて責任を負うが、それを超えて、中央銀行の金利の上げ下げについてまで口を出さない、ということです。至極当然のように聞こえますが、実際には手段と目的とはそれほど明確に分離できるものではなく、しばしば両者間に緊張が走る場面がみられます。国債金利の上限維持策を巡る米国での論争（211ページ）や、政府がゼロ金利政策の解除に反対して日銀政策委員会の議決の延期を求めた2000年8月の「事件」（203ページ）などはその例です。

ただ、インフレ期—選挙を意識して景気刺激に走る傾向にある政治と、インフレ克服を至上命題とする中央銀行の対立がしばしば生ずる—とは異なり、デフレ克服が優先課題となっているような場面では対立が先鋭化することは少なく、共同してことに当たるということになりが

主要中央銀行の金融政策決定機構と政府・議会との関係

	決定機構	政府・議会との関係
日本銀行(BOJ)	政策委員会(金融政策決定会合)：総裁，副総裁2名，および6名の審議委員の計9名	総裁・副総裁・審議委員は衆参両院の承認を得て内閣が任命(任期5年)
連邦準備制度(FRB)	連邦公開市場委員会(Federal Open Market Committee: FOMC)：FRB議長，副議長を含む理事7名およびニューヨーク連銀総裁，それに地区連邦準備銀行総裁のうち毎年ローテーションで選出される4名の計12名	理事は上院の承認を得て大統領が任命(任期14年)．議長は理事のうち1名を上院の同意を得て大統領が任命(任期4年)
イングランド銀行(BOE)	金融政策委員会(Monetary Policy Committee: MPC)：総裁，副総裁2名，内部委員(理事)2名，外部委員4名の計9名	総裁(任期8年)，副総裁(任期5年)は国王が任命．内部委員2名は総裁が財務相と協議の上任命(任期3年)．外部委員4名は財務相が任命(任期3年)
欧州中央銀行(ECB)	政策理事会(Governing Council)：政策理事会メンバー6名(総裁，副総裁，理事4名)およびユーロ加盟20カ国の中央銀行総裁の合計26名*	理事は加盟国の総意(欧州議会と協議)で決定(任期8年)

*ユーロ加盟20カ国のうち，独・仏・スペイン・オランダ・イタリアの5カ国が4票，その他の15カ国が11票を持ち，毎月ローテーションで投票権を行使する

ちで、平和が保たれる、というのがこれまでの経験でした。後に取り上げる黒田日銀総裁下の量的・質的金融緩和の時代は、まさにそうした蜜月時代の典型的なケースといえます（216ページ以下参照）。中央銀行といえども国家の組織である以上、政府あるいは議会がこれに関与することは当然のことですが、法制上、その関与は人事面に止まっており、またそうあるべきだとされています。ただそのことは、政府と日銀間で常時緊密な連絡・意見交換を行うことを排除するものではなく、むしろ大いに勧奨されるべきものであることは言うまでもありません。

金融政策の目的

次に、「一定の意図をもって」とは何か、ということですが、日本銀行法はこれを、「物価の安定を図ることを通じて国民経済の健全な発展に資すること」、と表現しています。米国の中央銀行に当たる連邦準備制度（ＦＲＢ）の根拠法であるFederal Reserve Actも、「雇用の最大化」（maximum employment）と並んで「物価の安定」（stable prices）とをその使命（mandate）としており、その他の中央銀行も、表現はいろいろですが、その主たる任務を物価の安定としている点では共通しています。以下に主要中央銀行の政策運営目的を掲げておきます。

日本銀行（Bank of Japan: BOJ）──「物価の安定を図ることを通じて国民経済の健全な発展に資

すること」

米国連邦準備制度（Federal Reserve System: FRB）—"to promote effectively the goals of maximum employment, stable prices, and moderate long-term interest rates"

欧州中央銀行（European Central Bank: ECB）—"to maintain price stability. Without prejudice to the objective of price stability, the ECB shall support the general economic policies in the Community"

イングランド銀行（Bank of England: BOE）—"to maintain price stability, and subject to that, to support the economic policy of His Majesty's Government"

問題は、「物価の安定」とは具体的にどういう状態を指すのか、ということです。よく知られているように、現在多くの中央銀行は、これを「消費者物価の前年比上昇率がおおむね２％程度に維持されていること」としています。この目標値についてはいろいろ議論があるのですが、その前に、そもそも「物価」とは何か、何がそれを変動させるのか、という問題があります。このことについては後に取り上げます（37ページ以下）。

「雇用の最大化」については、Federal Reserve ActがＦＲＢにそれを義務付けている（mandate）のに、日本銀行法にはそれが見当らないのは何故かということが問題になったことがありました(1997年の日銀法改正前後)。それは「国民経済の健全な発展」の中に当然含まれているのだ、ということで現在の条文になっているわけですが、近年、雇用情勢とそれと密接に関連する格差の拡大に対する問題意識が深まるにつれ、中央銀行もより積極的にこれらの問題に関与すべきだという声が高まっています。この議論を拡張していくと、中央銀行は、国民の経済・社会生活のすべての局面における諸問題に深く関与すべきだ、という結論になりそうですが、それに対しては当然反論もあるはずです。従来は、そうした問題は財政政策で対応すべきで、中央銀行が口を出すべきではないと考えられてきたからです。近年、金融政策と財政政策との間の境界が急速に縮まってきていることが指摘されていますが、このことについても後に改めて考えてみます(117ページ参照)。

米国における雇用重視の姿勢は、1946年の「雇用法」(完全雇用の実現は連邦政府の責任)で明らかにされたのですが、それがFRB法に取り込まれたのは1977年のことでした。1978年には、FRBが議会に対して、インフレ率と並んで失業率の目標値を明示するよう求める「完全雇用・均衡成長法」(通称 Humphrey-Hawkins Act)が成立しています。しかしその後、インフレのリスクが強く意識される中で、FRBが重視したのはやはり物価の安定でした。その後、リーマン・ショック後の混乱の中で雇用の安定が再び大きくとりあげられるようになり、FOMC決定後発出される声明文にも、物価の安定と雇用の最大化が、"dual mandate"(二重の使命)として常に掲げられるようになっています。

ただ、雇用の「最大化」とは具体的に何を意味するのか、どのようにしてそれを知るのか、中央銀行はどの程度それに関与すべきか、そのことが、物価の安定という本来の使命を果たす上で齟齬を来すことはないのか、といった問題があることには留意しておく必要があります。これらのことについては後に触れます。

金融政策と実体経済の関係

(1)実体経済の把握

次に、金融政策が働きかけの対象とする「実体経済」について見ていきます。経済活動の主体は言うまでもなく個人・家計・組織(法人・非法人)です。実体経済は、文字通り目で見、手で触って感ずることができる世界であって、モノ(goods 財貨)とサービス(services 役務)の二つの要素からなっていると考えます。サービスは目に見えないではないか、と言われそうですが、その存在を目の当たりにすることができるという点で、実在の世界に属すると言っていいでしょう。たとえて言えば、ハンバーガーは、材料の肉(モノ)だけを差し出されてはどうしようもないのであって、しかるべき人が料理してテーブルに運び、あるいは配達して(サービスの提供)初めて顧客は食べることができます。サービスと言っても勿論無料ではなく、モノと同様にコストがかかることは言うまでもありません。

無数の構成要素からなる実体経済を一括して把握するために考え出されたのが、「国内総生産」(gross domestic products: GDP—通常Yield(生産高)の頭文字であるYで表示)という概念であり、成長率を測ったり、国力を比較する際に世界共通の尺度として用いられたりしていることはご存知の通りです。詳しい計算方法は勿論専門家の領域ですが、簡単に言えば、「ある国の中で一定期間内に生み出されるモノ・サービスの総体を金額で表示したもの」となります。一定期間内に生み出された、という「フロー」の概念であって、期末の残高(ストック)ではありません。また、「国内で」という条件を満たせばよく、生産に寄与した人々の国籍は問いません。

やや脇道に逸れますが、GDPが国境という単位で考えられているということは、個人や企業が海外に進出して、そこでいくら活発な経済活動を行っても、母国のGDP統計には反映されない(海外利益の国内還流による企業収益の増加という点を除いて)ということを意味しています。もしそうであるならば、先進国の「長期停滞」の相当部分が、企業活動のグローバリゼーションによってもたらされたところが多いのではないか(その裏返しが途上国の高度成長ではないか)という疑問が湧いてきます。とすると、デフレを防ぐために金融緩和を、と叫ぶことにどのような意味があるのか、という問題が浮かび上がってくるのですが、それについては後程考えます。

これまではGDPを生産段階で捉えましたが、生産物の使途の段階(需要項目)に着目すると、国内で消費される部分(consumption: C)、将来の生産に直接寄与する国内での投資部分(investment: I)、それに、海外へ輸出される部分(export: X)の三つに分けられます。CとIの中には、国内だけではなく、海外で生産され、輸入されたもの(import: M)も含まれているので、それを差し引くと、最終的には国内総生産{Y}＝国内総需要ないしは国内総支出{C＋I＋(X－M)}ということになります(図表1-4)。{X－M}にはモノだけでなくサービスも含まれ、国際収支統計でいうところの「経常収支」にほぼ対応します。工場・店舗・住宅、機械設備・原材料購入等のための支出が投資であることは明白ですが、中には必ずしも明確ではないものもあり、割り切りとせざるを得ないものもあります。例えば、同じ自動車の購入でも、自家用は消費、商業用は投資として扱われるといったケースです。個人の住宅購入は投資と見なされ(住宅投資)、在庫品はその増減が問題になります。

これまでは民間部門と政府部門とを特に区別しませんでしたが、ここであらためてC及びIを民間部門の活動とし、それに政府部門の支出(G)を加え

図表 1-4　GDP(支出サイド)の構成(2021 年度，名目 GDP 実額 550.0 兆円)

実質 GDP(＝100)	
国内需要	101.2
民間需要	74.2
消費	53.8
住宅	3.8
企業設備	16.4
在庫変動	0.2
公的需要	27.0
政府消費	21.6
固定資本形成	5.4
純輸出	▲1.2
輸出	18.8
輸入	20.0

出所：内閣府

均衡状態：Y＝(C＋I)＋(G)＋(X－M)
総供給＝総需要(民間部門＋政府部門＋海外部門)
不均衡状態：総供給＞総需要…需要不足(不況・停滞期)
総供給＜総需要…需要超過(好況・過熱期)

て、経済全体が均衡している状態を描いてみると、上のようになります。政府の資金調達といった観点からは税収(T)を考える必要がありますが、ここでは支出の規模という側面にだけ焦点を当てています。

多種多様なモノ・サービスを一括して合計するためには、その時点でのそれぞれの「価値」を金額表示する必要があり、その際にそれぞれの「価格」が使われます。そうして計算されるのが「名目GDP」であり、そこから物価変動の影響を除いて計算されたものが「実質GDP」です。物価変動の調整は、GDPを構成する各支出項目(民間投資・消費、政府支出等)のそれぞれについて行われ、それを合計します。名目GDPを実質GDPで割ったものが「GDPデフレーター」であって、一国を全体として見た場合の物価指数のような存在です(図表1-5)。近似的には、名目GDPの伸び率＝実質GDPの伸び率＋GDPデフレーターの伸び率、という関係が成立します。

(2)「需給ギャップ」とは

事のついでに、「GDPギャップ」ないしは「需給ギャップ」について一言しておきます。需給ギャップは、実際のGDPと、経済が潜在的に持っている供給能力(潜在成長力)との差を意味しており、前者が後者を下回る場合は「マイナスの需給ギャップ」が存在するといいます。需給ギャップは日本銀行と内閣府がそれぞれ計算していますが、前者では資本投入と労働投入のそれぞれについて個別にギャップを計算し、それを合

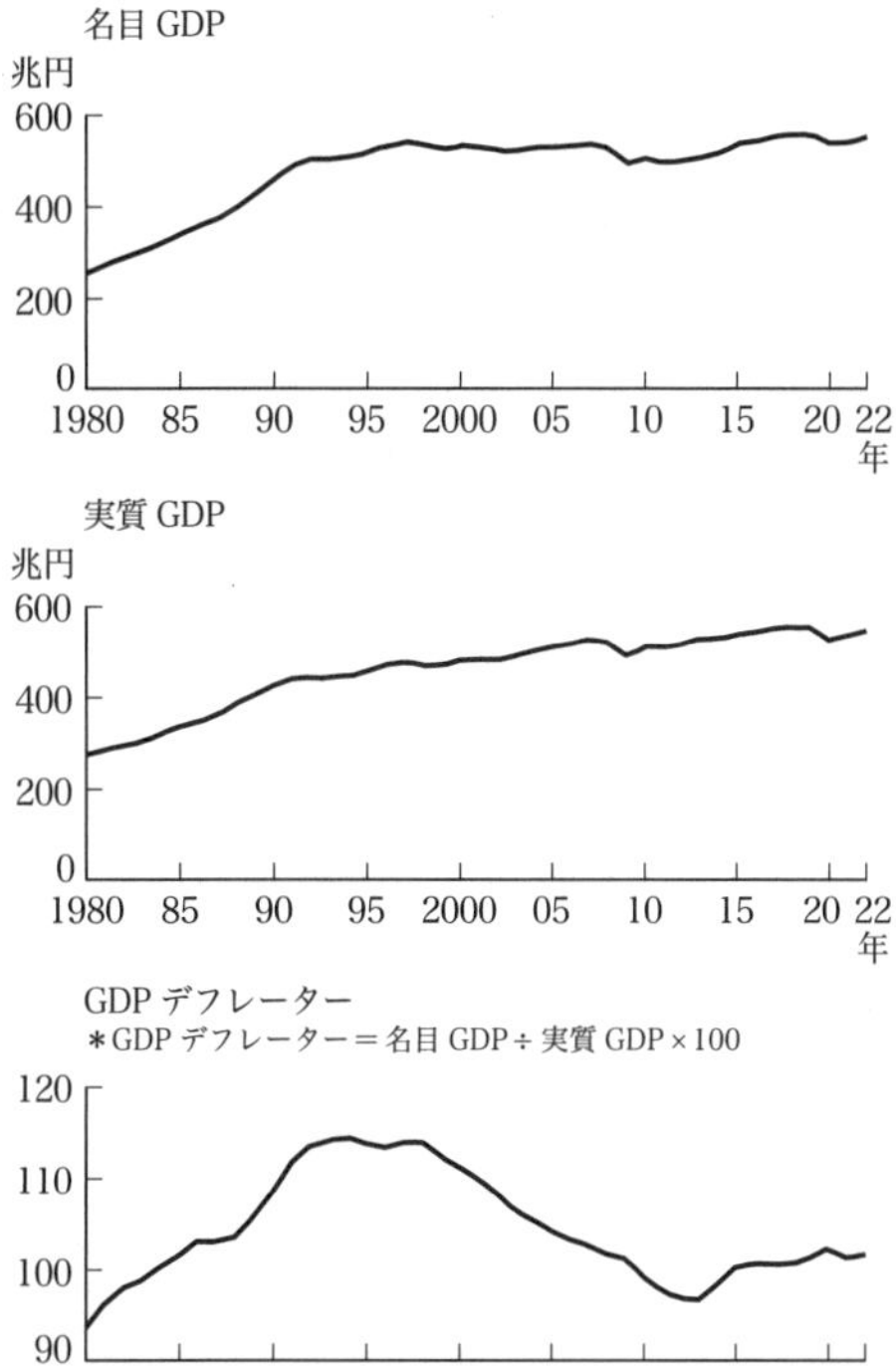

出所：内閣府(経済社会総合研究所)

図表 1-5 GDP と GDP デフレーターの推移

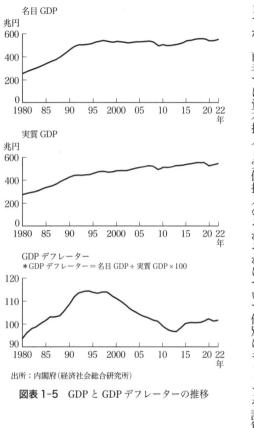

計するという方法をとっているのに対して、後者は、潜在成長力それ自体を推計し、それと実際のGDPとを比較するという方法をとっており、両者の間には若干の差があります。

潜在成長力については、図表1-6で見るように、1980年代までは比較的高い水準にありましたが、1990年代に入って低下に転じ、以後低空飛行に推移(時にはマイナス化)し、最近ではほぼゼロに近い、「長期停滞」の様相を呈しています。その原因は何か、それに対して金融政策は何ができるのか…それが、後に取り上げる「デフレ対応の金融政策」の問題です。

国内で生産されたもののうち、消費されたもの以外の部分を「貯蓄」と呼び、S(saving)で表す(Y－C＝S)と、事後的(ex post)な均衡状態ではS＝Iとなります。しかし、消費と投資の主体は通常異なりますから、事前的(ex ante)には貯蓄と投資が一致する保証はありません。I＞S(投資超過)ではインフレの、I＜S(貯蓄超過)ではデフレのリスクが高まりますから、経済政策はI＝Sという均衡状態の実現を目指して運営すべきだ、ということになります(そのことは、総需要＝総供給と同義です)。ここで「貯蓄」「投資」とは経済学上の用語であって、貯蓄＝預金等金融資産の積み立て、投資＝株式や債券あるいは不動産等の買い入れといった、一般に広く使われている言葉とは意味が異なることに注意してください。似たようなことは「資本」という言葉についても言えます。資本は「投資を実現するのに必要な諸要素」といった意味であって、単純な「資金」とは異なる概念です。

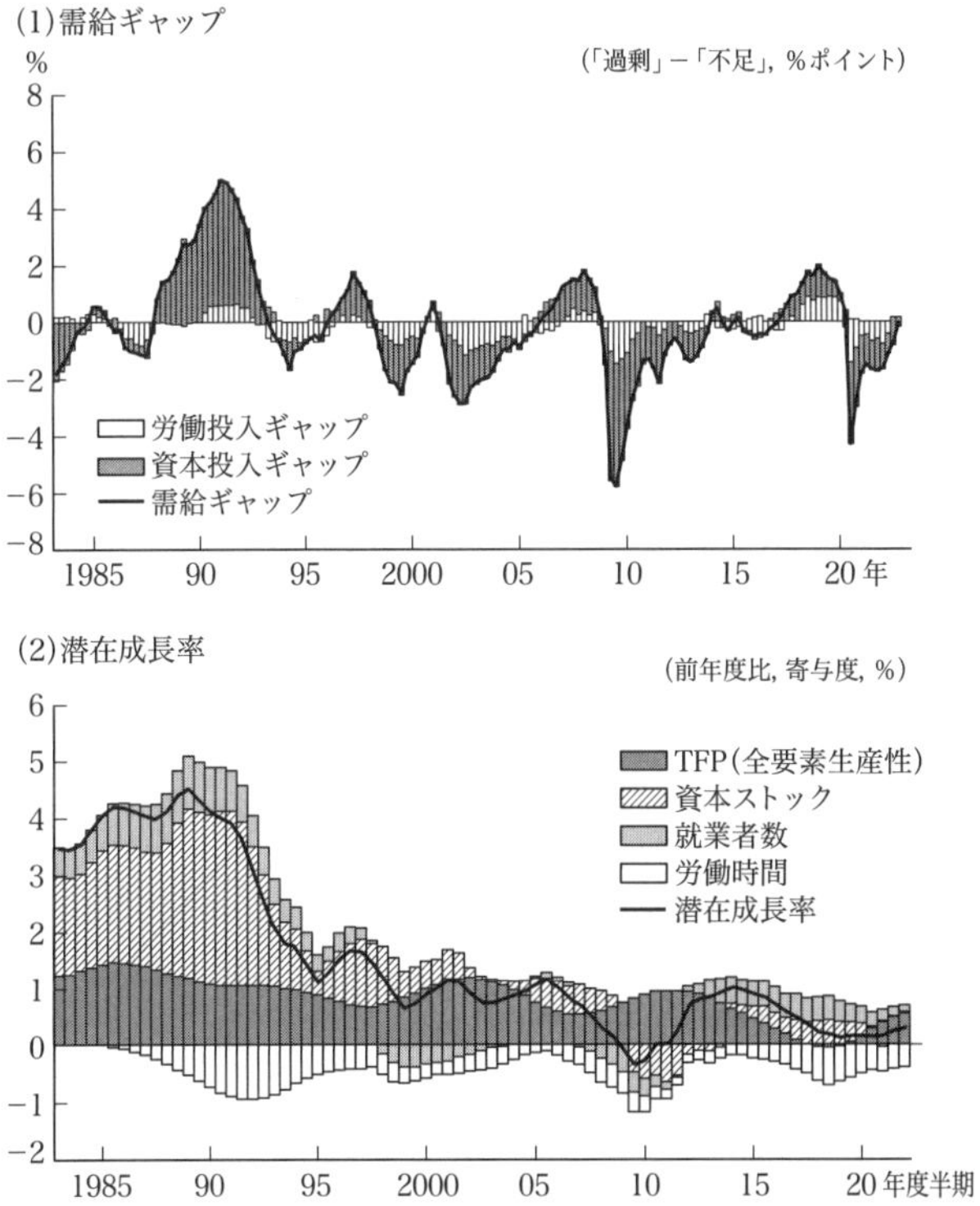

出所：日本銀行

図表 1-6　需給ギャップと潜在成長率

なお、ついでながら、新聞等でよく見かける「交易利得・損失」という言葉について触れておきます。交易条件は

$$\frac{\text{輸出価格指数}}{\text{輸入価格指数}}$$

で表され、一単位の輸出量と交換できる輸入量が基準時と比較してどれだけ変化したかを示します(その値が小さくなれば「悪化」、大きくなれば「改善」とされます)。為替相場の変化との関係では、例えば輸入原材料の価格が円安で上昇しても、それをそのまま輸出製品の価格に転嫁できない場合(多くの場合はそうしたケース)は、交易条件の悪化要因となります。交易利得・損失は、基準時から交易条件が変化した(輸出価格と輸入価格が違った動きをした)時に、国内居住者の実質所得(real gross national income: GNI)がどのように変化したかを示すものであって、内閣府では便宜上次ページのような式で計算しています。

他国との貿易がない閉鎖経済においては、国内総生産＝国内総支出＝国内総所得という「三面等価」と称される関係が成立しますが、開放経済では、交易利得ないしは交易損失のことを考える必要があり、その際にはこの式を使って計算します(実質ベース)。

交易利得・損失については、その受け止め方を巡ってしばしば誤解が生じます。よく、「○

$$交易利得ないし損失 = \frac{X-M}{P} - \left(\frac{X}{Px} - \frac{M}{Pm}\right)$$

注：Px は輸出価格，Pm は輸入価格，
P は輸出と輸入の平均価格

○年中、○○円の国民所得が海外に流出した」、あるいは「海外の所得が我が国に流入した」というような新聞記事を目にするのですが、すでに見たように、交易利得とか損失というのは、輸出入価格の双方が、基準時から同率で変化したと仮定すれば実現したであろう実質GDPが実際にはどのようになったかを示すものであり、それ以上でもそれ以下でもありません。あたかもこの期間にモノやカネが出たり入ったりして、国民が損や得をしているかのような印象を与えるこうした表現が一般に及ぼす影響は侮ることができず、しばしば当局の政策運営に対する批判に発展しますが、それが誤りであることは、輸出入価格の基準年を変えて計算してみればすぐわかります。

少し横道に逸れてしまいましたが、以上を踏まえた上で、改めて通貨・金融の世界と実体経済の世界との関係を見ていくことにします。かつては、前者は後者がスムースに動いていくための潤滑油の働きをしている、それ以上でも以下でもない、という理解の仕方が一般的でした。そこでは、通貨量の増減は物価の上昇・下落をもたらすだけで、実体経済活動それ自体を変えるものではないと理解されていました（「通貨ヴェール観」）。しかしながらその後、通貨・金融の世界は単なる受動的な存在ではなく、それ自体として実体経済

の世界を動かす力を持っている、したがって、総需要＝総供給という均衡状態を実現するのに貢献し得る、という考え方が生まれ、広く一般に受け入れられるようになっています。以下の議論はそうした考え方に基づくものですが、これまで見てきたように、通貨・金融の世界が本質的に脆弱なものであるとすると、それに依存する実体経済の世界も同様のリスクを抱えている、したがって、金融システムの安定性確保は実体経済にとってきわめて重要であるという結論になります。当たり前だと言われそうですが、ここで改めてそのことを確認しておきたいと思います。

ついでに付け加えると、かつては政府部門が経済活動に及ぼす影響を無視してきましたが、そうした考え方に異論を唱えたのがケインズであって、以後、財政政策（財政支出の拡大・縮小、増税・減税）が経済政策の重要なテーマの一つとなってきたことはご存知の通りです。しかしながら、こうした考え方はとかく放漫財政の方向に傾きやすく、特段の注意が必要です。海外部門（X－M）については、財政金融政策の結果が現れる場という捉え方が一般的ですが、より積極的に通商・為替「政策」の存在意義を強調し、経済をコントロールする手段の一つと見なす考え方もあります。ただ、相手のあることですから、一国だけの行動で望ましい結果を得ることは難しく、無理をすると対外摩擦の種を撒くことになりますから、独立した経済政策の一手段として数えることについては疑問があります。

金融政策と物価・賃金の関係

(1) 物価について

これまで「物価」という言葉が何度も出てきましたが、ここで、それが何を意味するかを改めて確認しておきたいと思います。個々の財（モノ・サービス）には、通貨の単位（例えば円とかドル）で表示された価格がある、そしてそれは、原則として（規制対象でない限り）市場において需要と供給が一致する点で決まる、その背後には、それらの財の「価値」（「価格」ではないことに注意してください）についての需要者と供給者それぞれの主観的な判断がある、といったことは教科書に書いてある通りです。「物価」は、そうした個々の財の価格が全体としてどのように動いているかをトレースするための概念であって、そのようなものが実在しているわけではないことは言うまでもありません。渡辺努教授は、個々の価格の集合体である物価の動きを蚊と蚊柱の関係に譬《たと》えていますが、言い得て妙というべきでしょう（『物価とは何か』渡辺努 2022）。一匹一匹自由自在に泳ぎ回っている小魚が、全体として巨大な円柱となって海中を移動していく光景を思い浮かべてもいいかもしれません。

財全体の価格と言ってもすべてを網羅することはできませんから、いくつか代表的なものを選択することになりますが、どのような種類のどのようなものを、どのようなウエイトで選ぶか、基準となる時期を何時にするかといったことが問題になります。どのようなものを選ぶかについては、目的によって様々なものが考えられますが、大別すると企業段階の価格の動きを示す「企業物価指数」ないしは「卸売物価指数」、消費者段階のそれを示す「消費者物価指数」があります。金融政策の運営で特に重視されるのが国民の日常生活に密着した消費者物価指数であることについては国際的にコンセンサスがあり、米国の消費者物価指数としては、consumer price index（ＣＰＩ）や、それに似た personal consumption expenditures price index（ＰＣＥ）が用いられています（ＦＲＢは後者を重視しています）。ユーロ圏ではＨＩＣＰ（harmonized indices of consumer price）という、圏内共通指数を使っています。

ただ、政策効果が直ちに及ぶのはまず企業段階であり（その影響がやがて消費者段階に及ぶ）、その動きについても注意深く見守る必要があります。後に見るように、日本では企業段階の物価上昇がなかなか消費者段階にまで浸透しないという傾向があり、その理由を巡っていろいろ議論が絶えません。多くの人は、日本の消費者の極度の低価格指向と、そのことに敏感な販売業者の反応を挙げますが、なぜ日本だけが、という疑問は残ります（自分の行動を周りの人のそれに合わせようとする日本人の性向を指摘する人もいます）。ただ、この点については最近大分様子が変わってきており、消費者物価がかなりのテンポで上昇してきているのですが、このことについては後に触れます。

日本の消費者物価指数は総務省が作成・公表しています。これは、全部で582品目について膨大なサンプルを毎月一つずつ調べて作成されるものですが、ウエイトは、基準時加重相対法算式(ラスパイレス型)と呼ばれる方式を採用しています。基準時は5年に一度改定され、現在は2020年平均=100で表示されています。物価指数としては、その他に、比較時加重相対法算式(パーシェ型)があります。ラスパイレス型は、基準時以降の日常生活の変化を十分反映できないという問題がある一方で、パーシェ型には指数の連続性に問題があり、現在学界ではその両方の欠陥を補正した「フィッシャー指数」や「トルンクビスト指数」が注目されています(前掲渡辺2022の45ページ参照)。なお、季節的に変動の激しい生鮮食品を除いた「コア」、さらにエネルギーを除いた「コア・コア」といった指数もあります(米国ではコア・コアを単純にコアと称しているようです)が、あまり多くの品目を取り除くと、かえって意味のない数字になるという問題があることは意識しておく必要があります。ちなみに、企業段階の物価指数は日本銀行が調査・作成しています(対象515品目。その他にサービスの物価指数がある)。

いずれの方式をとるにせよ、個々の財・サービス価格の採集が指数作成の第一歩となるわけですが、ここにも難問が控えています。例えば、ダイナミック・プライシングと称して、繁忙時には価格を上げ、閑散時には下げる、といった慣行が広まりつつあります。クーポン割引をどう扱うか、同一物でも店頭価格とWeb価格が異なる場合にどうするか、という問題もあります。品質や数に手を加えて、表面的には価格を維持しつつ実質的には値上げ効果を狙う、という手もあります。似たような、しかし逆方向の問題は、同一商品について、品質が向上したにもかかわらず価格が据え置かれた場合(例えば電化製品など)、それは実質的には値下げではないか、という疑問です。統計技術的には「品質調整」という手法で対応するのですが、勿論十分な結果が保証されるものではありません。

より大きな問題としてかねてから指摘されているのは家賃であって、借家が年々古びてくるにもかかわらず、家賃が据え置かれているのは実質的に値上げではないか、という指摘です。統計上、保有する自家についても家賃を支払っているとして扱われています(帰属家賃)から、指数内のウエイトは相当大きく(約15%)、その影響力は無視できません。日本では、慣行的に家賃の更改がなかなか行われないというのも一つの問題で、日本で物価指数が上昇しないことの原因の一つに挙げられています(日本銀行金融研究所ディスカッションペーパー JMES J-10(2022)「限界家賃指数の推計――消費者物価指数の改善に向けて」(吉田二郎)参照)。この問題を回避するために、家賃を除いた消費者物価指数などというものも考えられています。

その他問題点を指摘し出すとキリがありませんが、物価の動きをトレースする手段としての消費者物価指数にこのような種々の限界があるために、その読み方についてもいろいろ工夫をこらす必要があります。とすると、物価指数の目標値からの乖離についてもあまり神経質になる必要はないのではないかという気にもなってきます。要するに、ある程度の期間をとって、平均して目標値近辺に収まっていればそれでいいのではないか、ということなのですが、このことについては後にインフレターゲットに関連して改めて取り上げます（83、150、212ページ参照）。

ところで、最近になって世間の耳目を集めているのは、地政学上のリスクの顕現化（戦争勃発）による国際流通網の目詰まり（サプライチェーンの攪乱）に起因する物価の急上昇—コストプッシュ型インフレとでも言うべき現象—です。こうした動きは、景気過熱や失業率の低下等によって生じたものではありません。ということは、財政金融政策によって経済活動ないしは失業率に影響を与え、それによって物価をコントロールしようという伝統的な政策運営手法に新しい問題が提起されたことを意味します。景気にある程度の悪影響が及ぶことを覚悟の上で物価の抑制に専念するか、景気・雇用情勢を重視して引締めの姿勢に手心を加えるか。ショックは一過性のものか、それとも永続するか—。中央銀行にとっては悩ましい選択を迫られることになります。この問題に対する各国中央銀行の手綱さばきについては第二部で触れます（第六〜八章）。

やや付け足しになりますが、証券市場で取引されている各種の債券の利回りから、市場関係者が先行き物価上昇率をどのように見ているかを探る、ＢＥＩ（break-even inflation rate）という手法について一言しておきます。後に見るように、利回りには先行きの物価変動がリスク要因として織り込まれているため、例えばある特定の期間の債券について、クーポン・レート（事前に約束されている、元本に付される一定の利率）が固定された債券と、クーポン・レートが物価に連動して変化する債券の利回りを比べると、市場関係者の期待インフレ率を推し量ることができます。ただ、相当程度の取引量がなければ信頼性の高い物価指標にならず、米国とは異なり、日本ではまだ広く利用されるには至っていません。金利、利回り、クーポン・レートといった概念については後に改めて見ていきます（55ページ参照）。

（2）賃金について

物価と賃金の関係はよく「鶏―卵」の関係に譬えられます（賃金が上昇したから物価が上昇したのか、物価が上昇したから賃金も上昇したのか）。答えは国によって、また労働慣行の違い等によって異なるのですが、少なくとも一般論としては、「賃金は経済情勢の変化に応じて変動する」と言うことができます。この関係を示すのが、一般に「フィリップス曲線」として知られているグラフであって、その原型は、横軸に失業率、縦軸に賃金をとって描かれる右下がり曲線（失業率が上昇（低下）すると賃金が低下（上昇）する）だったのですが、その後次第に拡張されて、今では横軸に経済動向（例えば実質成長率ないしは需給ギャップ）、縦軸に物価上昇率をとってカーブを描く例が多いようです（44ページの図参照）。不景気で実質成長率が低下、ないしは需給ギャップ（マイナス）が拡大すると物価が下落する、好況の場合はその逆、といった具合で、ある意味では当たり前の関係が示されています。フィリップス曲線の原型では、構造的（例えば労働力の人口構成や労働慣行）あるいは摩擦的（適切な情報の不足等）な要因によって失業率があるレベルまで低下すると、その時点で物価は垂直に急上昇するとされます。M・フリードマンはこの点を「自然失業率」と名づけました。

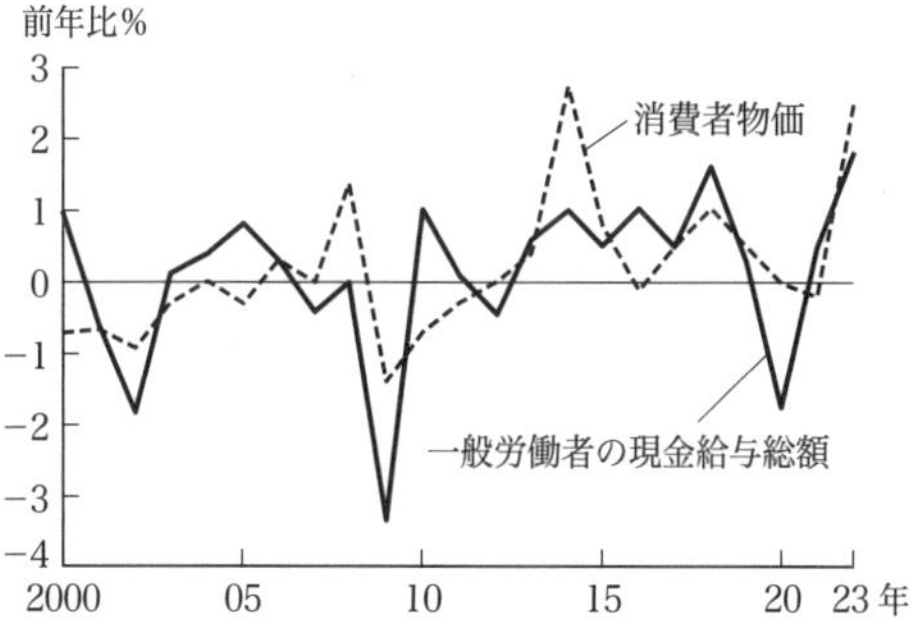

出所：厚生労働省，総務省

図表1-7　消費者物価と賃金の推移

　ところで日本では、景気刺激策等によって経済が拡大方向に向かっても、賃金（したがって物価）がなかなか上昇しないという傾向が指摘されてきました（図表1-7）。一般に「フィリップス曲線のフラット化」と呼ばれる現象です。その原因については様々な議論がありますが、一つの有力な説は、グローバリゼーションの急速な進行、とりわけ途上国の低賃金に支えられた安価な輸入品の大量流入や、女性や高年層の参加といった国内労働市場の変化、そして、そのことと無関係ではない非正規雇用者の増加、労働組合の組織力・交渉力の低下等々が挙げら

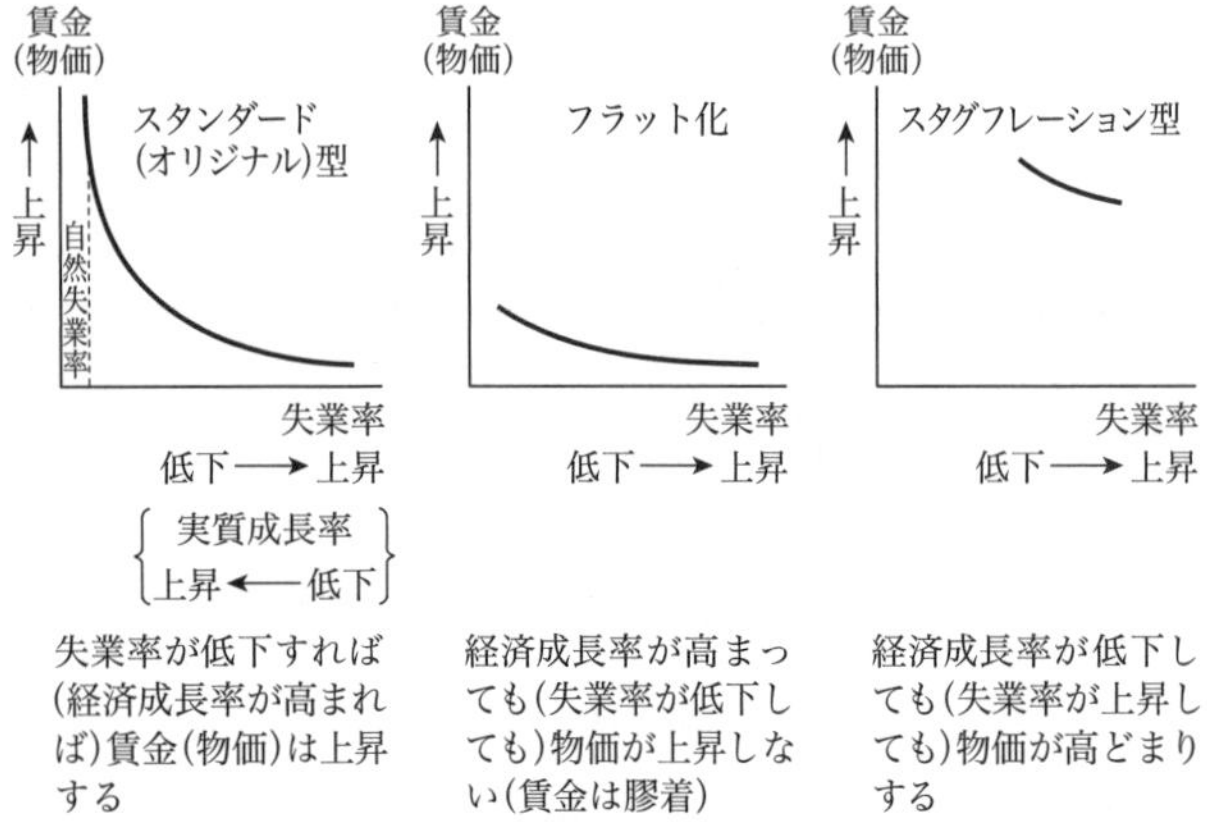

失業率が低下すれば(経済成長率が高まれば)賃金(物価)は上昇する

経済成長率が高まっても(失業率が低下しても)物価が上昇しない(賃金は膠着)

経済成長率が低下しても(失業率が上昇しても)物価が高どまりする

フィリップス曲線のいろいろ

れてきました。日本についてとりわけ賃金の硬直性が目立つ原因としては、賃金よりも長期安定的な雇用を重視するという労使に共通する労働慣行(一種の暗黙の了解・協定―メンバーシップ型。早川2016の173ページ以下参照。ある日届く一片のメールで解雇が通告される労働慣行の下で働く場合と、大過なければ定年まで雇用が保証されている場合とで、賃金の引き上げ要求についての意識がどのように変わるかは容易に想像できます)の存在が多くの論者によって指摘されています。ただそうはいっても、昨今のように物価が急速に上昇しつつある中ではさすがに賃金引上げ圧力が増しており、時の政権の後押しもあって、それを是とする空気が日増しに強くなっています。現に2023年の春闘では、大企業については労働組合の要求額に対してほぼ満額回答という例が相次ぎました。中小企業については難航が予想されますが、それでもある程度の賃上げは不可避という空気が伝わってきます。賃金が上昇すれば当然物価にも響いていくはずで、既にそうした兆候が表れ始めています。

他国に比べて、これまで日本の賃金・物価上昇率が鈍かったことのもう一つの理由は、「適合的（adaptive）な期待形成」と呼ばれる国民の行動様式だとされています。これは、将来物価がどのように動くかを予想する際には、どうしても過去の経験に強く影響されるということを主張するものであって、十数年にわたるデフレ経験を背後に持つ日本の場合、人々は、労使の賃金交渉や企業の価格設定の際にそうした過去に引っ張られる傾向があることを指摘するものです。この言葉は、日本銀行「経済・物価動向と政策効果についての総括的な検証」（2016年9月—223ページ参照）によって広く知られるようになったのですが、これに対しては、「当たり前のことを言っているだけで、説明になっていないではないか」という批判があります。ただこのことは、先に触れたフィリップス曲線が下方に移動しているという現象を説明するのに役立つと思います。人々の予想物価上昇率が低下している場合には、そうでない場合に比べ、同じ形の曲線でも下にシフト（移動）しがちであるということです。

他にも、日本は小規模企業が乱立し、それぞれの特色を売り物にするよりは価格の引き下げで勝負する傾向があるということも指摘されています。消費者の方でも、ある店がわずかでも値段を上げるとすぐほかの店に行ってしまう、という行動はよく目にします。いずれにせよ、賃金・物価低迷の背景にこのような金融政策の力が及ばない構造的な諸問題があるとすると、デフレは金融緩和が不十分のためだと主張することには大きな疑問が湧いてきます。

全くの付け足しになりますが、フィリップス曲線を掲げたついでに、教科書によく出てくるUV曲線(ビバリッジ曲線)について一言しておきます。これは、横軸に失業率、縦軸に求人率ないしは欠員率を記したもので、次ページの図のような形をしています。失業率が低下すると求人率が上昇する、逆の時は逆、ということで、至極当たり前の関係を示していますが、もしこの曲線が上にシフトした、すなわち、以前に比べ、求人率に変化がないにもかかわらず失業率が上昇した、あるいは求人率も上昇したが、失業率も上昇したとすると、そこでは何らかの構造的・摩擦的な変化が生じた可能性があり、その原因を探る(必要に応じ対策を講ずる)ことが政策当局の仕事になります。

もう一つ、労働市場に関する最近の話題は、新型コロナが一服して経済活動が活発化し、求人が急増したにもかかわらず、コロナ禍で一旦退場した労働人口がなかなか戻ってこないという現象で、メディアでは"Great Resignation"などと呼ばれています(この問題については、日本銀行金融研究所ディスカッションペーパー・シリーズE-17(2022)久保田紘行・武藤一郎・新谷元嗣「金融政策、労働参加率、賃金の硬直性に関する分析」が参考になります)。経済学で"hysteresis"(履歴効果)と呼ばれている現象がありますが、ごく広い意味ではその一例とも考えることもできます。景気対策はここでも即効薬にはならず、需要を適当に刺激しつつ労働慣行の変化を根気よく待つしかありません。ちなみに“hysteresis”とは、何らかの力が加わった結果、元の状態に戻らなくなることを意味する言葉であって、もともとは物理学の分野の用語ですが、それを経済現象に当てはめたものです。

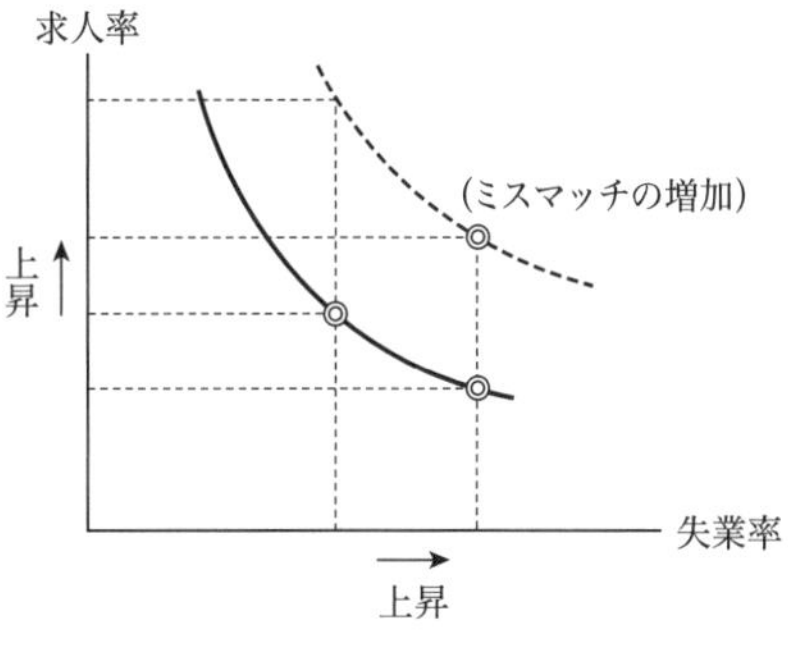

UV曲線のシフト

さらにもう一つ付け加えると、よく「賃上げは労働生産性の伸びの範囲内に収めるべきだ」という言葉を耳にします。しばしば経営者サイドから発せられる言葉ですが、いわゆる有識者からも、「景気停滞から脱出するためには構造改革による生産性の向上が重要だ」というセリフが定番になっています。なんとなく納得させられる言葉で、そこで思考が停止してしまうのですが、このことについてはもう少し考えてみる必要があるように思います。労働生産性は

$$\frac{総生産物}{就労人口}$$

で計算され、分子にGDPを使うことが多いのですが、マ

クロ的にはともかく、ミクロの次元（例えば、中小工場や中小商店等）の日常で考えると、何をどうすればいいのか、もう少し具体的に教えてほしいというのが本音ではないかと思われます（門間 2022 の88ページ以下参照）。生産性向上のためには効率の悪い中小企業を淘汰すべきだと主張することは易しいのですが、それを実現する段階での膨大な政治的・経済的・社会的コストを考慮に入れる必要があります。マクロの次元でも問題がないわけではありません。すでに見たように、ＧＤＰは国境で画された概念であって、企業の海外進出が進めば当然その影響を受けるのですが、勤労者が、そうしたものによって計算された「生産性」によって自分の賃金が左右されることは釈然としない、という気持ちになるのは無理もありません。

第二章　金融政策の波及過程

先に金融政策の定義として、「金融当局が経済主体に働きかける」としましたが、この「働きかけ」とは、具体的に何をどうするのか、それがどのような経路で実体経済を動かすのか、ということが問題になります。学界で「金融政策の波及過程」(transmission mechanism)として知られている問題ですが、別の言葉で言えば、金融政策の操作目標ないしは中間目標を何にすべきか、それと、最終目標である物価の安定ないしは雇用の最大化とはどのような関係にあるのかを探ることになります。

このことについては、かつては通貨量(マネーサプライないしマネーストック)あるいは銀行準備(中央銀行に置かれた金融機関の当座預金、ないしはマネタリーベース)を操作目標あるいは中間目標とすべきだという意見が力を得たことがありましたが、その後、そうした数字と最終目標との関係がきわめて不安定であることが明確になるにつれて、操作の対象はやはり金利であるべきだという考え方が支配的になりました。ところが、２００８年のリーマン・ショックを経て、低成長・低物価上昇率が持続的に併存する状態──いわゆる「長期停滞」──に遭遇し、これに対処するために各国中央銀行が相次いで金利を引き下げた結果、遂に実質下限(effective lower bound: ELB)に達したところで、改めて操作対象を何にすべきか、という問題が浮上してきました。現在、引き続き金利の変化を利用する(例えばマイナス金利の採用)という考え方がある一方で、中央銀行のバランスシートの変化がもたらす影響をより重視する見方があり、さらに、(それと並行して、)期待ないしは予想への働きかけ(フォワード・ガイダンスないしはコミュニケーション戦略)に多くを期待する考え方も出てきています。以下、順を追ってこれらの問題を考えていきます。

金利の変化を経由するチャネル

(1)金利の変化の波及過程

伝統的な金利操作の波及過程は通常次ページのような図で表わされます。出発点は、中央銀行が直接コントロールできる「操作目標」ないしは「政策金利」です。かつて民間金融機関が慢性的に資金不足状態にあり、中央銀行からの信用供与(資金供給)に大きく依存していた時代には、中央銀行による直接の貸出(金融機関保有の国債等を担保にする)が大きな力を持ち、その金利が金利全体を左右する政策金利として機能しました。日本銀行のかつての「公定歩合」がそれに当たりますが、現在ではこの言葉は使われていません(現在、こうした貸出の金利は「基準貸付利率」と呼ばれていますが、政策金利ではありません）。

やがて民間部門の資本蓄積が進み、金融市場において活発な資金取引（売買・貸借等）が行われる時代になると、以前のように、中央銀行の貸出金利を変更しただけでその効果が全体に及ぶことが難しくなってきます。そこで、中央銀行が短期金融市場に参加し、証券売買を行うことによって目標とされた金利の実現を目指すという形が主流となってきます（短期・長期の区別は慣習的なものですが、金融商品で満期までの期間が1年以内の場合を短期（期間1年なら短期に属します）、1年超10年未満を中期、10年を長期とするのが通例です。20～40年は超長期に属します）。ＦＲＢが発表するＦＦ（federal funds）レート、日銀のコールレートがそれで、これらが操作金利ないしは政策金利と見なされるようになります。ＦＦ市場・コール市場とも、中央銀行当座預金を対象とする金融機関相互間のごく短期（overnight（O/N）が主）の貸借取引の場です。

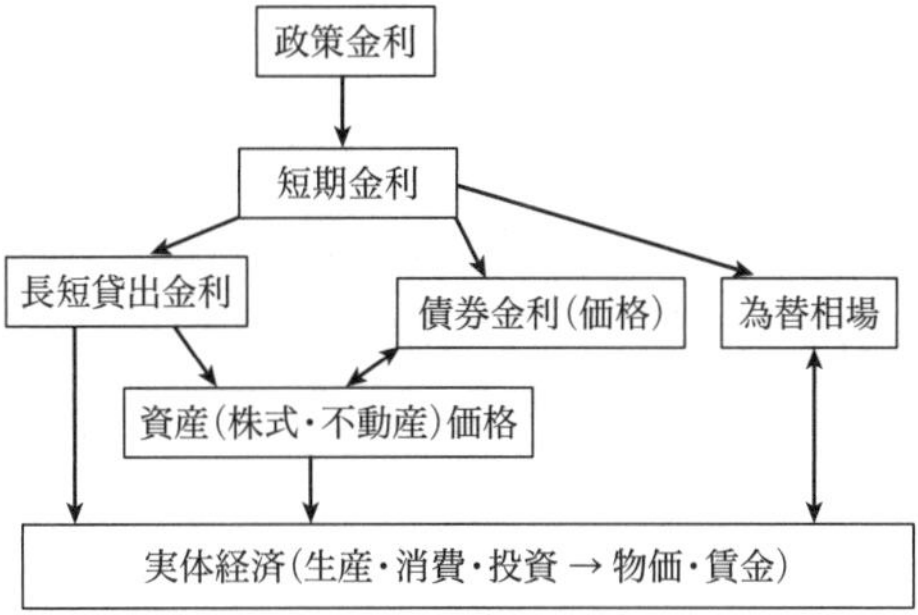

伝統的な金融政策の波及過程

ただ、量的緩和が広く行き渡って、金融機関が豊富な「準備」（金融機関が中央銀行に保有する当座預金（と手許現金））

を持つようになった結果、短期金利がほぼゼロに張り付いて、場合によってはマイナスになることも珍しくない現在、政策金利が持つ意味合いも変化しています。日本銀行のように、コールレートを操作目標とすることを止め、日銀当座預金のうち政策金利残高への付利金利（現在マイナス0・1％）と10年物新発国債の利回り（現在0プラスマイナス0・50％）にその役割を果たさせている（後述するイールドカーブ・コントロール）先がある一方で、FRBのように、引き続きFFレートを操作目標にしている中央銀行もあります。欧州中央銀行は複数の短期金利（main refinancing operation: MRO, marginal lending facility: MLF, deposit facility: DF）に、イングランド銀行は金融機関のBOE預金への付利金利（Bank Rate）を操作目標にしていますが、これらについては第六〜八章で述べます（図表2-1）。

なお、中央銀行の直接的な信用供与という形はなお残っており（日本銀行の補完貸付制度、FRBのprimary creditなど）、市場取引では間に合わないような場合とか、その他特別の理由がある場合などに、その時々で定められた金利で利用されています。もっとも、金融機関にとっては、あの銀行はそれほど困っているのかという評判が立っては困る（stigma（烙印）問題）ということがあり、それを避けるために入札という形をとるのが一般的になっています（一般的なオペレーションの一環という形をとる）。

中央銀行が短期金融市場で証券の売買を行う行動は、一般にマーケット・オペレーションと言われています。かつてはそれにオープン（公開）という形容詞がついていましたが、オープンが当たり前となっている現在の市場では、ごく特別の場合を除きその必要はなくなりました。

オペレーションを譬《たと》えで表現するならば、水（金融機関が中央銀行に保有する預金ないしは準備）の入ったビーカー（短期金融市場）を下からアルコールランプで温めて、一定の温度（政策金利の水準）を保とうとする実験を考えてみればいいでしょう。水はいろいろな理由で出たり入ったりします（準備の減少要因としては現金の増発や納税など、増加要因は現金の還流や政府支出の増加など）から、温度は常に変化します。中央銀行はそれを見ながら、新しく水を入れたり、取り除いたりしてその温度を保つ、という図式になります。オペレーションは、以前は主として短期の証券（その代表が国庫短期証券）を対象としてきました。長期の証券を対象にすると、市場価格への影響（「マーケット・インパクト」）が大きいこと、特定の証券が長期にわたって中央銀行のバランスシートに残るのは問題であること、な

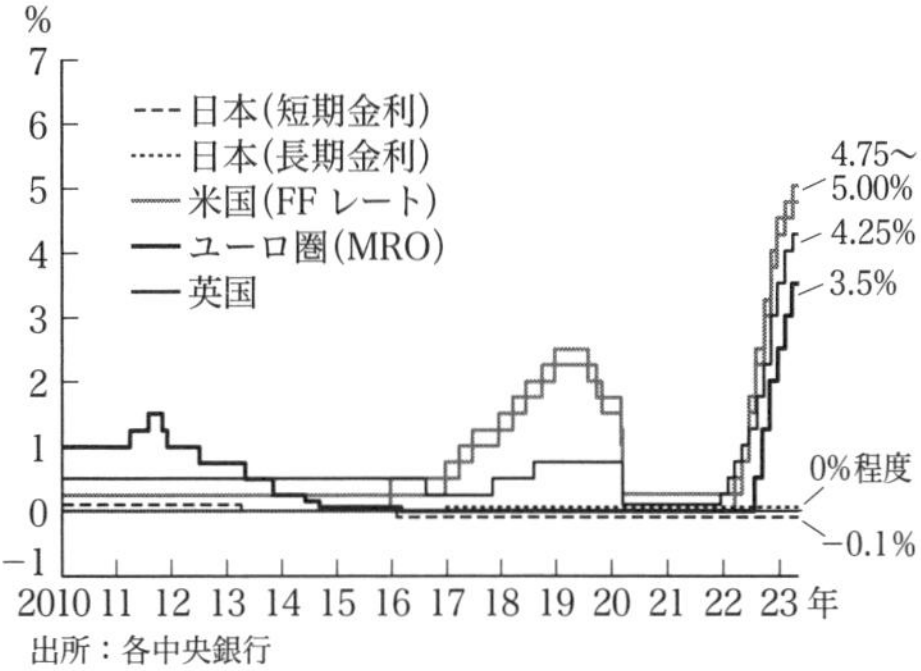

図表 2-1　主要中央銀行の政策金利推移（2023 年 3 月末現在）

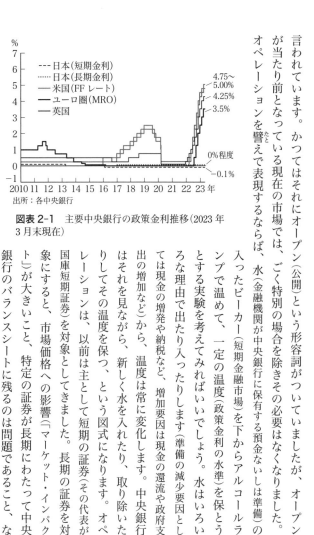

どがその主たる理由だったのですが、量的緩和が各国中央銀行の主たる政策運営手段の一つとなっている現在ではだいぶ様子が変わってきています。このことについては後に詳しく述べます。

オペレーションには、買戻・売戻条件が付いたものもあります。売戻条件付きの証券買入（レポ—repurchase operation）は、何らかの理由で短期金融市場の資金需給が一時的に逼迫した場合に、それを緩和するために行われるもので、実質的には中央銀行による担保付短期貸出と言っていいでしょう。これに対して、金融市場で資金が一時的に余剰になっている場合に、これを吸収するために行われるのが買戻条件付きの証券売却（リバース・レポ—reverse repurchase operation）であって、これは実質的には中央銀行による金融機関からの担保付短期借入です。こうした操作は、短期金融市場で政策金利を目標値内に収めようとする場合にその補助手段として利用されます。

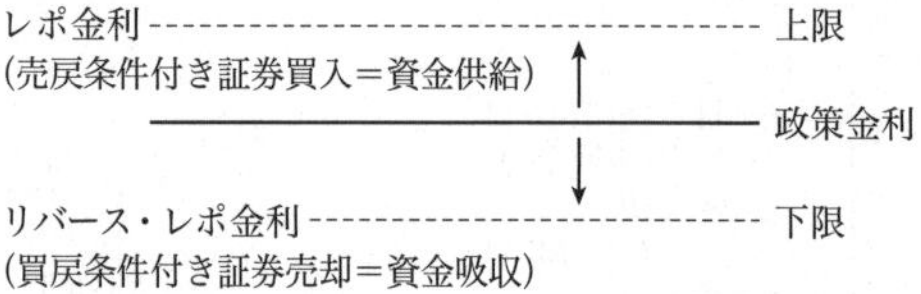

政策金利とレポ，リバース・レポとの関係

もう一つ付け加えると、多額の準備が恒久的に積み上がっている時には、金利は当然ゼロに張り付くはずですから、そうした中で、オペレーションで短期金利を望むところに誘導するのが困難になるであろうことは容易に想像されます。そうした時に、これを側面から支援するものとして、金融機関が中央銀行に保有する預金に付される金利を操作するという手法が考え出されています(それが実質的に短期金利の下限を形成することになります)。FRBの interest on reserves: IOR、日本銀行の補完当座預金適用金利などがそれに当たります。日本銀行については、現在マイナス金利政策が採用されているためにやや複雑化しています(三層構造)が、この点は後に見ていきます(219ページ参照)。なお、FRBのIORが適用されるのはFRB加盟銀行の預金残高についてだけです。FRBに預金口座を持っている金融機関は、政府系をも含めその他にも多数ありますから、付利金利を通ずる金利のコントロールが難しくなり、短期金利が政策金利の範囲を超えて下落するという場面も見られます。リバース・レポが使われるのはそうした時です。

(2)金利・利回りとは

これまで「金利」という言葉をあたかも自明のことのように使ってきましたが、そもそも「金利」、あるいはより一般的に「利子率」と言われているものは何かというところを固めておく必要があります。回り道のようですが、後々の議論のために是非考えておく必要のある重要なポイントです。

金利とは何かという問いに対する答えとしてこれまで広く唱えられてきたのは、「失われた時間ないしは流動性に対する報酬」とでも言うべき考え方です。以下このことについて考えてみます。

今手許に額面１００円の現金(銀行券・コイン)があるとします。それによって、その金額に相当するモノ・サービスを「直ちに」手に入れ、享受することができるのですから、その現在価値は１００円です。いまこの現金を1年間他人に貸すことにします。相手が家族や親しい友人ならばいざ知らず、それほど知らない人であれば、1年経ったら１００円プラスα円を返せ、と要求するはずです。なぜなら、貸し手はその間欲しいものを手に入れることができず、我慢しなければならない(貸付債権の流動性(換金の可能性)は極めて低い。貸付債権を集め、それを見合いに証券を発行して売買するという形で流動化を図る(現金化する)ことはできますが、手間と費用が掛かります)からです。我慢するからにはその見返りを求めるのは当然ですが、それが「利子(利息)α円」であり、元本(貸出額)に対するその比率(この場合α/100)を「利子率」「利回り」ないしは「金利」と称し、年率何%と表示します。

ついでに少し付け加えると、この貸付債権が「現在」どのくらい価値を持っているかは、

$$\frac{\text{貸付額}}{1+\text{金利}}$$

で計算します。貸付金が戻ってくるのは1年後で、その間、貸し手は現金を使うことができない(現金に比べて「流動性」が低い)のですから、現在におけるこの貸付債権の価値は額面(満期時の価値)より低くなるはずで、これを「割引現在価値」と言います。これはこの後もしばしば出てくる重要な概念ですので、記憶しておいてください。

今、1年たったら貸した現金はそのまま(利子をつけて)返済されるという前提で話を進めましたが、いつもそうとは限りません。この1年の間に借り手が倒産したり、思いがけぬ災害が発生したり、といった様々なリスクのことが頭をよぎります。利子率をどのくらいにするかを考える際には、こうしたリスクの存在も考慮に入れなければなりません。これを「リスク・プレミアム」と呼びます。リスクはそれだけではありません。先行き1年間に物価がどの程度上昇するかということも考えておく必要があります(物価上昇リスク)。物価が先行き年10%上昇すると予想されていれば、現在100円で買える品物は1年後には110円出さないと買えないことになりますから、貸し手はそれを見込んで、その分をカバーする金利を要求することになります(割引現在価値を計算する際の分母は、(1+金利)に代えて(1+金利+リスク・プレミアム)となります)。

こうしたもろもろのリスクは、貸出期間が長くなればなるほど大きくなる筋合(期間リスク――term premium)ですが、それに関連して「イールドカーブ」のことについて触れておきます。イ

債券の利回りの計算式…A/B

A＝年間金利収入(＝額面金額×クーポン・レート)

＋年平均売買損益$\left(=\frac{\text{売却額}-\text{買入額}}{\text{保有年数}}\right)$

B＝買い入れに要した金額(市場価格ないしは投資額)

ールドカーブとは、債券の「利回り」を満期までの期間別に描いたグラフです。「利回り」は「金利」と同じことを別の言葉で表現したもので、以下そのポイントを確認しておきます。

金利―元本に対する見返りの金額が初めから決まっている場合―たとえば、預金は初めから(事前的に)元本に対して何%の利子(利息)をつけるということが約束されている。こうした場合には「金利」という言葉を使うことが多い。債券についても同様で、これを「クーポン・レート」と呼ぶ。

利回り―元本金額が事後的に判明するような場合―例えば、市場で売買されている債券は、その価格が日々変動するために、実際に売却して初めて当初の買入金額(投資金額)に対してどの程度利益が上がったかを知ることができる。こうした場合には通常「利回り」という言葉を用いる。

上の式が示すように、債券利回りと債券の市場価格とは逆方向に動く、すなわち、利回りの上昇(ないし下落)は債券価格の低下(ないし上昇)と全くの同義語であることに留意してください。ただ、金融当局の金利操作(具体的には証券売買オペレーション)の結果、市場で売買されている債券の価格が変化するという面だけに着目すると、原因―金利の変化、結果―債券価格の変動、のような印象を与えることは事実で、そのために、「金利が上がった（下がった）ために債券価格が低落（上昇）した」などというような表現が見られることになります。

ことのついでに、金利の変化によって生ずる保有債券の現在価値の変化について若干付言しておきます。「金利の変化＝債券価格の変化」なのですから、保有債券の現在価値が金利の変化に伴って変わってくるのは当然で、したがって、当初の買入金額（投資額）との間にギャップが生じます。こうしたギャップは実際に売却すれば表に出てきます（売却損益）が、売却せず保有し続けていても損失は損失、利益は利益ですから、これを「含み損益」と称します。含み損は直ちに顕現化はしませんが、決算期には表に現れるわけで、金融機関経営の弱体化、場合によっては金融システムの動揺につながりかねない重要な問題です。

含み損について、以下ごく簡単な例で説明します。クーポン・レート１・１％、満期10年の新発債を１００万円で購入した（帳簿価値）が、その後の金融引き締めで金利が上昇し、同種の新発債のクーポン・レートが１・２％に引き上げられた。この時、以前買い入れていた債券を市場で売却しようとすれば、後に発行された債券と同一の利回りを求められるはずである（さもなければ競争力を失い、取引は成立しない）から、売却価格は91・６万円（概算）となり、当初の投資額１００万円との間に８・４万円の差額を生ずる（売却損。100×1.1/100＝X×1.2/100. X＝91.6. 100−91.6＝8.4）。実際に売却せず、保有し続けていれば同額の含み損を抱えることになる（金融緩和の場合は逆に含み益が生ずる）。なお、満期まで保有すれば元本100万円が返却され、含み損益の問題はその時点で解消する…。

イールドカーブの話に戻ると、通常のカーブは上の図の①のように右上がりになるはずです。債券の残存期間が長ければ長いほどリスク・プレミアム（物価変動リスクをも含む）が大きくなるのが普通だからです。ただ、先行き物価が下落する（デフレになる）と予想されている時には必ずしもそうなるとは限りません（逆イールドの発生②―逆イールドは、短期で資金を調達し、貸出や債券投資等中長期運用を行うことによって利益を上げる金融機関にとっては収益圧迫要因です。このことが引き起こす問題については第二部で触れます）。先行きの景気見通しによってカーブの傾きが変化することは次ページの式で表され、経済学では「金利の期間構造に関する期待理論」と呼ばれています。

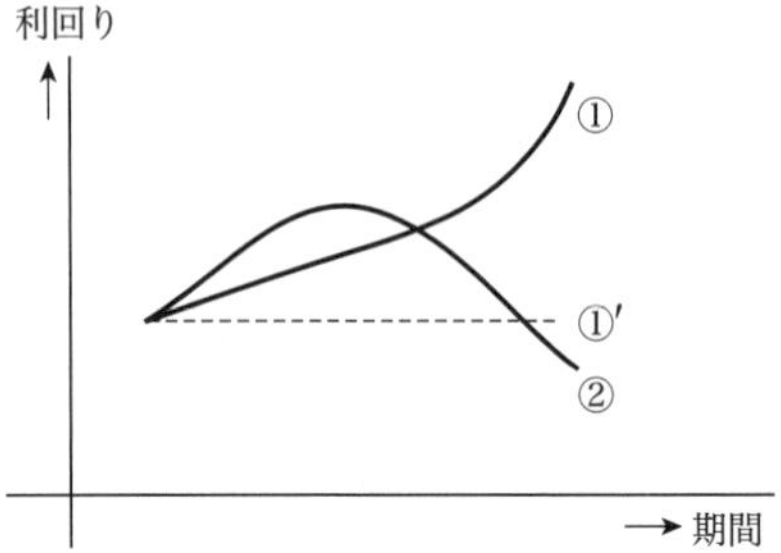

イールドカーブの概念図

ちなみに、日本銀行の「イールドカーブ・コントロール」とは、特定の年限の債券（具体的には期間10年の新発債）に焦点を当て、それを集中的に買い入れることによって、その価格を（したがってその逆数である利回りを）一定のレベル（当初はゼロ％程度とされたが、現在では0プラスマイナ

長期金利＝将来期待（＝予想）される短期金利（の平均値）＋
リスク・プレミアム（ないしは期間プレミアム）

ス０・５０％程度となっている）に維持する政策を指します（短期の金利はマイナス０・１％）。このことについては後に詳しく述べます（223ページ参照）。

ＧＤＰに名目値と実質値があるように、金利についても名目値と実質値があり、次ページのような式で表現されます（経済学ではこれを、「フィッシャー原理ないしはフィッシャー方程式」と呼びます）。実体経済に影響を与えるのは物価上昇率の影響を受ける名目金利ではなく、実質金利の方です。

この式によれば、予想される物価上昇率が（たとえば）マイナス５％の場合（深刻なデフレ状態）、たとえ政策によって名目金利をゼロに引き下げて（ゼロ金利政策）も、実質金利はプラス５％と高止まりすることが示されています。逆に、人々の期待に働きかけて、予想物価上昇率を高めに持っていくことができれば、名目金利がゼロでも実質金利が下がって景気を刺激することができるのではないかという考え方も出てきます。そうしたことが実際に可能かどうかについては議論があるところですが、いずれにせよ、ここでも将来についての予想（＝期待）が大きな役割を果たします。

そこからさらに進んで、名目金利自体をマイナスにできないか、というアイデアが出てくるのは自然ですが、理論的には上手くいくはずでも、そもそも金利とは失われた効用に対する報奨であると考えてきた伝統的な思考方法には全く馴染まない考え方である上に、現実の経済にそれを当てはめるとまことに奇妙な事態となります(銀行に預金すると罰金をとられる)。それに、(少なくとも現在のところでは)現金にマイナス金利をつけることはできません。それにもかかわらず、実際にマイナス金利政策というものが行われているが、それはなぜなのか、どうしてそういうことが可能なのか…これらのことについては後に考えていきます(218ページ参照)。なお、後に出てくる中央銀行デジタル通貨(CBDC—137ページ参照)が流通するようになれば現金をマイナス化することはできるという主張がありますが、技術的には可能でも、日頃の経済活動の感覚では、こうした政策措置をとることは到底不可能でしょう。欧州では預金金利にマイナスをつけた銀行もあったようです(口座管理料といった名目で)が、長続きしませんでした。

フィッシャー方程式

実質金利＝名目金利－期待(予想)物価上昇率

ちなみに、将来における期待の変化がもたらす影響を見据えながら行われる政策運営は“forward looking approach”と呼ばれ、過去のデータを頼りに政策決定を行う“backward looking”(しばしばバックミラーだけに頼る運転にたとえられる)より望ましいとされています。ただ、実際は靄がかかって前方が見通せないことが多く、困難を伴うことは言うまでもありません。何しろ生身の人間の予想・期待に頼るわけであって、「一寸先は闇」と言

っても言い過ぎではありません。ましてや、政策当局がその言葉によって広く人々の期待に影響を与え、その方向を左右するためにはしかるべき信認(credibility)が必要で、現実には様々な困難が立ちはだかることが予想されます。これに関連した問題は第二部で取り上げます。

(3)政策金利の決定

物価安定の下で適度な経済成長を保証する政策金利のレベルとはどのようなものか…プラスの金利が常態であった時代に、すべての中央銀行家が追い求めてきたのはこうした問いへの答えでした。当時は、「入手可能な様々な情報を総合的に勘案し」、というのが決まり文句でした。かつて名議長と謳われたFRBのグリーンスパンは、そのリスク・マネージメントの巧みさで有名でした(拙著『サブプライム危機後の金融財政政策』5ページ以下参照)が、これも「総合判断」のジャンルに入ります。

しかしながら、このアプローチには理論的な基礎付けが欠けている上に、あまりにも属人的である(名人芸の世界)という問題が付きまといます。そこで出てきたのが、J・テイラーが考え出した「テイラー・ルール」です。テイラー・ルールはいろいろ変形されていますが、最も単純な原型は次のようなものです。

テイラー・ルールの原型では、係数αとβは、米国で安定的な経済運営が行われていたと考

テイラー・ルール

政策金利(名目値)
＝目標物価上昇率＋均衡実質利子率(＝中立金利)
＋α(現実の物価上昇率の目標値からの乖離)
＋β(現実の成長率の潜在成長率からの乖離)

えられている時期(インフレでもデフレでもない状況下で、潜在成長率に近い成長が実現していた時期(1987〜92年))の現実のデータを当てはめて計算され、α＝1.5、β＝0.5とされました。

この式では、均衡実質利子率と目標物価上昇率という二つの概念が出てきます。まず、「均衡実質利子率」ないしは「中立金利」ですが、これは、スウェーデンの経済学者K・ヴィクセルが唱えたもので、「自然利子率」とも呼ばれます。スウェーデン語で書かれていたこともあって長らく忘れられていたのが、その後復活した(K. Wichsell “Interest and Prices”(1936年に原文のスウェーデン語から英訳)。その復活版ともいえるM. Woodfordの著書(2003)のタイトルがまったく同じであるのは偶然ではありません)もので、現在では金融政策を論ずる際に欠かせない概念になっています(通常「r*」と表現されます(*はスターと読みます))。

これは、一言でいえば、「景気に対しても物価に対しても中立的な利子率」であり、先に出てきた経済学の用語を使うと、「総需要＝総供給を成立させる、ないしは貯蓄と投資を均衡させるような利子率(均衡実質利子率)」ということになります。しかし、理論上はともかく、現実にそうした利子率が存在するわけではないので、さまざまなモデルを使ってそれを推計することになります。結果はモデル次第ですが、長期的・平均的に見た（定常状態）場合、それは潜在成長率に近似すると考えてよいのではないかとされています（あくまでも「理論的には」という断り書き付きですが）。なお、昨今、米国において自然利子率と潜在成長率との間の乖離が際立っていることが話題になっており、その理由を巡っていろいろ議論がありますが、なお結論が出ていません（門間 2022 の 202 ページ以下参照。ちなみに、自然利子率については、小田信之・村永淳「自然利子率について——理論整理と計測」日本銀行ワーキングペーパーシリーズ 2003, 10. という優れた論考があります）。

「潜在成長率」については以前も触れました（32 ページ）が、もう一度おさらいをしておきます。経済学では、実体経済を動かしている要素は大きく分けて、資本（工場・店舗・機械設備等）、労働（労働人口）、それに技術力（技術進歩）であるとされています。こうした生産要素が、（短期的にフル稼働するのではなく）長期的にみてすべて無理なく活用された（ヒト・モノの双方について「完全雇用」が成立している）として、そこで実現した成長率を「潜在成長率」と呼ぶことにしています。もちろんこれにも推定に頼らざるを得ない部分があり、誰が計算しても結果が同じになるとは限りませんが、理論的・観念的な存在である自然利子率に比べるとより現実感があり、理解しやすい概念です。

次に、目標とされる安定的な物価上昇率ですが、これについては現在、多くの中央銀行が消費者物価の前年比上昇率約2％を採用しています。これには厳密な理論的根拠があるわけではありませんが、それ以下ではデフレの危険が、それ以上だとインフレの危険が増すという、経験に裏付けられた実際的な判断に基づくものと言えます。ゼロ％を安定的とすると、景気回復を図るためさらに一段と金利を引き下げなければならない時が来ても動きが取れなくなるために、ある程度の「バッファー」が必要であるということが言われています。その他にも、物価指数の持つ上方バイアス（実際の上昇率より高い数字が出がちである）を考慮しなければならないという統計技術的な理由や、他の中央銀行と異なる目標を掲げると自国の為替相場に響くため、自然横並びになってしまうということもあるようです。

そのことはともかく、とりあえずはこれで、物価安定の下で適度な経済成長を実現するためにはどのような政策金利水準が適当か、という問いに対する答えが出てきました。この考え方は、かつて我々が、何故と問うこともなく当然のことのように唱えていた「呪文」（というのは言い過ぎですが）―景気が悪くなってきたから金利を下げる、景気が過熱してきたから金利を上げる―がどのような理論的根拠に基づくものであったかを示しています。

このように、テイラー・ルールはきわめてスッキリした明快な考え方のように見えますが、言うまでもなく、この式に従って政策金利を決定しさえすれば理想的な経済状態が実現するというわけではありません。実際の政策運営にあたっては他にも考慮に入れるべきさまざまな要素があり、与えられた状況は千差万別ですから、この式に従わなかったから良くない結果になったと言って政策担当者を批判する（テイラーがしばしばやっています）のは行き過ぎでしょう（『サブプライム危機後の金融財政政策』54ページ以下参照―そこでテイラーが展開している検証は、ルール通りに政策運営を行っていれば結果はどうなっていたであろうかを探るもので、学界では“counter-factual”と呼ばれている手法ですが、当然のことながら後講釈の誹りを免れません。なお、テイラーの批判に対するバーナンキ議長の正面切った反論（2010）については同書の78ページ以下を参照してください）。

もう少し付け加えると、まず第一に、中立金利（r^*）はあくまでも理論値であって、現実には存在せず、したがって確定したものではないということです。パウエル議長は、中立金利を航海中に目標とする星（＊はstarと読みますから、文字通り「星」です）に譬えた上で、その星が、北極星のように一定の場所に止まっておらず、常に位置を変えている（shifting）ことを指摘し、時々刻々と居場所を変えるこうした星を頼りに航海を続けることが如何に難しいことかと述べていました（２０１８年のジャクソンホール・コンファランスにおける講演―“Monetary Policy in a Changing Economy”）が、まことに上手い表現です。

それ以上に大きな問題は、実物の世界で起こった諸現象（労働人口の減少、投資・消費の減退、技術進歩の停滞等）によって、自然利子率（≒潜在成長率）がマイナスになった場合にはどうすればよいのか、という点です。テイラー・ルールを適用して計算した結果、政策金利がマイナスになるという結果が出て、それを実行に移した場合、金融・経済システムにはどのような影響が及ぶのか、マイナス金利という概念は、先に述べた、金利ないしは利子率についての伝統的な考え方―「失われた利益の補償」―と整合的か…といった問題です。なお、学界の一部には、あまりにも金利を下げた結果金融機関の利鞘が圧縮され(預金金利はゼロ以下にはできないため)、そのことが経済に悪影響を及ぼす、そこに金利の限界がある、という議論があります(reversal rate 論)。日本銀行がマイナス金利政策を採用したことについては後に論じます(218ページ参照)。

中央銀行のバランスシートの変化を経由するチャネル

デフレ現象が一般化する中で、金利経由の金融政策が行き詰まってしまったところで出てきたのが、中央銀行のバランスシートを変化させ、それが実体経済に及ぼす影響に期待するという考え方です。この経路については、バランスシートの資産サイドに注目するか、それとも負債サイドを経由するチャネルを重視するかで異なった考え方があります。図表2-2は主要中央銀行の総資産(=総負債)がどのように変化してきたかを示しています。

(1)負債サイド

まず負債サイドについてみると、その中の最大の項目は、金融機関等が中央銀行に保有する当座預金です（銀行が保有する手許現金（銀行券＋コイン）も、中央銀行に運び込めば直ちに預金になりますから、これも加えるべきでしょうが、比較的少額ですから、さしあたっては無視します）から、負債サイドのコントロールとはその預金残高をコントロールすることとほぼ同義です。これまでも出てきたように、金融機関等（以下では預金取扱銀行で代表させます）の中央銀行当座預金は通常「準備」（reserves）と呼ばれています。準備は「法定（required）」と「自由（free）ないしは余剰（excess）」の二つの部分に分けられます。前者は、顧客預金の一定割合相当額を中央銀行に預けておくことを銀行に義務付けるもの、後者は、銀行が法定準備以上に通常どの程度の準備を必要とするか―例えば毎日の決済のため、あるいは万一に備えて―についての判断に基づいて保有しているものです。

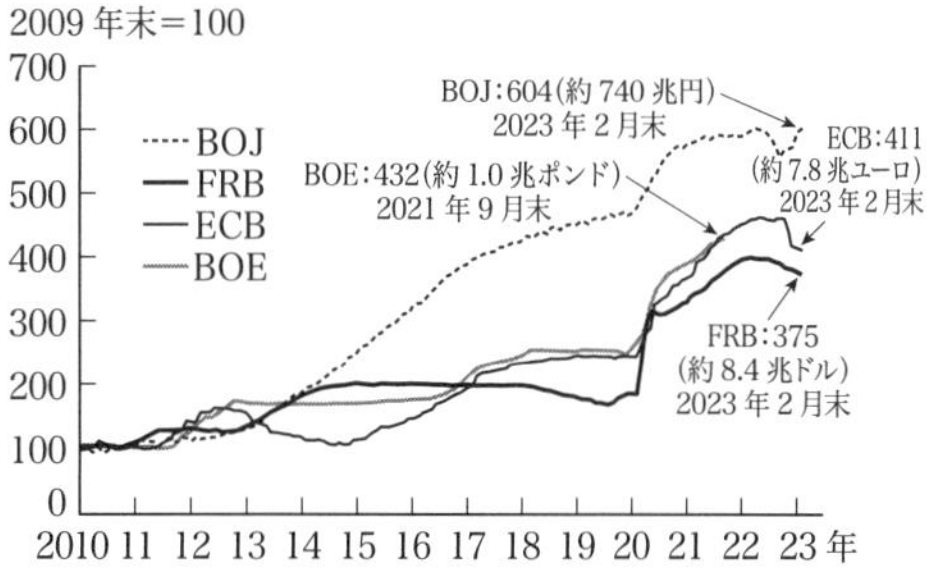

注：BOJ，FRB，ECBは月末値．BOEは，2009年12月末〜2014年8月末までは月末値，2014年9月末〜2021年9月末までは四半期末値．
出所：各中央銀行

図表 2-2　主要中央銀行の総資産の推移

法定準備は、元々は銀行倒産が多発していた時代に顧客預金を保護しようという目的で設けられたものですが、その後預金保護法制が整備されるに伴ってその性格が変わり、短期金利操作のための「梃子」の役割を果たすと考えられてきました。すでに述べたように、中央銀行は、オペレーションによって目標とする短期金利の実現を目指しますが、法律で顧客預金の一定比率を維持することを義務付けておけば、(それに付利しない限り)銀行はそれ以上の積み立てを行う誘因はありません。したがって、残高を法定ギリギリの線に維持するでしょうから、それを前提(梃子)として市場金利の調節を行えばいいということになります。法定準備は、一定期間(例えば一月間)の銀行の対象債務(顧客の預金等)残高に所定の準備率をかけて計算します(両者とも平均残高ベース…日本の場合には前者と後者との間に半月の差があり、その間に所定の準備を積むことになります)。

ついでに付け加えると、かつての教科書には、金融政策の手段の一つとして法定準備率の操作が挙げられていましたが、今ではそうした解説は見られませんし、実際に使われたこともほとんどありません。金融市場に与える影響があまりに大きい上に、準備積立対象金融機関とそうでないところとの間で不公平が生ずるという問題があるため、緊急事態(例えば、過剰準備を急いで吸収しなければならない場合等)ならともかく、平常時には使い難い手段であるとされたためです。

準備の持つ意味は、量的緩和政策が浸透した現在、その性格を一変させています。今やどの国でも、銀行は膨大な当座預金(準備)を中央銀行に保有しており、法定準備と自由準備の区分けは全くと言っていいほど意味をなさない状況になっています。例えば日本銀行についてみると、準備預金平均残高422兆円に対して、法定準備が占める比率は僅かに0・84程度に過ぎず、あとは自由ないしは余剰準備です(2022年末現在)。FRBは、2020年5月に法定準備率をゼロにし、2021年6月には法定準備(required reserves)と余剰準備(excess reserves)の付利金利を同じにしています(interest on reserves: IOR—それまでは余剰準備にのみ付利していました—interest on excess reserves: IOER)。

膨大な準備が存在する状況下では、短期金利は当然ゼロに張り付くはずですから、短期金融市場で金利を操作して目標とする水準を実現し、それを通じて実体経済活動や物価をコントロールするという選択肢はありません。そこで、代わりに準備の量を変化させるという手段が登場しました。ここでも中央銀行のオペレーションが活躍するのですが、ごく短期の金利調整の手段であった時とは異なり、ある程度の期間、残高としてバランスシートに残るものでなければなりません。したがって、買い入れの対象は、自然中長期の債券、それも信用度や資金配分の公正性、あるいは市場の厚み(取引量の多さ・安定性)等から国債中心となるのは自然です。短期金利調節の場合とは異なり、ここでは原則として買い入れオペのみが問題になります。後でも触れますが、中央銀行が国債を売るという行為は市場にきわめて大きな影響を与える(mar-

（国債買いオペ）

中央銀行

資産	負債
＋国債	＋銀行の預金

銀行

資産	
▲国債 ＋中央銀行預金（準備）	

（満期到来―償還）

中央銀行

資産	負債
▲国債	▲政府預金

国

資産	負債
▲中央銀行預金	▲国債

ket impact 大）ため、どの中央銀行も基本的には避けたいという気持ちがあります。国債の保有残高が減少するのは、原則として満期が到来し、償還が行われる（国庫から償還金が支払われる）時です（「期落ち」と称します）。このことは、後に「出口」を考える際に重要になります。なお、ＢＯＥは保有国債の売却という手段を併用することにしていますが、これなどは例外であって、後に見るように、そのことが市場の混乱を助長したという見方があります（196ページ参照）。

これまでに述べた操作をバランスシートの変化で表現すると上のようになります。銀行は通常、安全な運用資産として相当額の国債を保有しています（適格担保としても使えます）。国も中央銀行に預金口座を持ち、ある程度の残高をおいています。以下ではそのことが前提となっています。

ここで問題になるのは、銀行の準備を拡大ないし縮小すること（そのことは、中央銀行のバランスシートの規模を拡大・圧縮することと同義です）が、物価を含む実体経済にどのような影響を及ぼすのか、という点です。実は、準備量チャネルを通ずる金融政策運営の最大の問題点は、そこに、（金利操作の場合のように）多くの人が納得できるような理論的根拠を見出すことができない上に、実証研究でもはかばかしい結果が得られていないという点です。このことについて、以下もう少し詳しく見ていきます。

$$M = MB \times \alpha \quad \Rightarrow \quad \frac{M}{MB} = \alpha \ (\alpha = \text{通貨乗数})$$

$$MV = PT \quad \Rightarrow \quad V = \frac{PT}{M} \quad P = \frac{MV}{T}$$

注：P＝物価（price），T＝取引高（transaction）

準備量を通ずる政策の波及過程に関する理論のうち、一見最も説得力があるように見えるのはいわゆる「マネタリズム」に基づくものです。マネタリズムと言ってもいろいろな意味がある（例えば、マネタリストの元祖的な存在であるM・フリードマンは、中央銀行が政策判断に従って通貨量を動かすのではなく、一定の予見可能なルール（kパーセント・ルール）に従って通貨量を管理するべきだと主張します。政府・中央銀行が人為的な操作によって経済を攪乱することを嫌い、経済原理が貫徹する結果に委ねるべきだという哲学（libertarianism）です）が、ここでは典型的な「貨幣（通貨）数量説」を取り上げます。

貨幣数量説は、準備（ベースマネーないしはマネタリーベース monetary base: MB）を変化させれば通貨量（企業（金融機関を除く）と個人が保有する預金＋現金＝マネーストック money stock: M）を変化させることができる。通貨量Mが増加すれば財（モノ・サービス）との対比で通貨価値が下がるため物価が上昇する、と主張します。これらのことは上の式で表されます。

V＝PT/Mは通貨の流通(回転)速度(velocity)といい、通貨1単位がどれだけの取引量を支えているかを示します。PTは名目GDPと読み替えることができます。

この式は一見、PT(名目GDP)はM(通貨量)を増やせば増加する、P(価格)はMを増やせば上昇する、という主張を裏付けているかのように見えます。事実、後に見るように、デフレ(低成長・低物価上昇率の持続)を是正するためには通貨量を増やせばいい、そのためには準備を増やせばいい、したがって、中央銀行は金融機関保有の国債等を大量に買い入れて、準備を豊富に供給すればいい、という考え方に基づいて実際の政策運営が行われてきたという事実があります。これが、いわゆる「量的緩和政策」(quantitative easing: QE)と言われているものです。

しかしながら、すでにしばしば指摘されているように、これまでのところ、量的緩和政策の通信簿は芳しいものではありません。日本のケースで見ると、「異次元」とも称される大緩和政策を10年以上続けてきたにもかかわらず、その結果として低成長・低物価上昇率が顕著に改善したかというとそうは言えないというのが一般的な評価であるように思われます(2022年後半の物価の急騰は明らかに他の外部要因―コストプッシュ―によるものです(41ページ参照))。金利チャネルの場合とは異なり、そもそも準備を豊富に供給することが、どのような経路で実体経済に影響を与えるかについての説明が理論的な説得力を持たないのです。株価を上げたのが唯一の功績ではないかなどとも言われました。その他に、失業率を低下させたとも主張されますが、

①中央銀行による準備の供給（国債の買い入れ）

中央銀行

資産	負債
＋国債	＋銀行の預金

銀行

資産	負債
▲国債 ＋中央銀行預金（準備）	

②銀行による対顧客（個人・企業）貸出

銀行

資産	負債
＋貸出	＋顧客預金

顧客

資産	負債
＋銀行預金	＋銀行借入

金融機関（銀行で代表）による通貨（信用）創造のメカニズム

そういう面があったことは否定できないにせよ、それはむしろ人口動態や労働慣行の変化といった面から説明できるのではないかという見方もあり得ます。なお、将来の金利についての期待に影響を与えないような量的緩和は無効であるというよく知られた論文があります（Eggertsson and Woodford, "The Zero Bound on Interest Rates and Optimal Monetary Policy". 2003）。

まず、準備の供給を増やすと通貨量が増加する、ということの問題点ですが、その前に、バランスシートを用いて金融機関（銀行で代表）による通貨（信用）創造のメカニズムを見ておきます。

銀行が貸出をする際に準備が必要な理由は、第一に、顧客の預金引き出し（現金化）に備えて事前に中央銀行預金を引き落とし、自分の金庫に（あるいはATMに）入れておかなければなりません。第二に、預金者が取引相手（他の銀行に口座を持つ）に対して支払いを行うのに備えて、銀行間資金貸借の最終的決済機関である中央銀行に保有する口座に決済資金をおいておく必要があります。銀行は、準備預金制度によって顧客の預金残高に対して一定の法定準備を持つ必要がありますから、それも一つの理由にはなりますが、前述のとおり、豊富な準備残高が積みあがっている現在、この点はほとんど無視することができます。

若干付け加えると、引き出された現金が戻ってこない場合には、市場からの準備の「漏れ」となり、短期金融市場の需給関係を逼迫させる要因となります(以前掲げたビーカーの水を思い出してください(53ページ))。その結果短期金利は上昇しますが、中央銀行がそれを嫌うのであれば、改めてオペレーションによって準備を補塡してやればいいということになります。その「漏れ」が短期的な減少である場合は短期証券の買い入れで対応できますが、中長期的な漏れである場合(例えば、経済の拡大に伴う流通現金の増加等)は中長期証券の買い入れが適当であるということになります。

ところで先ほど、銀行が貸出をするためには予め手許にある程度の準備を持っている必要があると言いましたが、準備を供給すれば必ず貸出が増えるとは言っていません。銀行貸出が増えるためには、その他の条件…銀行から資金を借り入れることを必要としている顧客が存在する(資金需要がある)こと、その顧客が十分な信用(返済能力)を持っていること、金利収入が貸出に要する費用を十分にカバーしていること、等が必要です。つまり、伝統的な貨幣数量説は、

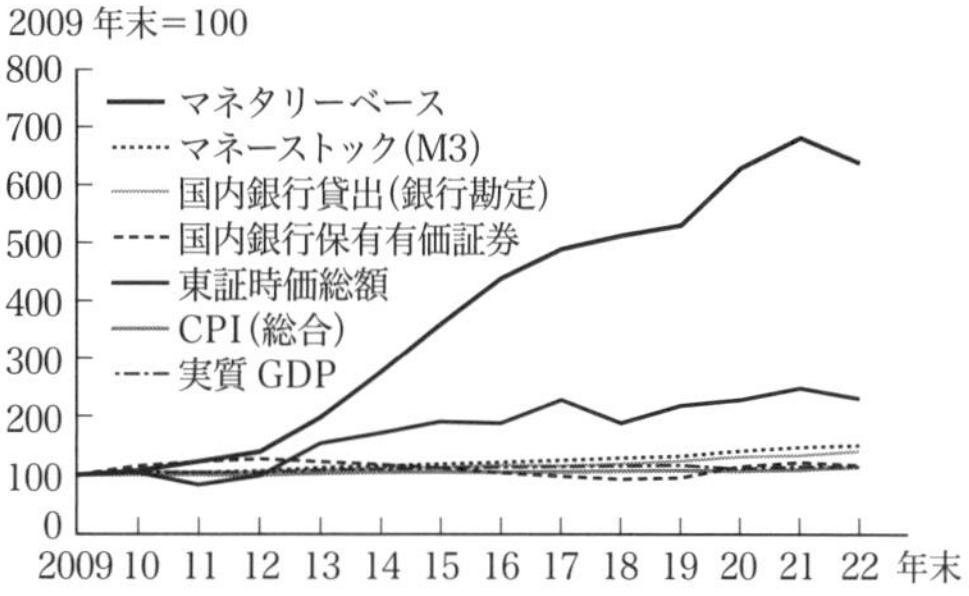

出所：日本銀行，日本取引所，総務省，内閣府

図表 2-3　マネタリーベースと実体・金融諸指標との関係

準備を供給しさえすれば貸出が増え、それに伴って通貨も増える、通貨が増えれば当然実体経済活動が活発化し、物価にも上昇圧力がかかる、という論法で押し通してきた感がありますが、現実に起こったことは、こうした考え方が正しくなかったことを示しています。そのことは、マネタリーベース（MB）ないし準備と、銀行貸出、および通貨M等の変化を一表にした図表2-3でよくわかります。

それでは、貨幣数量説を信じない政策担当者が準備の拡大路線をとったのはなぜでしょうか。一つの説明は、分厚い準備の存在が金利上昇の可能性を完全に消し、関係者に長期にわたるゼロ金利の持続を信じ込ませたという一種のシグナル効果を認めるものであって、このことは後述する「期待への働きかけ」効果と重なります。もう一つは、膨大な準備の存在が金融システムの安定性を保証する役割を果たし、安心して経済活動を行う基盤となったというものです(残高効果)。いずれも、そういうこともあるかも知れない、ということはできますが、それだけで経済活動を活性化させ、物価を引き上げる要因になるのかどうか、理論的にも実際上も疑問が残ります。相当程度の残高を積んでおかないと安心できないということが常態化すると、そうした政策を変更して残高を減らし出した時の市場の反応が懸念されます。事実、後に見るように、この問題は、いわゆる「出口」政策を実施する上で大きな障害となっています(158、234ページ参照)。

先程言い忘れましたが、量的緩和が経済にもたらした好影響として、通貨の対外価値の低下—日本で言えば円安化—を挙げる声をよく耳にします。円安が輸出を伸ばし、日本経済の活性化に貢献した、輸入価格の上昇を通じて物価目標の達成に寄与した、というのですが、果たしてそうか…この問題については章を改めて考えてみます(第四章参照)。

(2)資産サイド

これまでは、準備という中央銀行の負債サイドに注目してきましたが、資産サイドの観点からはどうか…そこで出てきたのが、信用緩和(credit easing: CE)という考え方です。以前、金利に含まれるリスク・プレミアムについて見てきましたが、もし特定の金融資産の金利がリスク要因によって高止まりしているのであれば、その金融資産を中央銀行が買い取って、リスクを吸収してやればいいのではないか、という考え方です。その結果は準備の増加をもたらしますから、結局は量的緩和(QE)と同じではないか、と言われそうですが、QE(quantitative easing)の理論的基礎に納得できない人々は、意識的にQEという言葉を使うのを避け、CEないしはLSAP(large-scale asset purchases)という用語にこだわっています。その代表がFRBのバーナンキ議長(当時)だったのですが、後に彼自身認めているように、こうした考え方が広く市民権を得たというわけではなく、世間ではなおQEという言葉が幅を利かせています。

中央銀行が金融機関からリスク資産を買い取って、リスク・プレミアムを引き下げる(そのことは名目金利の引き下げをもたらします)という政策は、必然的に中央銀行のバランスシートの(相対的な)劣化を意味します。その結果、中央銀行が発行する通貨の信認に傷がつくようなことになれば事は重大です。

先にも触れましたが、日本銀行は現在、10年物国債の利回りを0%近辺(具体的には0プラスマイナス0・50%)に維持する、いわゆる「イールドカーブ・コントロール」という政策をとっています(224ページ参照)。もし、市場の需給関係によって長期金利が上昇(債券価格が低下)し出した場合は、必要な限り国債を買い入れて利回りをゼロ近辺に抑えることになりますが、その結果保有している国債は増加します(反対の場合は減少)。この政策は、QEというよりはむしろ伝統的な金利操作のジャンルに属すようにも見えますが、短期証券ではなく長期債を使ってオペレーションを行い、金利を直接的にコントロールするという点で伝統的な手法とは異なります。金利操作と量的緩和のハイブリッド政策ともいうべきものでしょう。

後にも触れますが、自己のバランスシートの資産サイドを極力国債、ないしはそれに準ずる債券に限定しようとするFRBに対して、日本銀行は、国債だけではなく、社債、コマーシャル・ペーパー、ETF、REIT等々、多種多様な公的・私的金融資産を大量に買い入れています。ECBやBOEも、日本銀行ほど極端ではありませんが、民間社債やコマーシャル・ペーパーにまで買い入れ対象を拡大している点は似ています。政策措置を理論的に基礎づけることにこだわるとともに、資産内容の純化を推し進め、さらに、バランスシートの拡大に神経を尖らす議会の反応(伝統的に「大きな政府」を嫌う共和党を中心とする議員群)を強く意識しているFRBと比較すると、政策運営の態様にかなりの違いが見られるのは興味深いことです。

期待への働きかけ(フォワード・ガイダンスないしはコミュニケーション戦略)

その昔、中央銀行が「鎮守の森」に譬えられ、そこで決定された政策運営方針が、神殿の奥から聞こえてくる神託のような扱いを受けていたことがありました。「中央銀行は行動するとも説明せず」という言葉がごく自然に受け入れられていた時代です。しかしながら、既に見てきたように、ミクロの次元で人々の「期待」形成がその人の行動に多大の影響を及ぼすということが広く知られるようになる(「行動経済学」の発展)と、これをマクロ経済の運営に利用しない手はないという考え方が生まれるのは自然です。

かくして、中央銀行がどのような意図で、どのような政策展開を行おうとしているのかを予め広く人々に伝えておくという手法が、政策効果を高める上で有用であるという認識が広まっていき、いわゆる非伝統的金融政策の重要な一手段と考えられるようになってきました。一般に「フォワード・ガイダンス」と呼ばれている手法もそれに含まれます。政策金利の先行きについてのフォワード・ガイダンス、例えば、現行の低金利が一般に考えられているよりも相当長く続きそうだ、ということを示唆する言葉の狙いは「時間軸効果」と呼ばれます(植田日銀総裁がかつて政策委員会の審議委員をしていた頃の命名です)。それによって、実際に低金利状態が相当程度持続するという効果が期待できるからです。透明性の向上はまた、中央銀行の"accountability"(説明責任)という観点からも必須と考えられています。国民のために働くとされている組織が、国民に何も知らせないまま政策運営を行うことは民主主義の大原則に反します。

ただ、各国中央銀行が昔から透明性向上という点で足並みを揃えていたかと言うと、それは必ずしもそうではありません。ここでも先陣を切ったのは米国のFRB、しかも、バーナンキ議長の時代からと言っていいでしょう。前任のグリーンスパン議長は透明化にはむしろ反対でした。その他の主要中銀も最初は渋々といった感じでしたが、その後は積極姿勢に転じ、今やこれでもか、と言わんばかりの膨大な情報を、市場関係者のみならず一般にも広く提供しています。以下に例として示すのはＦＲＢの政策運営透明化の軌跡です。

・２０１２年以降、毎年初に長期的な金融政策運営方針（Longer-run Goals and Monetary Policy Strategy）を発表。５年に一度全面的に見直し。

・ＦＯＭＣの開催の都度、決定された政策運営方針を、その背景を含めて声明文（statements）として発表―ＦＯＭＣ決定後の声明文の発表は１９９４年２月から、声明文で政策金利（操作目標）であるＦＦ金利の水準を示すことは１９９５年７月から開始。声明文の発表は、最初はＦＦ金利の変更があった時だけであったが、１９９９年５月からは毎回の会合後となった。同時に議長は記者会見を実施―記者会見は２０１１年４月に開始。最初はＳＥＰの後ということで年４回であったが、その後ＦＯＭＣ開催の都度開催。

・その後3週間ほど後に議事要旨（minutes）を、５年後に議事録（transcripts）を公表。

・２００７年10月以降、四半期に一度、ＦＯＭＣ参加者個々人が先行き数年間にわたる経済情勢（成長率、物価、失業率）をどう見ているかを示す経済動向見通し（Summary of Economic Projections: SEP）を発表。その後、目標値的性格を持った長期見通しを加えるとともに、先行きの政策金利の水準についての各自の予測を呈示（dot plots あるいは dot chart）。

・議会に対し、年2回金融政策に関する報告(Semiannual Monetary Policy Report to the Congress)を提出し、議長が公聴会に出席して証言。
・FRB幹部は各地・各界でしばしば講演を行い、当面の政策運営方針について説明。さらに近年は、全米各地で広く各界の人々と意見交換を行う"Fed listens"という会合を主催。
・FRBスタッフの調査・研究成果を出版物として頻繁に公開。

なお、既に見た通り、各国中央銀行は現在、消費者物価指数の前年比上昇率2%を目標に掲げて政策運営を行う、いわゆる「インフレターゲット」と呼ばれる施策を採用しています。2%を達成するまでは金融緩和政策を続けるというこの宣言が、経済主体の先行きへの期待にしかるべき影響を与えることは否定できないところで、これもフォワード・ガイダンスの性格を備えたものと考えることができます。この考え方を拡張して、物価がなかなか目標の2%に達しないときは、むしろ(例えば)4～5%という高めの数字を掲げてそれを目指すと宣言すればいいのではないかという議論が一部の学者から唱えられたことがありましたが、さすがに多数説にはならなかったようです。もともとインフレターゲットのメリットは、インフレ下にもかかわらず金融緩和を迫る政治的圧力に対する有力な抵抗の武器になるというところにあるとされていましたから、物価の上昇を促進するための手法として使われている今日と比べると時代の変化を感じざるを得ません。ちなみに、FRB、ECB、BOJが目標値(その表現はともかく)を自ら定めているのに対し、BOEは、毎年初に財務相が総裁に書簡を送ってその年の目標値を伝えるという方法をとっています(過去の歴史的・政治的経緯による)。実際の物価上昇率が目標値を上回った場合、総裁は財務相に書簡を送ってその理由と対応策を報告することになっていますが、実際はかなり形式的なものになっています。

ＦＲＢは、政策運営方針の変更を物価上昇率と失業率の二つの数値に結びつけるフォワード・ガイダンスをしばらくの間試みたことがあります。「少なくとも失業率が6・5％以上で、インフレ率が2・5％以上にならない限り」現行程度の金融緩和を続ける、とした２０１３年6月のＦＯＭＣ決定がその例ですが、ＦＲＢが「これはthreshold(閾値)であってtrigger(引き金)ではない」と強調していたにもかかわらず、市場はこれを、ＦＲＢは目標インフレ率をこれまでの2％から引き上げた、とか、失業率について目標値を設定した、と受け止めたという経験があります。失業率について触れたフォワード・ガイダンスはその後姿を消しました。

このエピソードに見るように、フォワード・ガイダンスには多くの問題があります。言うまでもなく、中央銀行が物価上昇率目標2％を掲げたからといって、それがそのまま実現するというものではありません。また、情報発信者である中央銀行には、自らの政策意図を如何に正確に伝えることができるか、という問題が付きまとい、声明文の一言一句に至るまで神経をすり減らすことになります。しかし、中央銀行がいくら苦労しても、情報受信者である市場や各経済主体の方に問題があれば、中央銀行のコミュニケーション戦略は機能しません。情報受信者の方の能力不足ということもありますが、むしろ、そうした情報を利用して儲けてやろう、という市場関係者も皆無とは言えません（いわゆる「マーケット・トーク」です）。その好例が、前述のＦＯＭＣ参加者による政策金利予想（dot chart ないしは dot plots）であって、ＦＲＢは、これは各メンバーがそれぞれの景気見通しに基づいて、それが実現した場合に政策金利がどのような水準にあるかを予想したものに過ぎない、と繰り返し強調しているのですが、市場関係者はこれを、ＦＲＢによって決定された政策金利変更のスケジュールであるかのように喧伝する傾向があります。ただ、予測とは言え政策担当者のそれであるからには、市場がそこに、金利の先行きを示すフォワード・ガイダンスの匂いを嗅ごうとするのはある意味自然のことかもしれません。こうしたところにこの問題の難しさがあります（最近のドット・プロットの例は176ページに掲げてあります）。

その他にも、中央銀行が市場の「受け」を気にするあまり（市場の声に耳を傾けないという批判を意識し過ぎて）、ついつい市場にとって都合のいい政策をとる方向に傾くという問題があることを指摘した論者もいます（拙著『サブプライム危機後の金融財政政策』16ページ参照）。さらに、これは政策担当者による世論操作ではないか、という批判も意識せざるを得ません（行動経済学の本にしばしば出てくる次のエピソード(「フレーミング」と呼ばれている)は、このアプローチが持つ一種の「うさん臭さ」を物語っています。「医師が患者に手術を受けるように勧める場合、Aのような言い方のほうが承諾を得やすい」―A「術後1カ月の生存率は90%」B「術後1カ月の死亡率は10%」)。そもそもそれがフォワード・ガイダンスの本来の目的ではないか、と反論されそうですが、情報受信者としては、なんとなく「言葉で言いくるめられている」という感じを禁じ得ないのでしょう。情報受信者の方には、発信者の真の意図を察知するメディア・リテラシーが求められることになりますが、それが過ぎると、どのような政策措置も色眼鏡で見られて効果が望めなくなるという、経済学で「Sargent=Wallaceの政策無効命題」として知られているテーマに通ずるところのある問題が浮上します。政策担当者のcredibility(信認)に関わる難しい問題です。

第三章　金融政策と財政政策

金融政策と財政政策の関係

貸し借りの関係を基本とする金融の世界に対して、財政は基本的には「取り切り(徴税)・払い切り(歳出)」の世界であること、前者が対等な地位にある者同士の「取引」として行われるのに対して、後者は国家権力を背景とした一方的な行為であることは今さら言うまでもありません。前者の場合には、関係者の間で最終的な所得の移転は生じません(時間差をカバーするための利子の授受を除き)が、後者においては明らかに所得の移転が発生するところに両者の違いがあります。公権力による一方から他方への所得移転である以上、財政活動については国民の同意が必要であり、国民の代表である議会において審議・採決が行われることになります。このことは地方財政についても同様です。

金融政策の運営に携わる者は、これまで、財政と金融との間にあるこうした違いを強く意識し、所得移転に関わるような政策措置、換言すれば「質」の問題は専ら財政当局に任せて、対象無差別な「量」のコントロールに専念する、という方針を堅持してきました。勿論、金利の上下や準備量の調整が所得の移転と全く関係がないかと言えばそのようなことはないわけですが、少なくとも明示的に特定の社会階層に影響を与えたり、特定のイデオロギーに関わるような事柄については極力これを避けるという姿勢です。その背後には、政府とは異なり、国民の意思で選ばれたわけではない金融政策当局としては、国民の間の所得移転に関わるような事柄には基本的に関与すべきではないという「哲学」がありました。

こうした、以前なら当然のことと受け止められていた金融政策当局の姿勢に対して、世の中の空気は次第に変化しつつあり、中央銀行の間でも対応の仕方に違いが生じているのですが、このことについては後に詳しく見ていきます。

財政の構造と収支の現状

中央政府の財政は、大別して「一般財政」と「財政投融資」の二つに分けられます（地方財政も基本的に似たような構造になっています）。一般財政が「取り切り・払い切り」、すなわち純粋な財政活動であるのに対して、財政投融資は、「貸出・投資とその回収」、すなわち、公的機関による広義の金融活動であることに特色があります。ただ、財政投融資の中には一般財政の肩代わりではないかと思われる案件も多く含まれており、また結果的にもそのようになってしまう案件が少なからず含まれていることに留意しておく必要があります（より詳しくは、『日本の財政はどうなっているのか』湯本2015を参照。以下『日本の財政』と略称）。

国会の議決を必要とする一般財政の予算は、一般会計・特別会計・政府関係機関の三部門からなっていますが、以下ではその主軸をなす一般会計の予算についてみていきます。2023

一般会計

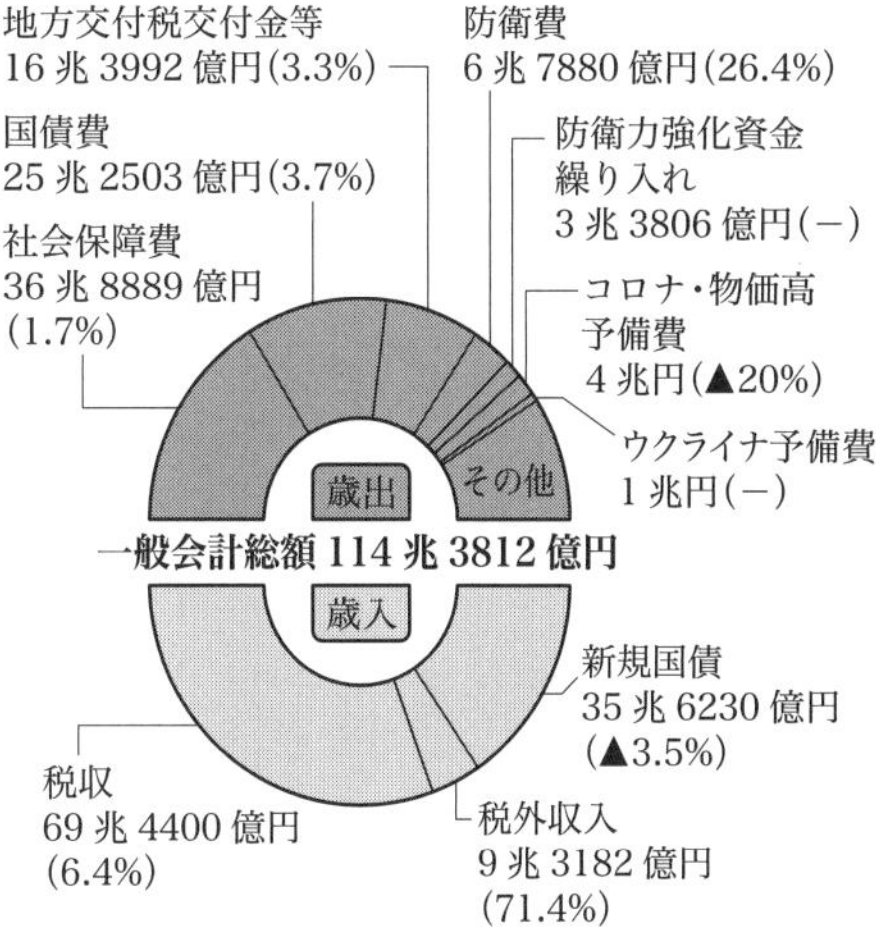

注：カッコ内は22年度当初予算(組み替え後)比，防衛費はデジタル庁計上の関連分を含むと6兆8219億円，▲はマイナス

財政投融資計画	(単位：兆円)
企業の資金繰り支援・成長力強化等	5.7
(うち，日本政策金融公庫経由)	4.8
インフラ整備の加速	1.6
企業の海外展開支援等	2.4
教育・福祉・医療	6.4
地方公共団体	2.6
合計	18.8

出所：財務省

図表3-1　2023年度予算の概要

年度の一般会計予算は図表3-1のようになっていますが、当初予算は状況の変化(例えば大震災、コロナ禍等)に応じて補正が繰り返され、大きく膨張するために、本当の姿は補正後予算で見なければならないということに留意してください。なお、財政投融資計画は国会の議決を必要とせず、参考資料として提出が義務付けられているだけです(『日本の財政』16ページ参照)。

財政赤字のファイナンス

一般会計の収支は1990年度ごろには均衡に近い状態にありましたが、その後の歳出の増加と税収の伸び悩みを背景に赤字幅が拡大し、世上「ワニの口」などと言われていることはご承知のとおりです(図表3-2)。ワニの口の拡大ペースは2010年代にいったん収まりかかったかの感がありましたが、2020年度のコロナ対応で再び裂けんばかりに開いてしまいました。こうしたことが重なって、政府債務残高の対名目GDP比率はさらに拡大し、世界最悪という不名誉な地位にあります(図表3-3)。ワニの口はその後一見狭まってきているようにも感じられますが、先行きは全く楽観を許しません。

財政収支のギャップは、租税収入を増やすか、政府債務すなわち国債の発行で埋めざるを得ませんが、増税に対する国民の抵抗は大変なものがありますから、政府としては自然国債の発行に依存しがちになります。ところで現状は、国債の大増発にもかかわらず金利は長期にわた

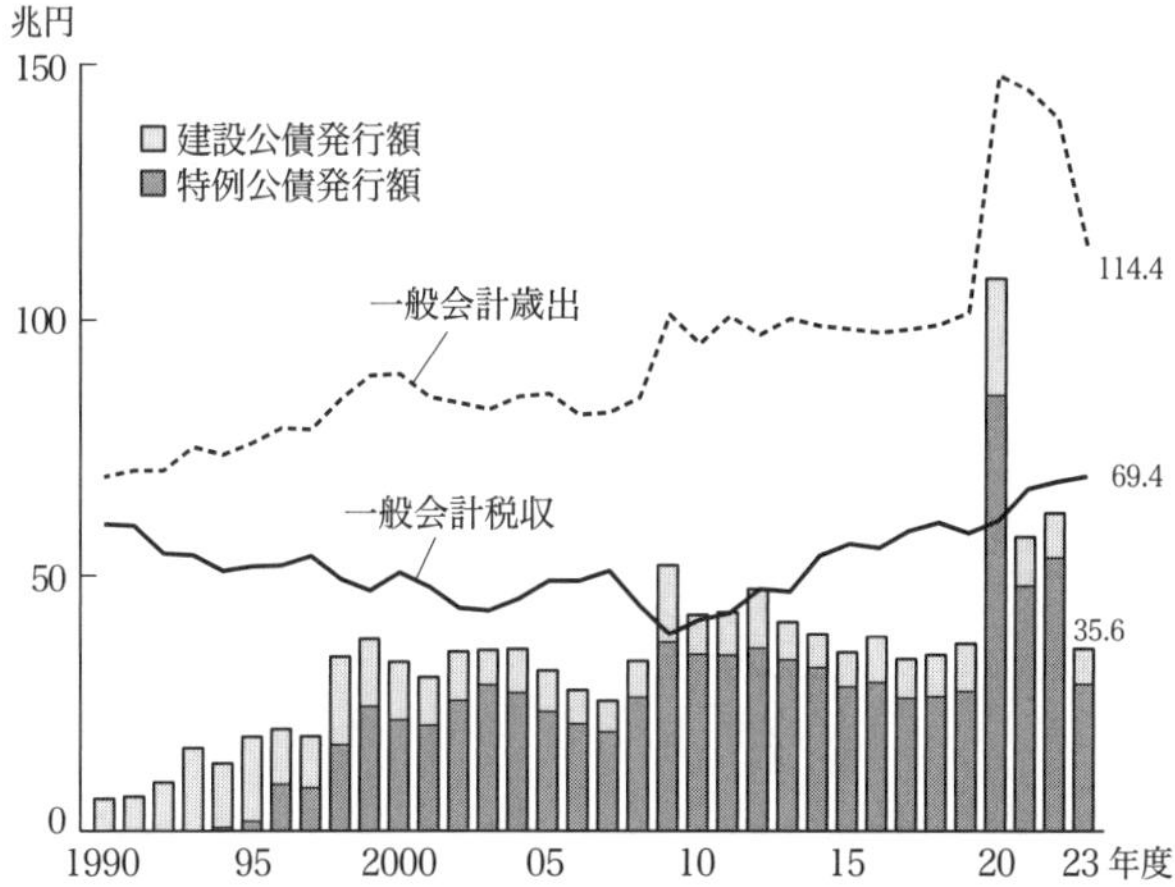

注：2021 年度までは決算，2022 年度は第 2 次補正後予算，2023 年度は当初予算.
出所：財務省

図表 3-2　一般会計税収・歳出及び公債発行額の推移

って低水準にあり、したがって、債務残高の増大があっても利払い負担はむしろ減少傾向にあります（図表3-4）。この不思議な現象の背景に、日本銀行の量的緩和政策、すなわち大量の国債買入があることは言うまでもありません。

　日本銀行の国債買入と言っても、直接引受は財政法第5条で原則禁止されており、金融機関保有分を買い入れるという間接的な方法によっています。期間1年以下の政府短期証券の引受は禁止されていませんが、ごく限定的な場合に限られており、かつ可及的速やかに償還することとなっています（『日本の財政』184ページ参照）。国債は通常市場で入札に付され、金融機関等によって買い入れられます

（「国債の市中消化」原則）。なお同条は、特別の事由がある場合に日本銀行は国会の議決の範囲内で国債を引き受けることができるとしており、一部の論者はこれを根拠に、日本銀行の国債引受は禁止されていないと主張していますが、この条文は日銀が既に保有している国債の乗り換え（満期借り換え）を認めるということであって、日銀の国債引受を認める趣旨ではないという解釈が確立していることに注意してください。

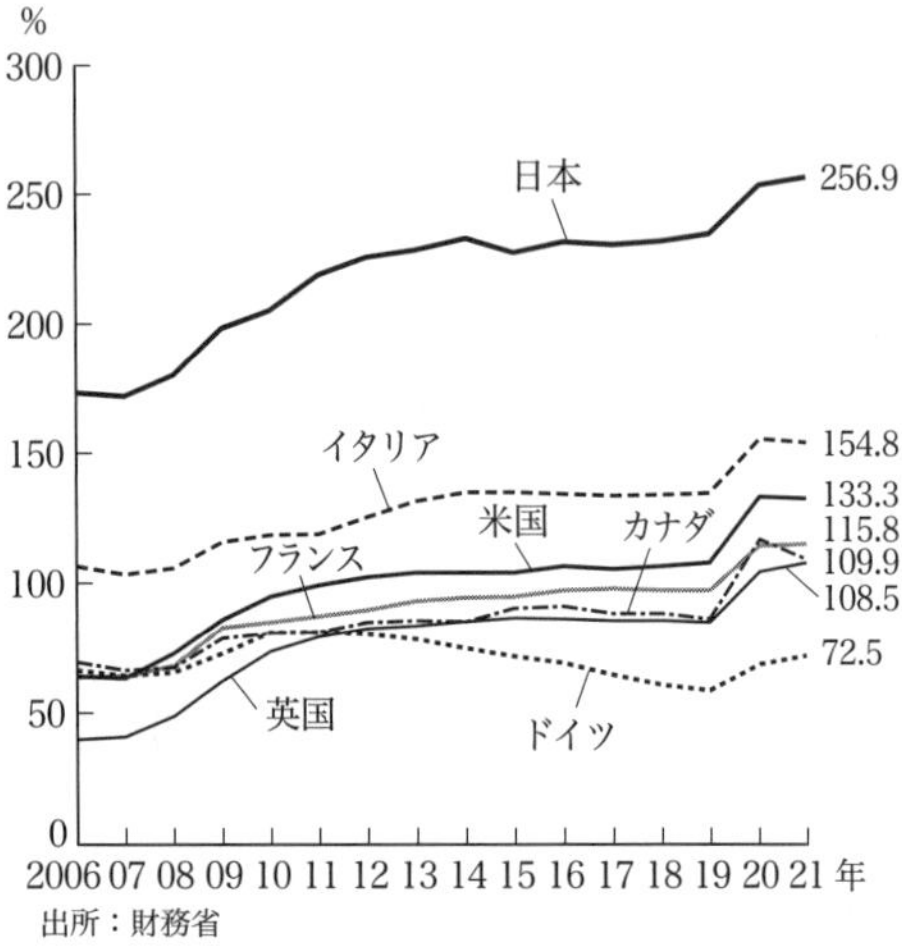

図表 3-3　債務残高の国際比較（対 GDP 比）

　日本銀行が、間接的にせよ国債を大量に買い入れていることをどう考えるか、ということですが、かつて伝統的な考え方が支配的であった時代には、中央銀行は財政ファイナンスに関与してはならず、仮に関与するとしても、ごく短期のつなぎ資金の供与に限定されるべきであるという意見が支配的でした。例えば、日本銀行において長期国債の買入れは行われてきましたが、それは日銀に置かれた銀行等

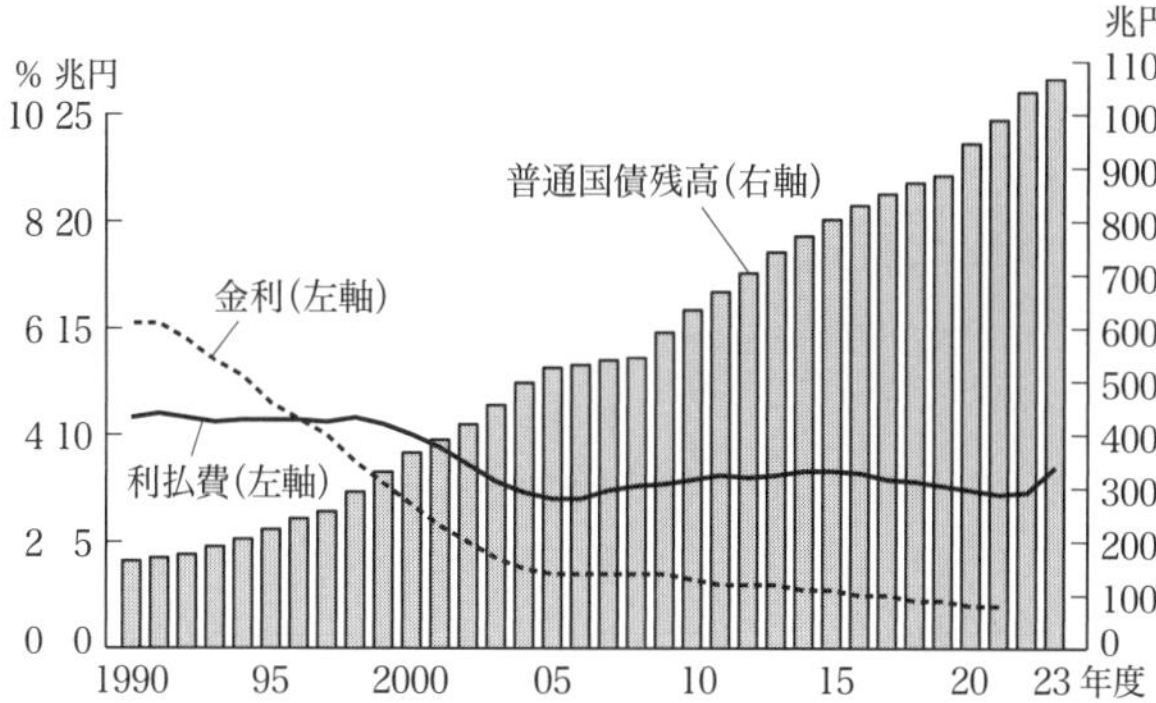

注：利払費は，2021 年度までは決算，2022 年度は第 2 次補正後予算，2023 年度は当初予算.
出所：財務省

図表 3-4　金利と国債利払費の推移

の預金残高(準備)が恒常的に減少する(例えば、経済活動の拡大に伴う現金需要の趨勢的な増加―その結果、準備減少・短期金融市場金利上昇という現象が長期化する)場合に、これを埋めて金利が持続的に上昇するのを防ぐためでした。しかも、日銀の長期国債保有残高が野放図に増えることがないように、長期国債保有額を発行銀行券の残高以下に抑えるという、いわゆる「銀行券ルール」と称される自主規制枠をはめていました(政策委員会で決定)。ただ、銀行券ルールを理論的に支持することは困難です。そのことは、大多数の決済が銀行券を使わないで行われている現状を考えれば明らかであって、規制はあくまでも自己抑制的なものに止まります。銀行券ルールは白川総裁時代に部分的に、黒田体制発足とともに全面的に停止されました(207、217ページ

図表 3-5　国債の保有者別内訳

（2022 年末，単位：%）

	国庫短期証券を含むベース	国庫短期証券を除くベース
日　銀	46.3	52.0
預金取扱機関	12.5	10.5
保険・年金基金	19.4	22.0
公的年金	3.7	4.2
家　計	1.1	1.2
海　外	13.8	6.5
その他	3.2	3.6

出所：日本銀行，財務省

参照)。

ところで周知のとおり、日本銀行は現在積極的に長期国債を買い入れており、その結果、日本銀行の長期国債保有高は発行残高の約5割強(図表3-5)、日本銀行総資産の実に8割にも達しています(2022年末現在)。日本銀行はこれについて、あくまでもデフレ防止のためであって財政ファイナンスではないと主張していますが、こうした説明にどの程度説得力があるかという問題があります。

金融面から見た場合、日銀が金融機関保有の国債を買い入れるのと、日銀の直接引受とはどう違うのかということが問題になります。まず国債が発行され、市中で消化される(民間金融機関が買い入れる)通常のケースを見てみると、金融機関が日銀に保有する預金(=準備)は、国債を買い入れた段階でひとまず減少しますが、それを日銀に売却した段階でまた元に戻ります。準備は、政府が国債の発行で得た資金を支出した段階で再び増加します。一方、日銀が国債を直接引き受け、その資金で政府支出が行われた場合には、ストレートな準備の増加となります。ということで、途中経過は異なっていても、結果において両者の間に違いはありません。そ

A：国債の市中消化のケース

(1)国債の発行と民間金融機関の買入

政府

資産	負債
日銀預金(＋)	国債(＋)

民間金融機関

資産
国債(＋)
日銀預金(－)

日銀

負債
政府預金(＋)
金融機関預金(－)

(2)民間金融機関からの日銀の国債買入

日銀

資産	負債
国債(＋)	金融機関預金(＋)

民間金融機関

資産
国債(－)
日銀預金(＋)

(3)財政支出の実行

政府

資産
日銀預金(－)

民間金融機関

資産	負債
日銀預金(＋)	顧客預金(＋)

日銀

負債
政府預金(－)
金融機関預金(＋)

B：国債の日銀引受のケース

(1)国債の発行・日銀引受

政府

資産	負債
日銀預金(＋)	国債(＋)

日銀

資産	負債
国債(＋)	政府預金(＋)

(2)財政支出の実行

政府

資産
日銀預金(－)

民間金融機関

資産	負債
日銀預金(＋)	顧客預金(＋)

日銀

負債
政府預金(－)
金融機関預金(＋)

国債の市中消化と国債の日銀引受のケース

れでは国債の日銀引受がなぜ問題かと言えば、それが、（有無を言わせぬ）公権力の行使という性格を持っているからです。これに対して、日銀による民間金融機関からの国債買入は、日銀の自主的な判断に基づいて、日銀の責任において行われる政策運営の一環であって、そこに大きな違いがあります。

財政ポジションの悪化をどう考えるか

（1）財政破綻論

国家財政の悪化を問題視する考え方の背後には、個人あるいは企業が借金の重圧に苦しめられ、疲弊の後に破産・倒産の道を辿るという我々の脳裏に刻まれたイメージがあります。歴代の政府が財政再建を旗印に掲げ、財政収支赤字の圧縮、できれば黒字化を目標としてきたのは、そうしないと国家が「破綻」する、それを避けるために、我々はいくら苦しくとも懸命に努力しなければならないという憂国の情が感じられます。そうした心情は、とりわけ財務省関係者に強いのですが、それは、彼らが常日頃国家財政の運営に深く関与し、少しでも手綱を緩めれば、止めどもなく膨張を続けるバラマキ体質を為政者が持っているということを痛いほど知っているからに他なりません。そうした心情がほとばしり出たのが、一時話題になった財務省の現役（当時）事務次官の雑誌寄稿（『文藝春秋』２０２１年11月号）であることはご記憶の方も多いと思います。彼はそこで、今の日本を氷山に向かって突き進むタイタニック号にたとえ、財政資金のバラマキを古代ローマの「パンとサーカス」の饗宴と表現しています。

財政規律を求める論者の意見はさまざまですが、代表的なものを以下に挙げておきます（より詳しくは、『日本の財政』198〜201ページを参照）。

①財政赤字の膨張はインフレを引き起こし、国民生活に大きな打撃を与える。

②財政赤字は将来世代への負担の先送りである。しかも、後の世代は現在の財政支出に対し発言権がない。

③財政ポジションの悪化は国債の格付けに悪影響を与え、政府・企業の資金調達コストを引き上げる。

④財政ポジションの悪化を眺めた海外投資家の資金流出によって大幅な円安が進行し、インフレを加速させる要因となる（前述のとおり、国債の海外保有者比率は14％弱（２０２２年末現在）——しかも短期物中心）。

⑤国債保有者とそうでない者との間で不公平が生ずる（国債の支払利子の原資は税金）。

⑥経済危機や大規模災害の場合に機動的な財政出動が妨げられる。

(2)「現代通貨理論」(ＭＭＴ)の考え方

こうした財政収支の悪化を懸念する声は、かつては当然の正論として受け止められ、一般の支持を得てきたのですが、近年これに対して公然と異議を唱える向きが出てきました。その代表が、「現代通貨理論」(Modern Monetary Theory: MMT)と称して台頭してきた主張であって、米国における政治的左派が主張する積極的な財政活動を理論的に支えるものとして一頃話題を集めました。日本においても、この「理論」に大きな魅力を感じている人が少なくありません。現在、ＭＭＴにはかつてのような勢いはありませんが、またいつ息を吹き返すかわかりません。現に、防衛費の増額に絡んで、国債発行ですべてを賄うべきだ、というような議論が勢いを増してきており、そうした人々にとって、ＭＭＴはまたとない援護射撃となります。そこで以下では、ＭＭＴがどのようなことを言っているのかについてやや詳しく見ていくことにします。

ＭＭＴの財政論の基礎をなすのはその独特な通貨概念です。以前、通貨の定義として伝統的な「商品貨幣論」について触れました(5ページ参照)が、ＭＭＴは、歴史的根拠が薄弱であるとしてこれを否定し、代わりに、通貨は債権債務関係を表章するものであり、歴史的にもそのようなものとして発達してきたとします(「信用通貨論」)。そして、次のように主張します。「国民は政府が発行する通貨で納税する義務がある一方、政府はこの通貨を受け取る義務がある。この債権債務関係は、政府が徴税権を行使した段階で消滅する」。

政府

資産	負債
中央銀行預金	国債

中央銀行

資産	負債
国債	政府預金

統合政府

資産	負債
0	0

統合政府バランスシート

こうした通貨概念をベースとしたＭＭＴの財政観は次のように要約することができます。「政府（ＭＭＴは政府と中央銀行とを合体させた「統合政府」を考えています。狭義の政府と中央銀行の債権債務関係は統合によって相殺されます）は、財政支出を行うためにあらかじめ資金調達を行う必要はない。まず通貨を発行してこれを支出に充て、その後に租税等の徴収を行えばよい。国家と国民との間の債権債務関係はその段階で相殺される。政府支出が先行する結果、民間部門には同額の貯蓄が生み出されるが、租税の徴収はそれによって可能となる」。

ここからもわかるように、ＭＭＴは租税無用論を唱えているわけではありません。ＭＭＴは、国民に対して、租税は政府が発行した通貨で支払う義務があるとしており、租税を通貨に対する需要を生み出す要因と位置付けています（通貨を"tax-driven money"と呼んでいるのはそのためです）。

そのことはともかく、このような議論を展開するＭＭＴにとって、財政収支の黒字・赤字などは問題になりません。財政政策の評価は、財政が健全か不健全かではなく、一国経済においてそれがどのような機能を果たしているかによって定まるとされます（Ａ・ラーナーの「機能的財政論」として知られています）。政府支出によって経済活動の活発化、完全雇用の実現、社会保障制度の充実、国土強靭化、国防の強化が実現し、国民が安定した文化的な生活を送ることが可能となっている場合には、たとえ赤字が嵩んだとしても、そうした財政運営は評価されるべきである、長期的な経済成長を達成するためには、むしろ政府部門が赤字を維持する必要があるとさえ主張されます。

(3)MMTへの反論

このようにMMTは、これまで常識・正道と考えられてきた健全財政の旗印に対して真っ向から挑戦するものですが、さりとて止めどもない財政膨張論を展開しているわけではありません。MMTも、伝統派同様インフレの発生に対してはきわめて警戒的であって、財政支出については「ワイズ・スペンディング」を強調し、景気過熱の兆候が見られたらただちに財政支出の削減や増税で対処すべきだとしています。とすると、途方もなくかけ離れていると思われていた伝統派とMMTの間のギャップは、言われているほど大きくないのではないかという気がしてきます。ただ、多くの歳出項目の中で、どれがワイズでどれがそうでないかを判断することは極めて難しく、結果的に財政支出が膨張するという経験に苦しめられてきた伝統派にとって、MMTの主張は極めてナイーブに響きます。歳出増加を求める声は、例外なくそれが正当な根拠を持ち、どうしても必要な施策であることを強調するのが常です。インフレの兆候が見えたら増税すればいいではないかという主張についても同様であって、増税を国民に納得させることが如何に困難であるかは、消費税の導入に際して、さらにはその税率の引き上げに際して如実に示されたところです。MMT論者には、現実の政策形成過程を経験したことのない学者筋が多いように見受けられますが、そのことが彼らの議論をナイーブなものにしているのかもしれません。

ただ、政策運営や行政執行の面で問題があるからといって、MMTを荒唐無稽といって切り捨てていいかというと、それが必ずしもそうではないところにこの問題の厄介なところがあります。健全財政を主張する論者としては、MMTが提起した(ある意味では素朴な)疑問—財政赤字はなぜ悪いのか—に対して理論的に答える必要があります。

一見容易に見えるこの問題は、しかしながら予想外に難問です。先に、財政赤字の膨張—国家債務残高の増大—の問題点として、後の世代への負担の先送りを挙げました。しかし、これに対しては、赤字の原因となった財政支出が、後世の国民の安全で健康かつ文化的な生活に寄与するものであればそれでいいではないか、むしろそういう支出を怠ることの方が問題ではないかという反論(門間 2022 の109〜110ページ参照)が予想されます(先に触れた機能的財政論です)。

この問題は、財政論で言うところの建設国債対特例(赤字)国債の議論に通ずるところがあります。当初の財政法の立法趣旨(原則—建設国債、例外—赤字国債)とは裏腹に、この両者の区別は今や完全に形骸化しています。２０２３年度予算では、建設国債６・５兆円に対して特例（赤字）国債は29兆円に達します。建設国債は60年で償還すればいいということになっており、毎年度予算に計上される償還費を抑える効果があります（『日本の財政』193ページ以下を参照）。ただ、だからといって日本経済が壊滅状態に陥っているかというとそのようなことはなく、むしろ、それによってようやく支えられていると言っても過言ではありません。以前、ＧＤＰを支出面からＣ＋Ｉ＋Ｇ＋（Ｘ－Ｍ）と把握しました（30ページ）が、Ｃ（国内消費）が人口減少と高齢化によって低迷し（インバウンドの増加に望みを託し）、Ｉ（国内投資）がイノベーションの限界や企業の海外進出等でこれまた抑えられている状況の下で実質成長率を高めるためには、Ｇ（政府支出）を拡大するしか他に方法がないではないか（輸出入等（Ｘ－Ｍ）は直接的な政策対象にならない）、と言われると言葉に詰まります。後世に残された負担が問題だと言うが、それはさらにその次の世代に先送りすればよいではないか、という反論も予想されます。

とすると、残るのは財政赤字はインフレの種を撒くものであるから極力回避すべきだ（為替相場の下落もそのコロラリー）、という主張になりますが、一見易しそうなこの問題も、理論的に立証せよと言われるとなかなか厄介です。ただ、少なくとも次のような議論はできるのではないかと思います。

国債の増発によって経済内に流動性（準備ないしは通貨量と言ってもよい）が蓄積されること、

それ自体が直ちにインフレを意味するわけではありません。しかし、何らかのきっかけ、例えば自然災害や地政学的騒乱によってサプライチェーンが攪乱された場合─最近のコロナの蔓延やウクライナ戦争の勃発がその好例ですが─に、経済内に流動性が満ち溢れている場合とそうでない場合とを比べてみると、前者に潜むインフレ進行のリスクは極めて大きいということは確かです。サプライチェーンの攪乱リスクを完全に排除することはできませんが、火が燃え広がるようになる材料は予めできるだけ取り除いておく努力を重ねることが求められます。政策当局のそうした慎重な姿勢は、先行きの物価動向についての国民の期待形成に働きかけ、バブルやインフレの発生を防ぐのに役立つはずです。

とすると、デフレの克服ということで行われてきた金融緩和措置、具体的には日銀による国債の大量買入がこうしたことを十分に意識して行われてきたかどうかが問題になります。このことは、日本銀行だけではなく、同じく国債等の大量買入を行ってきた主要国の中央銀行すべてに当てはまります。もちろん、どうしても必要な場合に適切な流動性の供給を行うことは、中央銀行にとっては至上命題です（その好例がコロナ感染症対応策です）が、問題はその後始末です。後述するように、FRBが極力速やかに金融の正常化を実現すべく、早い時期から検討を重ねてきたのは、このことを強く意識しているからに他なりません。

事のついでに、バブルについて一言しておきます。17世紀のオランダのチューリップから最近の不動産の話にいたるまで、世にバブルの種は尽きませんが、近年、その原因についてある程度のコンセンサスが出来つつあります。チューリップにせよ土地・住宅にせよ、バブルは、人々がそれを、自分が入手した時よりも高い価格で他人に売ることが「できると信じる」ところから始まります。そうした形で循環を繰り返していく過程で価格は際限もなく上昇していくのですが、このプロセスは、人々が、自分の仕入れ価格よりも高い価格で他人に売ることができなくなるのではないかと思ったとたんに崩壊します。無限循環の逆回転ともいうべきものであって、個々人は極めて合理的に行動しているのですが、全体としての結果は惨憺たるものになります。

価格上昇の期待(予想)は、経済内に流動性が乏しい時には生まれ難く、潤沢な流動性の存在の下では生まれ易いということは容易に想像できます。突飛な譬えですが、ガス爆発が起こるためには室内にある程度の濃度のガスが充満することが必要であるということに似ています。この時、爆発の引き金となるのは一本のマッチですが、その役割を果たすのが人々の「インフレ期待(予想)—"inflation expectation"」の変化であるということはすべての中央銀行関係者が口を揃えて強調しているところです。彼らが、人々のインフレ期待が安定している(well-anchored)かどうかに常時細心の注意を払っているのはそのためです("anchor"は船をつなぎ留めておく錨です)。以前、通貨が通貨であるためにはすべての人がそう信ずることが必要だ、として、トランプのカードでできた家の例を挙げましたが、これまで見てきたように、すべてのバブルはそれと同じ構造を持っています。その意味では、通貨も、そしてそれをベースとして造り出されるすべての金融資産―国債を含む―もその中にバブルの要素を潜在させています。そうした要素を取り除くわけにはいきませんが、そうしたリスクをできるだけ小さくすべく努力するのは政策当局として当然の任務と言うことができます。

財政ポジション改善の努力

財政ポジションの大幅悪化という事態を眺め、歴代政府は、財政収支、その中でも「基礎的財政収支」(primary balance: PB)の改善を目指して努力してきました(歴代政府による財政健全化の試みについては、『日本の財政』218ページ以下を参照)。PBとは、一般会計の歳入歳出の両面で公債発行に関係する項目を除いた概念で、要は、歳出項目中公債費については公債の発行で賄うことを許容するが、公債費以外の歳出は税収で賄うべきだ、という考え方に立つものです。ここで公債費とは、国債元本の満期償還額と年間の利子・割引料の合計を指します。

過去におけるPB改善の努力を振り返ってみると、2013年6月の「経済財政運営と改革の基本方針(骨太方針)」では、「国と地方を合わせたPBの対名目GDP比を2015年度までに半減させ、2020年度までに黒字化する」と同時に、「中央・地方政府併せた債務残高の

基礎的財政収支
　　　＝（歳入総額－公債金収入）－（歳出総額－公債費）

対名目GDP比を安定的に引き下げる」こととされました。PB黒字化方針はその後次々と改訂され、目標達成時期は何度も先送りされて、2022年1月の政府見通しでは次ページの表のようになっていますが、例によって試算の前提となる成長率の見通しの甘さが指摘されています（実質2％、名目3％程度を上回る成長率）。なお、2022年度の骨太方針では、「財政健全化の旗を降ろさず、これまでの財政健全化目標に取り組む」としつつも、「経済あっての財政であり、状況に応じてマクロ経済政策の選択肢が歪められてはならない」という一言が付け加えられており、健全化達成時期を明示していないことと併せて、政府の財政健全化の姿勢に変化が生じたのではないかという見方が出ていることに留意する必要があります。

財政健全化目標の一つとして、政府債務残高の対GDP比の引き下げが掲げられていることに関連して、一般に「ドーマーの定理、ないしは条件」として知られている問題について一言しておきます。これは、名目利子率（r）と名目GDPの伸び率（g）との関係に関するもので、r＞gという状態が長く続くと、「歳出の公債費比率（公債費／歳出総額）と公債依存度（公債発行額／歳出総額）はともにいずれは100％になり、公債残高の対GDP比率は無限大に発散する」とするもので、理論的な意味での「財政の破綻」とはこうした状態を指すとされます（『日本の財政』221ページ参照）。政策的な観点から言えば、こうした事態を避けるためには、名目GDPをできるだけ高めに維持するとともに、名目長期金利を極力低めに抑えるべきだ、という主張となります。量的緩和政策で金利が長期にわたり低位に釘付けされている現状は、こうした主張にとっては願ってもないことだということになります。

政府による基礎的財政収支の見通し
—成長実現ケース（名目成長率3.0％）

PB	2025年度	1.7兆円の赤字
	2026年度	0.2兆円の黒字
債務残高の対GDP比	2020年度末	209.9％
	2025年度末	197.2
	2026年度末	191.5

出所：内閣府

ドーマー条件をより普通の平易な言葉で表現するならば、財政赤字が続き、これを国債の発行でファイナンスし続けると、いずれは歳出全額を公債費に充てざるを得なくなる。したがって、他の用途、例えば社会保障制度や公共事業、教育制度を維持するためには、どうしても増税が必要になる、それを避けようとしてまた国債を発行すると…という悪循環に陥ってしまうということです。財政赤字の問題点として、後の世代への負担の先送りという指摘がありましたが、それはまさにこうした状態を指していると考えることができます。

先に、インフレ・バブルのことについて触れた際に、室内に充満するガスの濃度の譬《たと》えを持ち出しましたが、ドーマー条件をこれに当てはめてみると、名目GDPと政府債務残高の比率を安定的に引き下げるということは、室内のガスの濃度をできるだけ薄めることを意味します。g＞rを維持するということは、そうした努力を側面から支援することを意味するのですが、さりとてrを政策的に低位に抑えつけること（金融抑圧 financial repression と呼ばれます）は、経済内の流動性を膨張させる（ガスの充満）要因であることも見てきました。したがって、結論的には、なんとかして名目GDPの伸び（g）を高めに維持するということが至上命題になるのですが、物価の安定がすべての前提となっている以上、目指すべきは実質GDPの伸びを高めることに帰着します。そのためには労働人口を増やす、投資を刺激する、生産性を高める等の方策が考えられますが、人口動態は短期的には変えられませんから、取るべき政策は投資の促進と生産性の向上という至極当たり前のプログラムになります。ただ、このことが言うは易く行うは難しの典型であることは既に触れました（47ページ参照）。問題は、従来その障害となってきた「岩盤」とは何か、それを如何にして切り崩していくかということに帰着します。歴代政府が目指してきた方向性は正しいのですが、問題は政治的な摩擦を恐れぬ勇気と実行力です。それが今まで如何に欠けていたかということを如実に示したのが、今般のコロナ騒ぎで露呈した大問題―デジタル化が急速に進行する世界の潮流の中で、日本が大幅に遅れをとってしまったという事実でした。これは、政府というよりは国民一人一人に突き付けられた課題です。

財政収支に関連するテーマとして、「税収弾性値」のことについて一言しておきます。税収弾性値とは、名目GDPが1％増加した時に税収が何％伸びるかを表すもので、財政収支見通しなどを作成する際にしばしば用いられますが、過去のデータから導き出されるこの数字がきわめて不安定であることに注意する必要があります（『日本の財政はどうなっているのか』227ページ参照）。積極財政論者は、しばしば極度に楽観的な弾性値見通しに基づいて得られた税収額を掲げて、財源は大丈夫だという説を展開しますが、ほとんどの場合、現実によって裏切られています。

毎年大幅な財政赤字が続き、それを国債発行で賄っている、政府債務残高は世界一という不名誉な地位にあるこの現状をどのように考えるか…。この点で参考になるのは、国民の租税負担についての先進各国との比較です。図表3-6が示しているのは、（国民からは、そんなはずはないという怒声が発せられることでしょうが）日本の税収全体に占める個人所得税収入と消費課税収入のウエイトの低さです。さらに、国民所得対比での負担率でみると、OECD加盟国中の下の方、社会保障費負担を含めても中くらいの位置にあり（図表3-7）、ここでも先進諸国との対比は際立っています。租税は法律に基づいて徴収されており（租税法定主義）、その法律を制定するのは国民から選ばれた議会であるとすると、日本の現在の財政構造―毎年度の大幅な赤字と政府債務残高の膨大な累積―は、国民が選択した結果なのだということになります（歳出

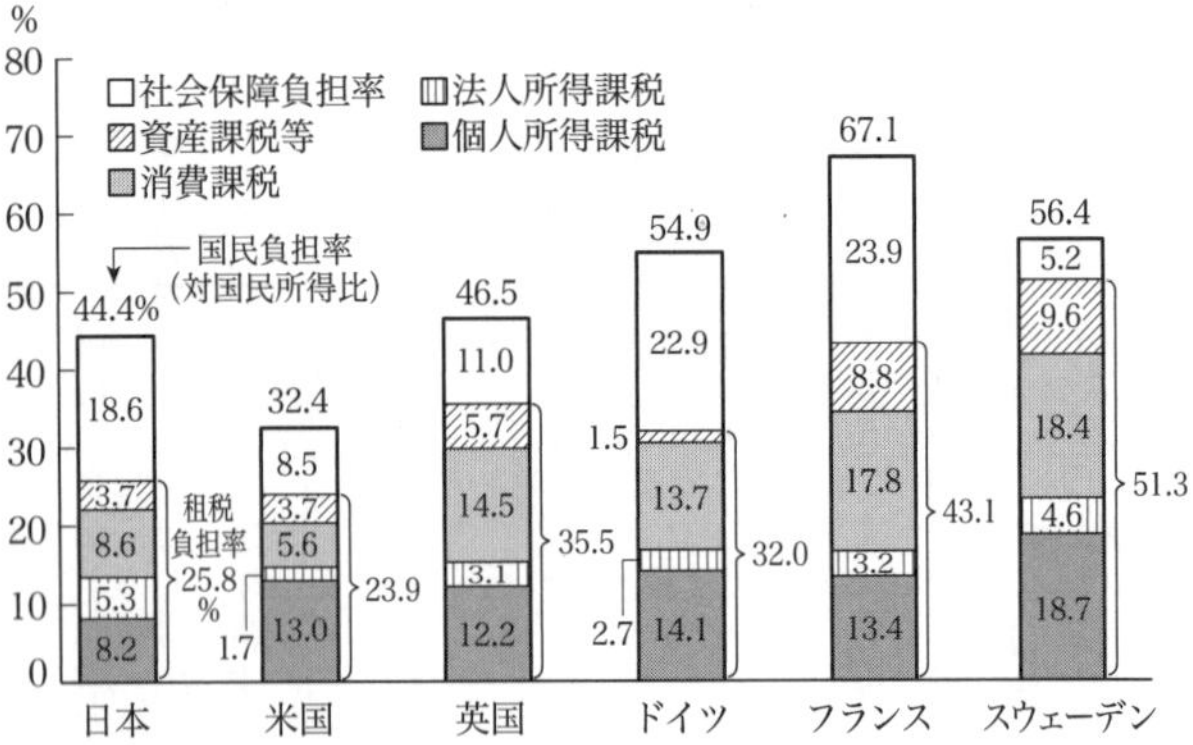

出所：財務省

図表 3-6　税収構成比の国際比較(2019 年)

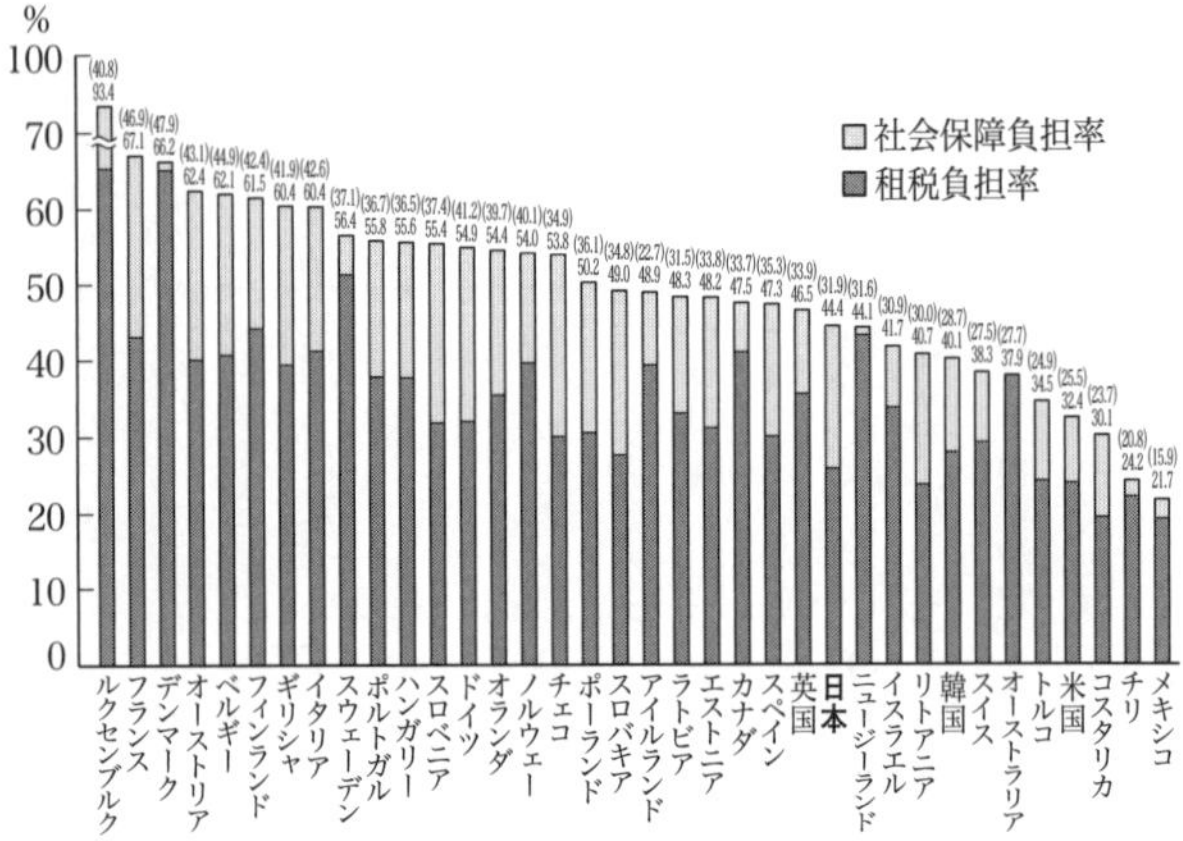

注：OECD 加盟国 38 カ国中 36 カ国の実績値．括弧内の数字は，対 GDP 比の国民負担率．
出所：財務省

図表 3-7　国民負担率の国際比較(2019 年)

項目はすべて絶対に必要不可欠であると仮定して)が、これをどう考えたらいいか…このことは、議会制民主主義をどう考えるかという、政治学上の大問題に発展します。すべては国民の意思にかかっている…このことについては別掲のコラムをご覧ください。

コラム● “déluge après moi”

“déluge après moi”とは、フランスでよく耳にする言葉である。直訳すれば、「私の後の洪水」となるが、洪水といっても昨今欧州で話題の気候変動の影響のことではない。日本語でいえば、「後は野となれ山となれ」という捨てぜりふである。昔学校で習ったこの言葉をなぜ今ごろ思い出したのか…それは言うまでもなく、昨今ちまたを騒がしている現役財務省事務次官の雑誌への寄稿文を読んだからである。

彼は言う。「昨今、大規模な経済対策の必要性が謳《うた》われ、財政収支黒字化目標の撤廃が、さらには消費税率の引き下げまでが唱えられている。これはまるで、古代ローマ時代のパンとサーカスではないか…」。

「今の日本は氷山に突き進むタイタニック号のようなものだ。タイタニック号と違って日本は氷山の存在に気付いていている。しかし、霧に包まれているせいで、それがいつ目の前に現れるかわからない。そのため、衝突を回避しようとする緊張感が緩んでいる…」。

この発言をめぐって巻き起こった論争の嵐は、彼が的確にこの国のアキレス腱《けん》を突いたことを物語る。彼が言うように、国民は、日本の財政がどのような状態にあるかを耳がタコになるまで聞かされてきた。いわく、「財政のワニの口（一般会計歳出と税収の差）は開きっぱなしどころか、今や裂けそうになっている」「政府債務残高のGDP比率は先進国中群を抜いて高い水準にある」。しかし、だからといってこれまで何事も起こらなかったではないか…。

今振り返ってみると、霧が濃くなりだしたのは、2013年1月、政府と日銀の間で合意が成立し、同年4月にいわゆる「量的・質的金融緩和政策」がスタートした時だったような気がする。この時、日銀は諸悪の根源を低成長・低物価上昇率の併存、すなわち「デフレ」とし、そこからの脱却を図るという旗印の下で大量の国債等を買い入れてきた。

あれから10年余りが経過した。かつては一桁台であった長期国債残高の日銀保有比率は、今や5割を超えようとしている。以前であれば、国債増発の結果上昇する長期金利がいわば警戒警報として働いたのであったが、今や国債をいくら増発しても金融市場には何事も起こらない。政府にしてみれば、国債をいくら発行しても日銀が買い入れてくれるのであるから、財政赤字の拡大に頭を悩ますことはない。

それではこれから何が起こるのか。いずれ氷山に衝突することが確かならば、ここで直ちに実行すべきは量的・質的金融緩和政策の手直しである。具体的には、買入れ国債の量を漸減していき、最終的には買入れを停止すること、すなわちテーパリングである。

米連邦準備制度理事会(FRB)の決定で、今や知らぬ人がないほど人口に膾炙《かいしゃ》した感のあるこの措置は、そっくり日銀にも当てはまる。しかし、低成長・低物価の併存をデフレと定義し、それへの対応として打ち出された政策をこの時点で変更するには何らかのきっかけが必要であろう。

それは何か…そもそもデフレの定義が間違っていたのではないか…日銀の模索は続く。

(2021年11月記)


「物価水準の財政理論」

財政と金融の関係という本章のテーマに関連して、一頃話題となったFTPL(Fiscal Theory of the Price Level)理論について一言しておきます。そのきっかけは、2016年のジャクソンホール・コンファランス(セントルイス連銀主催中銀・学界合同セミナー)におけるC・シムズ教授の講演"Fiscal Policy, Monetary Policy, and Central Bank Independence"でした。日本のさる高名な学者が、「目から鱗」と言ったとかいう話が伝わっていますが、この理論自体はかなり昔から知られており、既に『日本銀行調査月報』2002年7月号で紹介されています(木村武

統合政府（政府＋中央銀行）のバランスシート*

資　産	負　債
国債償還財源**	銀行券
対民間債権	市中保有国債

*政府と中央銀行との間の債権債務関係は相殺されて表面に現れない
**現在から将来にかけての基礎的財政余剰＋通貨発行益

「物価の変動メカニズムに関する二つの見方――Monetary View と Fiscal View」）。さらに２００４年には、渡辺努・岩村充『新しい物価理論』という優れた論考があります。

この理論は、物価の「水準」を決定するのは中央銀行の金融政策ではなく、政府の財政政策であるとする点に特色があります。中央銀行ができることは、こうして決まった「水準」のまわりを上下する変動幅の調整である（それに過ぎない）とされます。その際に、政府と中央銀行の統合バランスシートをベースとして考える点で、前記のＭＭＴに一脈通ずるところがあります。かなり難しいのですが、厳密性を犠牲にして以下ごく簡単にそのポイントのみを記します。

この理論は、伝統的な考え方と同様に、政府についても「予算制約」がある、つまり、「政府（財政当局）は、経常経費と国債費の合計（つまりは歳出総額）を、税収と新規の国債発行（つまりは歳入総額）で賄わなければならない」、というところから出発します。こうした考え方を、英国の経済学者リカードの名をとって Ricardian 型と言います。この制約を否定するのが non-Ricardian 型であって、前出のＭＭＴなどはこの部類に属します。リカードの定理は、後に米国の経済学者バローによって拡張されています（Ricard-Barro の定理）。

$$\frac{\text{今期の市中保有国債残高}}{\text{現在の物価水準}}=\text{（今期以降の基礎的財政余剰＋通貨発行益）の割引現在価値}$$

国債は国の債務ですから、いずれは返済しなければなりません。これに中央銀行を加えたものが「統合政府の予算制約」であり、それを式の形で表すと上のようになります。

シムズ理論の特色は、これを関係式（原因―結果）ではなく恒等式と考えるところにあります。恒等式とすれば、左辺の分子（実質政府債務残高）は既に決まっている数値ですから、財政赤字を出し続ける（基礎的財政収支赤字継続、つまり、右辺は限りなくゼロに接近する―通貨発行益は無視できる規模―）という予想の下でこの等式が成立するためには、物価水準は大きく上昇しなければなりません。伝統的な考え方では、財政状態が悪化した結果物価が上昇する、と見るのに対し、物価が上昇しないとこの恒等式が成立しない、したがって物価水準は上昇せざるを得ない、という論理です。逆に言えば、デフレで物価が上昇しないで困っている時には、現在のみならず将来にわたって財政赤字を放置、ないしは増やせばいいということになります。P・クルーグマンはかつて、デフレを脱却するためには政府・中央銀行が無責任になればいいと言いましたが、それに通ずるところがあります。

一見してわかるように、純粋な理論としては異議を唱えることができないように見えるこの議論は、実際の政策の次元で考えると大きな問題を孕んでいます。

シムズ自身がそのようなことを主張しているわけではないので、誤解してはいけませんが、積極的・人為的にインフレを起こして政府債務の実質価値を減少させたいと思っている人々が、この理論を利用してやろうという誘惑に駆られるであろうことは容易に想像できます。いわば政府による借金の踏み倒し（民間部門から政府部門への強制的所得移転―インフレ税）ですが、国民が（そして海外投資家も）それを許容・支持するはずがありません。第二次大戦後日本の国債がただの紙切れになった記憶がよみがえります。理論としては筋が通っているということと、適切な政策であることとの間には大きなギャップがあることを示す好例と言うべきでしょう。このことは、マイナス金利政策（218ページ参照）についても当てはまることです。

シムズ論文はまた、インフレの制御という点に関しては、中央銀行だけではなく、政府も重大な責任を負っていることを意味しています。右手で放漫財政に耽って政府債務残高を膨らまし続ける一方で、左手で金融引締め（金利の引き上げ）を続けるといった姿勢がどういう結果を生むかは、近年英国において如実に示されました、そのことについては後述します（196ページ参照）。

財政政策と金融政策の境界線

現代資本主義社会では、需要と供給が一致する点で財・サービスの価格と供給量が決まり、そこで最適な資源配分が成立するという原理（経済学でいうところの「パレート最適」）が確立しているはずであるのに、なぜ財政政策の出番があるのか―その答えは、①資源配分の調整、②経済の安定化、③所得の再分配、という三つの機能に集約される―ということは、どの財政学の教科書にも書いてあることです（『日本の財政』3ページ以下参照）。

このうち、「経済の安定化」機能ですが、これは言うまでもなく、景気の現状と先行きを見据えつつ、財政支出と税制の両面から、直接あるいは間接的に消費・投資に影響を与え、経済の安定的な発展を促す政策であって、一般にケインズの名が冠せられている積極的な財政支出はその典型です。さらにその他に、累進課税や失業保険といった、いわゆる「ビルトイン・スタビライザー」と呼ばれる装置があります。民間消費・投資への影響という観点から見れば、税制の変更や補助金の効果は間接的であり、この点は金融政策に通ずるところがありますが、積極的な財政支出は「需要」そのものであって、経済への影響はより直接的です。

「資源配分の調整」とは、市場機能に任せていては十分に、あるいはまったく供給されることのない財・サービスを供給することとされており、そうした財・サービスは公共財・準公共財と呼ばれます（『日本の財政』3ページ以下参照）。国防・治安・公道などがその例として挙げられており、一見、金融政策の埒外のように見えますが、そうした施策のファイナンスの面で特別な扱いを要請される場合には他人事では済まされません。近年では気候変動への対応も中央銀行が積極的に関与すべき領域であるとされるようになってきており、財政政策と金融政策の境目は急速に曖昧なものとなりつつあります。ちなみに、気候条件の悪化は、外部効果―市場原理に基づいて行われる取引の結果として、市場の外部で生ずるさまざまな現象（とりわけ悪影響）―の典型例です。その昔よく引かれていた例は、蒸気機関車の噴煙や火の粉が沿線にもたらす被害でした。正に環境問題のはしりです。

伝統的・正統的金融原理を奉ずる中央銀行家であれば、そうした問題は金融政策の範囲外であると一言の下に切り捨てたであろうこの問題は、しかしながら世界的に大きな潮流となっており、それに逆らうような言動は許されないという雰囲気になりつつあります。たとえばECBは、ユーロ圏の社債を買い入れる際に発行企業が気候変動にどの程度真剣に取り組んでいるかを考慮することとしています（2022年9月理事会決定）。日本銀行も、2021年9月の政策委員会で、気候変動問題に真剣に取り組む金融機関を対象に、金利ゼロ％で、マクロ加算（219ページ参照）2倍、期間1年だが繰り返し利用可能という優遇的な資金供給スキーム（オペレーション）を立ち上げています。この問題についての日本銀行の積極的な取り組み姿勢は、2022年秋季金融学会における雨宮副総裁（当時）の講演「気候変動と金融」（2022年11月27日）によく表れています。

日本銀行は、2010年（白川総裁時代）に「成長基盤強化支援資金供給制度」を発足させており、量だけでなく、質の問題にも関与するという意味ではいわば先駆者といってもいいかもしれません。このスキームは、経済成長の基盤強化に役立つ銀行貸出であれば日銀が政策金利でそのリファイナンスを行うというものであって、成長基盤強化に役立つかどうかという質的な判断の要素が加わったという点でそれまでの発想法と異なりますが、デフレ脱却のためには潜在成長率を引き上げることが急務であるという日銀の強い意向を示すものとされています。ただ、日本銀行が直接正面に出るということではなく、金融機関の融資をサポートするという姿勢をとっており、その限りではミクロの資源配分の分野には踏み込まないという原則は維持されていると言えます。そのことは気候変動ファイナンスについても同様です。

一方、FRBはこの問題についてはなお慎重な姿勢を崩しておらず、他の中央銀行との間に微妙な温度差を感じます。そのことを示すのが2023年1月10日にパウエル議長が行った次のような講演です(講演のテーマが「中央銀行の独立性」であったのは示唆的です)。

• 気候変動が金融機関経営ひいては金融システム全体に及ぼすリスクはFRBの関心事であり、それについては当然責任がある。

• ただ、気候変動への対応は個々の企業・産業・地域等に及ぼす影響が大きく、そうした問題についての決定は選挙で選ばれた政府が下すべきものである。FRBとしては、明確な法的根拠無しに、グリーン化その他気候変動に関する目標達成のために金融措置を講ずることは不適切であると考える("We are not, and will not be, a climate policy maker")。「所得の再分配」については流石に金融政策の出番はないように思われますが、低所得者層向け融資を中央銀行が優遇・支援すべきだといった社会的要請が強まる気配はあり、ここでも財政政策との境界はぼやけつつあります。インフレやデフレといったマクロ現象でも、所得階層あるいは年齢層によってそれがもたらす影響が異なるというミクロの次元の議論があり、中央銀行家にとって頭痛の種は尽きません。

量と質の間にあるこうした問題をどう考えるか…意見が分かれるところですが、リーマン・ショックやコロナのような緊急時を除いて、伝統的な金融と財政の間の境界線を極力意識して行動しようとするFRBに対して、むしろ積極的に財政の分野とされてきた領域にまで踏み込もうとする日銀や欧州中央銀行との間に微妙な姿勢の差が見られるのは、それぞれの国の歴史や政治的風土の違いを反映したものとみることもできます。財政政策が本来的に膨張体質を持っているとすると、金融政策が財政の分野に踏みこめば踏みこむほど経済内に蓄積される流動性は増加し、インフレの種を撒くことにつながること、しかも、財政政策とは異なり、金融当局の行動には国民の審判というアンカーが欠けている(それだけに、自己抑制の姿勢が強く求められる)ことには十分注意しておく必要があります。

第四章　金融政策と為替政策

先に実体経済の構造を概観した際に、海外部門（X－M）のことが出てきました（29ページ）。本章ではこのことに関連して、金融政策が対外収支・為替相場にどのように関わっているかを考えます。タイトルに「為替政策」という言葉を使いましたが、「政策」という名が適当かどうかについては既に触れました（36ページ）。ここではとりあえず広く使われている用語に従っておきます。

国際収支の構造と為替相場の関係

国際収支は図表4-1のような形で把握されています。左側（経常収支）の「貿易」（輸出・輸入）・「サービス」（旅行・運賃・特許料・保険等）収支についての説明は不要でしょう。「第一次所得収支」は、主として内外投資（直接投資・金融資産の取得）に係る利子・配当の受け取りや支払い、「第二次所得収支」には個人送金や贈与、対外援助等が含まれます。右側（金融収支）の「直接投資」には、配当金として送金されずに現地で内部留保された部分が含まれていること、

「その他投資」の中には現預金残高の増減や貸付・借入といったさまざまな金融取引が含まれていることを指摘しておきます。「外貨準備」は、通常は保有外貨資産の運用収益で年々増加しますが、為替市場への介入(円高防止策としての円売り・外貨買い、円安対策としての円買い・外貨売り)があった場合には、そうした操作を反映して増減します。ただ、かつてとは異なり、最近では、何らかの理由で突発的な事態に対処する必要が生じた場合以外、為替相場は市場の需給に任せるというのが国際的なコンセンサスになっており、日本でも2011年(東日本大震災)以降介入の事例はありませんでした。しかし、2022年の9月から10月にかけて、10年ぶりに円買い・ドル売り介入が実施されるという「事件」が起こりましたが、その背景等については後に触れます(228ページ)。ちなみに、為替市場への介入は財務大臣の指示により日本銀行が政府に代わって執行します(日銀のバランスシートは動きません)。なお、外貨準備は介入だけでなく、海外金利や為替相場の変化によっても増減します(外貨債の評価額の変化や、外貨換算率の影響を受けます)。

その昔、日本経済の発展のためには経常収支の黒字化が至上命題であるとして輸出の振興が声高に叫ばれていた時代がありました。しかし、今や貿易収支が赤字化する一方で、所得収支の大幅黒字によって経常収支の黒字が維持されている(時には赤字になることもある)という、いわゆる先進国型の経常収支構造になっています(図表4-1)。サービス収支の中で、知的財産権

図表 4-1　国際収支の構造と推移

経常収支	11.44	金融収支	7.86
貿易・サービス収支	▲21.38	直接投資	17.78
貿易収支	▲15.78	証券投資	▲19.27
輸出	98.69	金融派生商品	5.24
輸入	114.47	その他投資	11.16
サービス収支	▲5.60	外貨準備	▲7.05
第一次所得収支	35.30		
第二次所得収支	▲2.47	誤差脱漏	▲3.48

注：金融収支の▲は日本の対外債権の増加（一般に「資本の流出」と表現される）を表す
（数字は 2022 年中，単位：兆円）
出所：財務省

関係の受け取りが多額に達していることも、日本の国際収支の先進国化を物語ります。経常収支のこうした構造は、コロナやウクライナ問題といったその時々の出来事によって一時的に変わることはあるでしょうが、長期的に見ればほぼ定着したと言っていいでしょう。

このこととの関連で指摘しておきたいことは、経常収支の「黒字」「赤字」という表現の中に、無意識のうちに「善悪」「好悪」といった価値判断を含ませる傾向があるという点です。確かに過去には、経常収支の大幅な黒字ないしは赤字が続いた結果いろいろな問題が起こったことは事実であって（たとえば対外摩擦あるいは外貨準備不足）、全く問題がないと言っているわけではありませんが、理論的な裏付けのない情緒的な反応が政策運営に悪影響を与える事例が多いことには注意しておく必要があります。

似たような情緒的な反応は、「円安」「円高」という言葉についても見られます。確かに、特定の業界や個人にとって、ある時点で円安ないしは円高が望ましいということはあるでしょうが、日本経済全体として円安・円高が良いとか悪いとかいうのは意味がありません。よく、「日本の実力、あるいはファンダメンタルズから見て円高ないしは円安に過ぎる」といった言葉を耳にしますが、為替市場における相場形成の現場から見ると一概には言えません。金融政策当局としては、インフレを防止するという観点から円高が望ましいということになりますが、デフレ防止という観点からはむしろ逆になります。要は為替相場は安定的に推移してほしいということ、それを目指して政策運営を行うことに尽きます。

為替市場における短期的な変動の大勢は、為替相場の先行きについての市場関係者の予想(期待)に依存します。市場参加者の大勢が、相場がある方向に進むであろうと期待(予想)すると、実態がどうであれ結果としてそれが現実のものとなるという現象(ケインズのいわゆる「美人投票」)――期待の自己実現です。このことは、2013年の円高(白川総裁時代)や2022年秋口の円安(黒田総裁時代)の過程についてもあてはまります。

ついでにもう一言付け加えると、よく、「日本から資本が流出入した結果円安・円高になった」というような言葉を聞きますが、国際収支表で見るとおり、資本の流出入とは日本の対外債権・債務の増減を意味するのであって、日本から「モノ」や「カネ」が流出したり流入したりしたわけではありません。昨今、国際収支表の各項目の変化を直ちに為替相場の変化に結び付ける傾向が見られますが、為替市場(世界中で24時間取引が行われている)で形成される為替相場に影響を与える要因は様々であって、単純に何かの経済指標でそれを説明しようとすることには慎重でなければなりません。

ちなみに、対外取引が円建てで行われるか外貨建てで行われるかが為替相場に影響を与えるという議論がありますが、一概には言えません。日本からの輸出は建値通貨の如何に関わらず円高要因、輸入は円安要因とまでは言えますが、必ずそうなるわけでもありません(日本の輸出業者が受け取った外貨をそのまま預金したり、外貨証券投資を行ったりする場合を考えればよい。輸入業者が支払いを既に持っている外貨預金で決済するというケースも考えられる)。円建てか外貨建てかは、為替リスク(とそのカバーのためのコスト)を取引当事者のどちらが負担するかという問題に過ぎません。

さらにもう一言するならば、為替相場の短期的な変動を実体経済の長期的な変化と直結させて論ずることについても注意が必要です。円相場の下落局面で、世界諸国のGDPをドル建てで計算して比較し、日本の「実力」がそれだけ低下した、などという論評をよく見かけますが、1年後には果たしてどうなっているでしょうか。その伝で行くと、円ドル相場が90円を超えて上昇していた白川総裁時代の後半期には、「日本の地位はついに世界に冠たるものになった」

ということになりそうです。

金融政策と為替相場の関係

為替相場が異なる通貨間の交換比率であることは今さら言うまでもありませんが、先にも見たように、それぞれの通貨の需給関係を左右する要因は千差万別であって(自国だけではなく、相手国の政治・経済・社会情勢が大きく影響)、如何に優れたエコノミストでもその全体像を把握できるものではありません。これまで学界では、為替相場の決定理論として、フロー・アプローチ、アッセト・アプローチ、マネタリー・アプローチ、ポートフォリオバランス・アプローチなどいろいろな説が唱えられましたが、理論的にはともかく、相場の予測という実用的な観点から見るといずれも問題にならないというのが現時点での結論です。一頃、日米のマネタリーベースの比率の変化と円ドル相場の推移を比較し、両者が連動しているとして、そこから円ドル相場の先行きを占う「ソロス・チャート」なるものがもてはやされたことがありましたが、今では知る人も少なくなりました。グラフの上で二つの変数があたかも連動しているように見える場合でも、時期をずらしてみると全く無関係というケースはしばしば見られます。

外国為替市場は異なった通貨(=金融資産)間の交換・貸借の場であり、人々の「期待」がとりわけ活発に働く場です。したがってそこには、バブルの発生と崩壊というお馴染みのリスクが付きまとうことには十分留意しておかなければなりません（理論的には説明がつかない突然の円高・円安の発生がそれです）。極めて大まかに言えば、基調的・長期的に為替相場に影響を与えるのは経常収支の動向、短期的に為替相場を大きく変動させるのは金融収支、とは言えそうですが、そこでも市場関係者の期待の自己実現といった要素が見え隠れします。

とはいえ、内外金融資産の交換取引に、したがって為替相場の変動に大きな影響を及ぼす要因が内外インフレ率の差と内外金利差であることについてはある程度のコンセンサスがあり、そのそれぞれによって為替相場の変動を説明しようとする理論が「購買力平価説」と「金利平価説」であることはよく知られています。ただ、購買力平価説が、為替相場がどのような要因でどの程度の水準に落ち着くのかを説明しようとするのに対し、金利平価説は、主として現在の為替相場と将来のそれとの関係を示そうとするものであって、関心の所在が異なることには留意しなければなりません。

購買力平価説は、為替相場は自国通貨建ての資金の購買力が他国通貨建てのそれと等しい水準となるよう決定される、とするものであって、上に掲げた式を用います。

$$\text{購買力平価（円/ドル）} = \text{基準時点の為替相場} \times \frac{\text{日本の物価指数}}{\text{米国の物価指数}}$$

具体例を挙げて説明すると、現在（基準時点）の円ドル相場が1ドル＝100

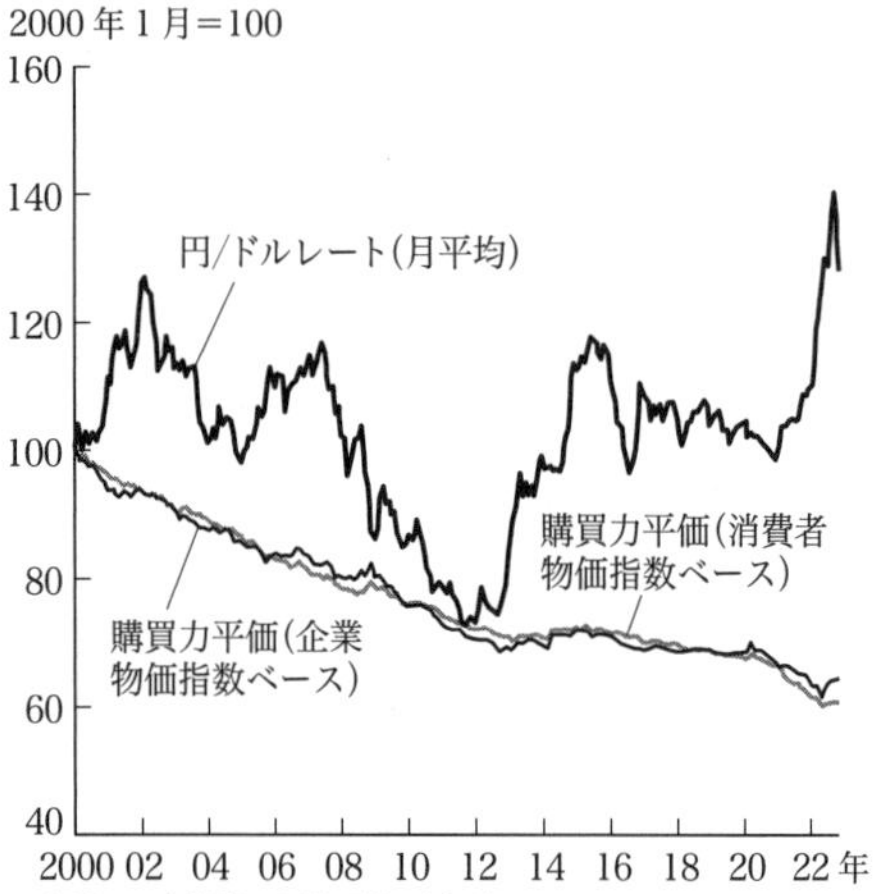

出所：日本銀行，国際通貨研究所

図表4-2　円ドル相場と購買力平価の比較

円であるとして、今後1年日本の物価が安定的に推移すると見込まれる(指数100から100へ)一方で、米国の物価が5%上昇すると予想されている(指数100から105へ)場合、前ページの式により1年後のドル円相場(現時点での先物相場)は1ドル95・2円(円高ドル安)になるはずです。したがって、市場関係者は、今のうちにドルを売って円を買おうとするでしょうから、現物市場でも円高ドル安が進んで1ドル95・2円に接近します。つまり、現時点で物価安定が見込まれている国の通貨は上昇、インフレ傾向の国の通貨は下落するということです。

ただ、過去のデータに照らしてみると、計算値と現実のレートとの間には大きな乖離が生じていることが多く、短期的な相場の予想には使えそうもありません。現に、2022年秋口に起こった急激な円安ドル高は、日米両国の物価動向からは全く説明がつきません(図表4-2)。

日本では物価が膠着状態に陥っているのに対して、米国では急激な上昇が生じており、購買力平価説によれば当然円高ドル安が進行するはずですが、実際は全く逆で、大幅な円安ドル高となりました。このこと一つとってみても、購買力平価説の現実説明力に大きな限界があることがわかります。

右の説明で先物市場のことが出てきましたので一言付け加えると、他のすべての金融・証券市場と同じく、為替市場にも現物と先物の二つがあります。現物取引は、約定成立後一両日で決済を求められる取引、先物は、先行きの一定時(限月)に契約を履行することを約束する取引ですが、多くの場合、期限までに反対売買を行って手仕舞います(損益確定)。現物・先物市場は相互にカバーをとる(反対売買によってポジションを確定する)場となるため、密接に連動して動きます。

本題に戻って金利平価説の方ですが、これは、為替相場はどの国の通貨建てでも金融資産の収益率が同じになるような水準に決まるとするものであって、日米の金利を例にとってこのことを表現すると次ページの式のようになります。ここでij、iaはそれぞれ日本と米国の金利、Fはドル円の先物(forward)相場、Sは直物(spot)相場を表します(為替リスクは回避するという前提で考えています)。

今、先行き日本では金利が変わらない一方で米国が金利を引き上げるという予想(期待)が広

$$1+ij = (1+ia) \times \frac{F}{S}$$

がったとすると、為替リスクを回避しつつより大きい利益を得たい投資家は、直物市場で円を売り、ドルを買ってそれを運用するとともに、先物市場で反対取引を行うことが考えられます（先物カバー付き）。したがって、直物市場ではドル高円安、先物市場ではドル安円高が進行します。相場が最終的にどこに落ち着くかは両者間の綱引きの結果次第ですが、少なくとも言えることは、日本の金融政策が現状維持、米国が金融引き締め政策を続ける、という期待（予測）が広がると、直物市場ではドル高円安が進行する（場合によっては急テンポで）ということです。

2022年の秋に起こったのはまさにこういうことでした。

内外金利差の拡大が意識される時にしばしば起こるのが、円キャリー取引といわれているものです。これは、日本の金利が米国の金利よりも低い状態がしばらく続くという予想の下で、多額の日本円を調達してドルに換えて運用し、金利差益を稼ごうとするもので、進行中の円安をさらに加速する効果を持ちます（図表4-3）。

日米の金融政策の舵取りについての様々な見方がメディアなどで喧伝される結果、円ドル相場が大きく変動するという現象はしばしば見られるところですが、為替相場の変化には日米それぞれの国の様々な事情が絡んでいるのであって、金融当局のスタンスだけで変動しているわけではありません。加えて、市場心理という、理屈では説明できない要因によって相場がガラりと変わるということがしばしば起こります。こうしたことを十分考慮せずに金融当局の政策運営を批判したり称賛したりすることには慎重でなければなりません。金融当局への批判はこれまで円高局面でよく見られた現象であって、白川総裁時代の後期に、金融緩和の度合いが欧米に比べ十分ではないという理由で円高が進んだという強い批判があったことはなお記憶に新しいところです。当時の中央銀行の総資産残高を対GDP比で見た場合、日本銀行のそれは、FRBやECBよりも遥かに上回っていました。つまり、量的緩和はどこよりも進んでいたのですが、そのスピードが遅いということが問題視されました。最近では逆に円安が進行し、折からの物価上昇をさらに加速する勢いとなった局面で、超金融緩和のスタンスを変更しようとしない黒田総裁の政策運営に対して批判が集中しまし

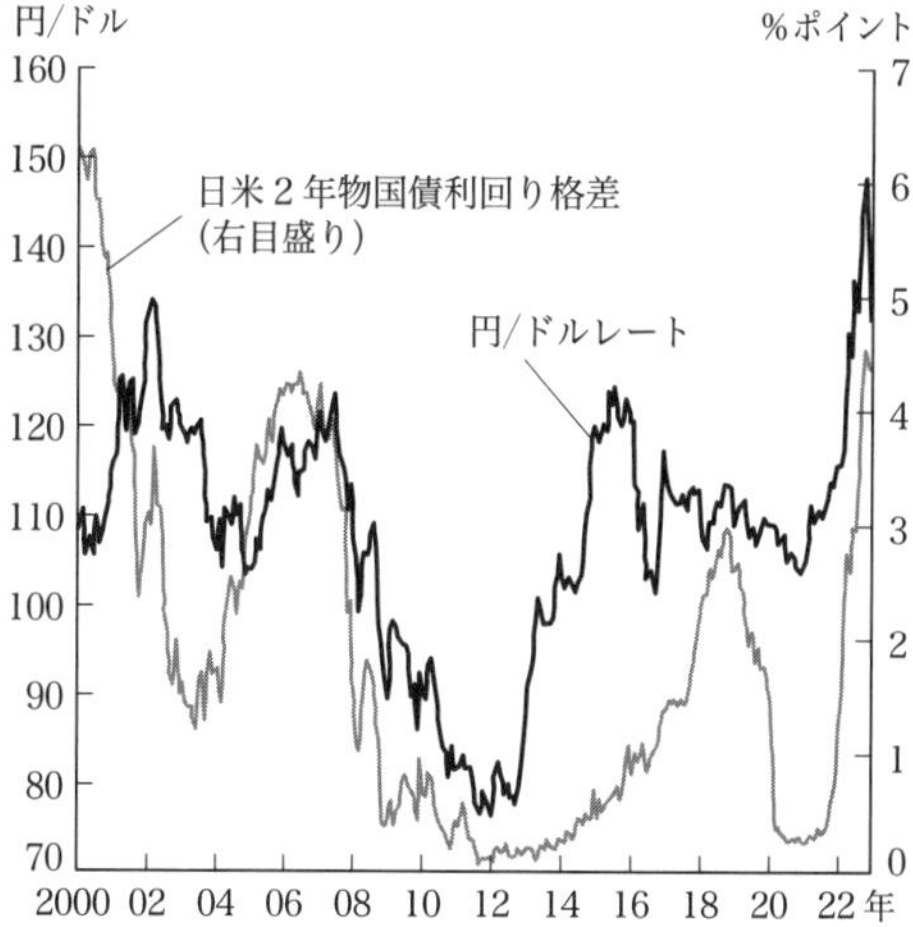

出所：日本銀行，財務省

図表 4-3　円ドル相場と日米金利差の比較

た。このことについては章を改めてもう少し詳しく論じます（228ページ参照）。

前述したように、過去には為替政策と称して為替市場への介入がしばしば行われていた時代がありました。しかしながら最近では、相場は市場の需給に任せるという姿勢が貫かれており、介入は緊急時等、為替市場がきわめて不安定になったときのみに認められるという考え方が国際的な共通認識になっています。そうした事例が、２０１１年の東日本大震災の時の介入（急激な円高進行に対し、円売りドル買いで対抗）でしたが、最近のケースが、２０２２年9～10月に行われた円買いドル売り介入（円安対策）でした。介入と前後して円安の進行は止まり、円相場はむしろ円高方向に進んだのですが、それは円高実現に十分な介入資金が投じられたためではなく、政府が介入したという事実自体が市場心理に影響を与え、今後円高円安どちらの方向に振れるかを見極めようとしていた市場の雰囲気を変えたことがその背景になっています。金融市場同様、為替市場でも「期待」が果たす役割はきわめて大きいものがあります。その後、FRBの金利引き上げが一巡する一方で日本銀行が緩和の姿勢を変えるのではないかという予測が強まった段階では、円高ドル安傾向がみられました。

為替市場への介入が頻繁に行われていた当時、介入が国内金融政策の運営に及ぼす影響がしばしば議論の的になりました。いわゆる「不胎化」論争ですが、最近では話題になることもありません。そもそも介入操作がほとんど行われなくなっているということもありますが、通常時においても大量の準備が積みあがっている（名目金利ゼロ％）のが常態化した昨今では、かつてのように、介入によって金融機関の準備の水準（したがって国内金融市場の安定）が攪乱されるという問題についての関心も薄れざるを得ません。ただ念のために、次ページの表で外為介入が短期金融市場に及ぼす影響を簡単に記しておきます。

介入というテーマに関連してもう少し付け加えると、かつては介入資金を融通し合うためのネットワークという色彩が濃かった中央銀行間スワップ・ネットワークは、今では民間金融機関の外貨繰り支援のための制度に変貌しています。国際決済の過半が米ドルを経由して行われている関係上、民間金融機関のドル資金調達が円滑に行われることが、国際金融取引が安定的に行われる大前提ですが、何らかの事情（地政学的要因を含め）でそのチャネルに目詰まりが生じた場合、ドル資金調達に支障が生じ、ドル金利が高騰して金融機関が困難な状態に陥るといったケースが生ずることが珍しくありません。そこで役立つのが、ＦＲＢを主軸とする中央銀行間の通貨交換取極め（スワップ網）で、リーマン・ショック後の市場の動揺に対処するために設定されました（２００７年12月）。この取り決めはいったん終了しました（２０１０年２月）が、その後の市場の動揺で再開され、２０１３年10月には常設の制度となりました（期間３カ月で継続更新）。後述する欧米銀行の経営悪化（174ページ参照）に際しては、スワップ・ネットワーク参加6中銀は協調して声明を発出し、現在毎週一回行われている米ドル資金調達（期間７日間）のた

A　円安対応のケース—ドル売り・円買い介入（便宜上ドルを円表示してある）

政府は外貨準備としてドル預金を保有しており，これを売却して円資金（日銀政府預金）を得る．金融機関は日銀預金を取り崩してドルを買い入れる．

政府（外為特会）資産		市中銀行資産		日本銀行負債	
ドル預金	▲100	ドル預金	＋100	政府預金	＋100
日銀預金	＋100	日銀預金	▲100	市中銀行預金	▲100

B　円高対応のケース—ドル買い・円売り介入

政府はとりあえず円資金を調達するため国庫短期証券（外為証券—TB）を発行し，日銀がこれを買い取って政府預金を増やす（市場で資金調達をすれば介入近しとの憶測を呼ぶため）．

政　府	
資　産	負　債
日銀預金　＋100	TB　＋100

日　銀	
資　産	負　債
TB　＋100	政府預金　＋100

その上で円売り・ドル買いを実行する．

政府資産		市中銀行資産		日銀負債	
日銀預金	▲100	ドル預金	▲100	政府預金	▲100
ドル預金	＋100	日銀預金	＋100	市中銀行預金	＋100

円買い・ドル売り介入（A）の結果—準備減少（短期金融市場資金不足）．日銀の金融調節（買いオペ）によってこれを中立化（放置すれば短期金利が上昇する）

円売り・ドル買い介入（B）の結果—準備増加（短期金融市場資金余剰）．日銀の金融調節（売りオペ）によりこれを中立化（「不胎化」—放置すれば短期金利が低下する）

めの入札を毎日行うこととし、国際金融取引が円滑に行われるよう配意しています。

ちなみに、スワップは文字通り直物・先物間の同額交換（その時々の為替相場による）であって、為替リスクは発生しません（利息はそれぞれ所定の金利で計算し、スワップ終了時に清算）。実務的には、まず日本銀行がFRBとの間でスワップを発動し、それによって得たドル資金を日本の金融機関に対して貸し出す（入札オペレーション）という手順を踏みます。外貨繰りが困難になった日系金融機関は一時大いにその恩恵に浴しました。

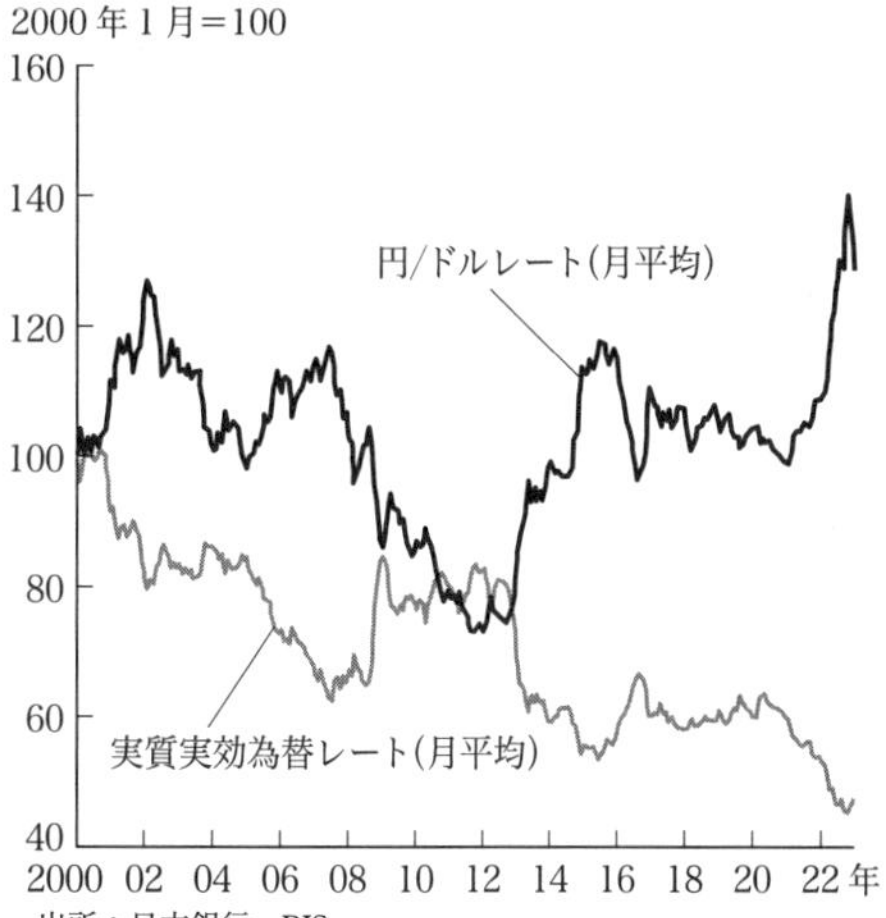

出所：日本銀行，BIS

図表4-4　円ドル相場と円の実質実効相場との比較

ところで、これまでは簡単化のために円ドル金利関係だけに焦点を当ててきましたが、日本の対外取引はドル建てだけではなく、ユーロや元といった通貨建てでも行われています。したがって、為替相場の変動が貿易・貿易外取引に及ぼす影響という観点からは、円の対ドル相場だけを見ていては不十分であって、全体を総合的に見る必要があります。そのために、交易で用いられる通貨を相手国との貿易量で加重平均し、それをまとめた「実効為替レート」がよく用いられます。国際競争力の比較とか、マクロ経済への影響とかいう理論的な分析のためには、名目実効レートをそれぞれの国の物価変動で調整した「実質実効為替レート」(基準年を定めて指数化)が使われます(図表4-4)。

第五章　中央銀行デジタル通貨（ＣＢＤＣ）について

中央銀行がデジタル通貨を発行すべきか否かという議論を聞くようになって久しいのですが、詳しいことは専門書に委ねるとして、ここではごく常識的な事柄に止めます。通貨が金銀であったその昔ならいざ知らず、大部分の通貨・金融取引が電子化された現在では、取り立てて驚くような話ではありませんが、いくつか留意しておくべき点があります（以下、中央銀行デジタル通貨 central bank digital currency をＣＢＤＣと略記）。

デジタル通貨の出発点が、２００８年に出現した「ビットコイン」であることはよく知られています。極度に単純化して言えば、ビットコインは、「ブロック」と呼ばれる単位情報（字数制限あり）が多数連なってできている「ブロックチェーン」という情報群（文書）を「解読」する作業に対して与えられる報奨であって、その作業を一定時間内に一番早く成し遂げた人に支払われる（口座に振り込まれる）ことになっています。ただ、コインの発行総額には限度があり、いずれ終了するように仕組まれています。この一連のプロセスは、すべてインターネット上のあるプログラムに従って進行するのですが、類似のプログラムを作って作動させても似たような結果を作り出すことができるわけで、それを例えば「イーサリアム」とか「リップル」と名づければ、ビットコイン類似のコイン(アルトコイン)が数多く併存することになります。

このようにして造り出される「コイン」は、ブロックをつなぐチェーンに仕掛けられた暗号によって偽造や改ざんがほぼ不可能な仕組みになっており、先ほどの「解読」とは、このチェーンが正しくつながっているかどうかを暗号技術を用いて確認する作業を意味します(ひとつ前のブロックに含まれる情報が暗号化され(ハッシュ値)、次のブロックに組み込まれているのですが、それが正確に行われ、チェーンが正しくつながっているかどうかを検証する作業です。それに成功するとコインをもらえる—スクリーン上の口座残高の増加—のですから、これを金銀を掘り出す作業になぞらえて、「発掘」mining と称します)。こう言うと簡単なように聞こえますが、暗号解読のためには大規模なコンピュータと膨大な電力を必要とし、相当なコストがかかるためだれでも簡単にできるというものではありません。ある地域では、安い電力を利用してこの作業に専念する工場群が存在するとのことです。

このように、総発行額が決まっており、偽造・改ざん・複製がほぼ不可能な「コイン」がインターネット上に出現すると、それを送金や決済に使おうとする人が出てくることは容易に考えられます。通常なら、こうした取引は金融機関を経由して行われますが、そのコストは馬鹿になりません。しかし、ビットコインないしはその同類であれば、取引コストはゼロにできます。また、資産隠しや違法行為といった表に出したくない用途に使われることも考えられます。こうして、この種のコインに対する需要が生まれ、それと供給とが見合う「市場」ができて価格が形成されるのは自然の成り行きです（間に仲介業者が介在するのが通例…すべてコンピュータ上の出来事）。こうした作業は一つの中央機関に集中して行われているわけではなく、多数の参加者の共同作業である点が特色であって、その過程は参加者全員のコンピュータ内に保存され、誰か一人の手によって改ざんされるのを防ぎます（分散型台帳システム Distributed Ledger Technology: DLT）。

国や中央銀行が発行している通貨（現預金）の他に、こうした発行者不在の「通貨」が生まれて流通するとなると、金融当局としても心穏やかではないはず（こうした「民間発行の通貨」というアイデアが生まれた思想的な背景としては、国家が通貨発行権を独占していることを批判し、民間部門にもそれを認めて、異なった通貨間で競争すべきだとする、極端な自由主義の信奉者（リバタリアン libertarian）の存在が指摘されています）ですが、ある時点までは、どちらかと言うと「お手並み拝見」といった感じで見ていました。以前、通貨ないし金融資産は、どのようなものであれその中にバブルの要素を内在させていると言いましたが、ビットコインはその典型で、バブルの生成と崩壊が相次ぎ、価格の激しい変動が繰り返されています。金融規制当局から見ると、こうした「資産」が一般受容性を獲得（通貨として広く流通）し、法定通貨を圧倒するような存在になるはずがない、ごく一部の好事家の間で流通する程度であろうと考えて、専らビットコイン絡みの犯罪行為(詐欺、マネーロンダリング等)を取り締まる、ないしは防止するというところに関心をよせていました。

金融当局の姿勢を一変させたのは、2019年6月にフェイスブック(現メタ・プラットフォームズ)が発表したリブラ(Libra)発行計画でした。世界中に何十億という顧客を抱える大プラットフォーマーが作り出す「コイン」となれば、それが「一般受容性」を獲得することは比較的容易であり、法定通貨に取って代わる可能性は格段に大きいという危機意識が生まれたのです。各国通貨当局は、結束してリブラの魅力を殺ぐような様々の規制をかける意向を明確にしました。これに対して、フェイスブックは初めの計画を変更し、リブラ発行額と同額の法定通貨の保有を自らに義務付ける「ステーブルコイン」(stable coin)の発行に変更したのですが、それでは採算がとれるはずもなく、結局この事業からの撤退を余儀なくされました。

この出来事はしかしながら、通貨当局にとって大きな警鐘となりました。精妙に作られ、円滑に動いていると思われた現在の金融・決済システムが、一般人の目から見るとコスト高で使い勝手の良くないものと見られていることに気づかされたためです。とりわけ強く意識されたのは、この世界にはなお、金融機関に口座を持ち、金融機関が提供するサービスを享受することができない人々が多数存在するという事実でした。かくして、人々があまねく金融サービスを享受できるようシステムを変えていかなければならないという問題意識（金融包摂 financial inclusion）が生まれ、中央銀行自身がデジタル通貨を発行して、その便益を広く国民に均霑《きんてん》させてはどうかというアイデアになっていきます。

中央銀行デジタル通貨の動きを加速したもう一つの要因は、地政学的な問題意識に基づくものです。周知のとおり、第二次大戦後に成立したブレトンウッズ体制は、米ドルを中心に回転している太陽系のようなものであって、米国はそうした通貨覇権のメリットを十二分に享受してきました。米国にとって、貿易為替取引の相当部分がドル建てで行われ、貿易収支の赤字がドルでファイナンスされることの利点は計り知れません。しかしながら、最近における中国の政治経済力の急速な発展は、これまでの米ドル中心の通貨体制の先行きに暗雲を投げかけています。中国政府がデジタル元の発行と普及に並々ならぬ熱意を注いでいることもそうした懸念を強めるものです。かくして中央銀行によるデジタル通貨の発行は、通貨覇権争いの道具立ての一つという様相を呈してきています。

通貨の国際的な流通ないしは決済メカニズムが、戦時の有力な武器となり得ることを如実に示したのが２０２２年のウクライナ戦争におけるロシア系金融機関のＳＷＩＦＴ締め出しでした。ＳＷＩＦＴ自体は国際的なメッセージ交換機構（民間組織）で、通貨の決済機構そのものではありませんが、メッセージ抜きの決済システムはあり得ず、そこからの締め出しは金融機関、ひいては当該国経済にとって死活問題になります。

このような背景の下に繰り広げられているCBDC問題ですが、来るべきデジタル通貨の発行に備えて、各国通貨当局の動きは加速しています。中でも熱心なのは中国ですが、かねてこの問題については腰が重かった米国でも、FRBが検討ペーパーを発表してコメントを募る作業に入っており、2022年3月には、CBDCの研究・開発は政権の最優先課題であるとする大統領令が発出されています(中国による世界的な規模の通貨覇権を意識)。日本銀行も、CBDCに関する技術的な実現可能性を検証するための実証実験を行っている最中です。その際に念頭に置くべき基本原則は、CBDCが物価の安定や金融システムの安定を損なわないこと、現在稼働中の民間金融機関の業務を損なうことのない設計とすること、犯罪や違法行為を許すことがないようにすること、プライバシーの保護には格別の配慮をすべきことであって、いくつかの設計パターンが検討されています。現在、「中央銀行―一般利用者」という二段階型と、「中央銀行―金融機関―一般利用者」という三段階型が有力候補(口座開設型ないしはトークン(カード)発行型)ですが、現行システムからのスムースな移行(民間金融機関の存在に配慮)という意味で、後者を中心に検討が進んでいくと思われます。ただ、通貨主権が誰に帰属するかという観点から言えば、この問題は究極的には政府が決定すべきものであって、FRBなどもそうした姿勢を強く打ち出しています。

第二部 政策編

第六章　ＦＲＢの政策運営

１　バーナンキ議長の時代（２００６～２０１４）――金融緩和の推進と正常化への努力

※巻末の資料（１）「ＦＲＢ―金融緩和政策の推進と金融正常化への足どり」を参照

バーナンキ理事（当時）がグリーンスパン氏（１９８７～２００６）の後を継いでＦＲＢの議長に就任した２００６年頃から雲行きが怪しくなり始めたサブプライム問題は、２００７年頃から深刻さの度合いを増し、欧米で金融破綻の事例が見られるようになりました。そして２００８年秋のリーマン・ショックとなり、バーナンキ議長はその対応に苦闘することになります。彼の専門領域は米国の大恐慌時代であって、バブル崩壊後の対応を誤れば、物価と経済活動がスパイラル的に下降する深刻な経済破綻の状態―恐慌―に至ることを熟知しており、それが如何に恐ろしいものであり、どのような手段を使ってもこれを回避すべきだという固い信念を持って事に当たりました。

サブプライム危機を理解するためには、当時金融界で隆盛を極めた証券化ビジネスについて

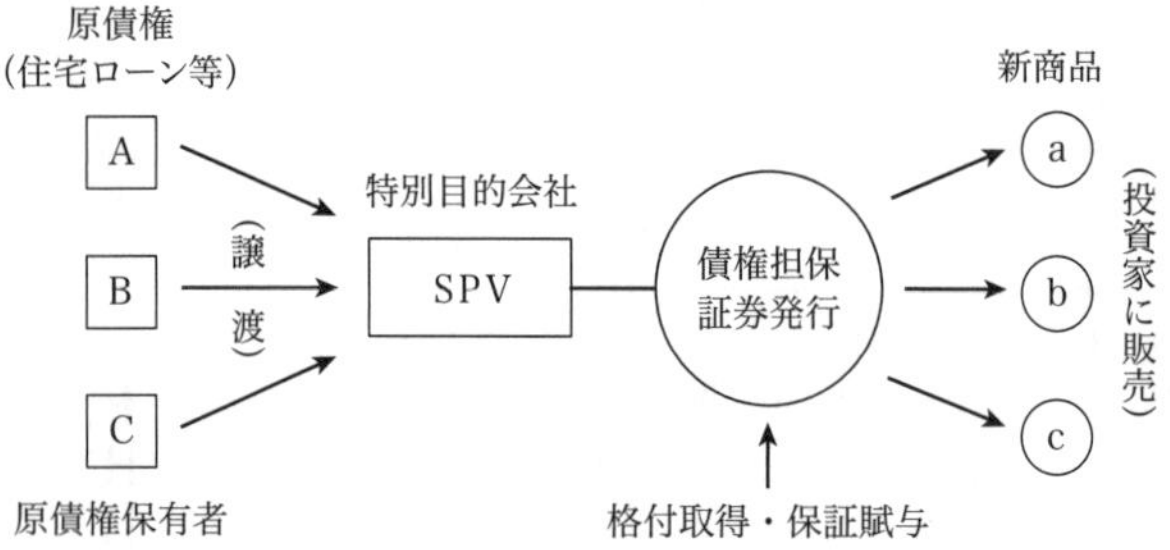

証券化商品の概念図

知っておく必要があります。さまざまな資産や債権をパッケージにし、それを見合いに新たに証券(資産担保証券 asset-backed securities)を発行して市場で売買する「証券化(securitization)」という手法は、原債権(個々の銀行貸出等)に内在するリスクを分散し、金融取引を活発化する格好の商品ということで大いにもてはやされました(そうした取引に特化することを目的に作られた組織はSpecial Purpose Vehicles: SPVと称されます)。原債権・原資産には素性の怪しいものもあった(借入人の信用度がきわめて低い住宅貸付債権であるサブプライム・ローンはその典型)のですが、多く集まればリスクは分散されるという「大数の法則」が強調され、これに信用保証をつけて格付けを上げ、市場性を高めるといった手法が頻繁に行われました。証券化は重層化し、ピラミッド林立の様相を呈しました。

バブルの生成と崩壊の過程は既に見たところです(103ページ)が、そこでも強調したように、金融システムは基本的にカードでできた家のようなものであって、本質的な脆弱性を秘めており、参加者のうちの一人でも先行きに疑問を持った瞬間に崩壊が始まります(「期待循環の逆回転」)。その過程でバブル形成に参加した金融機関の経営破綻が連鎖的に発生し、様々な悲劇が生まれるのですが、そのことが最後の瞬間までわからないという厄介な性格を持っています。

これに対しては、何はともあれ出血を防ぐことが第一であって、政策担当者には「できることは何でもする」(ECBの前総裁ドラギ氏の言葉)という態度が求められます。しかしながら、そうした場合には、しばしば金融機関の自己責任が強調されたり、税金を使って特定の資産家や金融機関を救済するのか、という強い抵抗があり、政治的な困難に直面するのが通例で、そのことが事態をさらに悪化させるという事例は後を絶ちません。19世紀の著名な英国の論客W・バジョットは、そういう時は「大いに貸し出しを行うべきである」としていますが、ただ彼は同時に「十分な担保を取って」と言っており、このあたりが時代を感じさせます。このことにこだわって事態を悪化させた例は(昭和初年代の日本銀行を含め)枚挙に暇ありません。

そのことはさておき、サブプライム危機に遭遇したバーナンキ議長が、財務省と共同して(つまり、財政資金をも投入して)とった施策は、次ページの一覧表にみるように危機対応策のデパートのような観を呈しています。この時の経験は2019〜2021年のコロナ危機において生かされるのですが、こうした一時的な対症療法と、その後に取られた長期デフレ対策とし

緊急時におけるFRBの資金供給体制

- TAF(Term Auction Facility)—入札制による長めの資金供給と期間の長期化(2007. 12〜)
- TALF(Term Asset-Backed Securities Loan Facility)—自動車・クレジットカード等各種のローンや，各種ABS(証券化商品)を担保とする連銀貸出(2008. 11〜)
- オペ適格担保範囲の拡大(2007. 12〜)
- MBS(住宅ローン担保証券)の買入開始と増額(2008. 11〜)
- 政府関係機関(GSE)債の買入開始と増額(2008. 11〜)
- TSLF(Term Securities Lending Facility)—担保に使用するための国債貸出(2008. 3〜)
- PDCF(Primary Dealer Credit Facility)—国債プライマリー・ディーラー向け貸出
- 適格担保範囲の拡大(2008. 3〜)
- 資金供給オペの対象拡大(2008. 9〜)
- 中央銀行間通貨スワップ協定締結
- 各種債権担保証券を含む買入対象資産の拡大(2008. 9〜)
- Maiden Lane Facilities(個別金融機関への流動性支援—2008. 3〜)

注：より詳しくは，拙著『サブプライム危機後の金融財政政策』(2010)参照

ての非伝統的金融政策とは性格が全く異なることに注意して下さい。

デフレ期における金融政策の運営に関するバーナンキ議長の考え方は、彼がＦＲＢの理事であった時代に表わした論文、"Japanese Monetary Policy; a Case of Self-Induced Paralysis"(2000)、及び二つの講演、"Deflation, Making Sure It Doesn't Happen Here"(2002)、"Some Thoughts on Monetary Policy in Japan"(2003)によく表れています。その趣旨を一言で言えば、１９９０年代初から現在に至るまで続く日本のデフレは、金融当局が適時適切な政策運営を行わなかった結果であり(self-induced)、

米国では絶対にそのようなことがあってはならない(it doesn't happen here の"Here"とは米国のこと)というものであって、とりわけ日本の金融学会で行われた2003年の講演は、これまで伝統的な金利中心の政策運営を奉じてきた日本の金融界・学界に大きな衝撃を与えました。米国の金融政策当局の一員が、日本の中央銀行の政策運営に対してこれほど批判的・挑戦的な言葉を投げかけていいのか、といった反応さえ聞かれたところです。バーナンキ理事(当時)が日本に勧めたのは、次のような(当時としては驚くべき)施策でした―「日銀による物価目標の設定」、「減税・財政支出の増加とセットになった国債の買入規模拡大」「そのための銀行券ルールの撤廃」、「日銀のバランスシートの拡大」、「日銀による円安誘導」等々―。この講演の根拠となったFRBスタッフの手になる論文として、Ahearne 他の"Preventing Deflation: Lessons from Japan's Experience in the 1990's"(2002)があります。なお、同論文の問題点(資産価格の崩壊とそれに伴う金融システムの不安定化という要因が織り込まれていない)を指摘したものとして、翁邦雄『ポスト・マネタリズムの金融政策』(2011)があります。

ちなみに、バーナンキ氏は、2002年の講演で、国債金利について目標値を設定し、それを目指して長期国債を無制限に買い入れる策があることに言及しており、ヘリコプターからのマネーの散布になぞらえて、「ヘリコプター・ベン」の綽名の由来となりました。皮肉なことに、彼の提言は、リーマン・ショック後の2009年以降、FRB自身の政策として、そしてその数年後の日本において、ほぼそのままの形で実施されることになります。

バーナンキ議長時代に行われた施策を整理すればおおむね次のようになります（以下の記述については巻末の資料（1）を参照して下さい）。

①物価上昇率についての「ゴール」の設定

グリーンスパン議長はインフレターゲットに反対でしたが、バーナンキ議長は学者時代から積極的なターゲット論者として知られていました。しかし、議長就任後一転慎重な姿勢に転じたのは、ＦＲＢ内部でこれを巡って活発な議論があったためと想像されます。「target」という言葉には、「どのようなことがあっても絶対達成すべき目標」という感じがありますが、言うまでもなく、物価変動の背後には金融以外に様々な要因（構造問題を含む）があるのであって、それらを無視して金融政策のみに特定の数値の達成を義務付ける（場合によっては達成できなければ責任を問う——事実、インフレターゲットの先駆者であるニュージーランド準備銀行では、当初（1988年）は総裁の罷免まで想定されていました）のは適当ではないという議論が根強くありました。

ＦＲＢは2007年以降、四半期に一度ＦＯＭＣ参加者全員に対して経済成長率・失業率・物価上昇率の見通しを尋ね、それをまとめて発表してきました（Summary of Economic Projections: SEP）。そして、この見通しの期間を長期化し、それをもって実質的にターゲットの役割を果たさせるという手法をとってきました。FOMCが毎年初に発表する「金融政策の長期的目標とその実現手段」(後述163、177ページ参照)においては、「ターゲット」(target)を避けて「ゴール」(goal)という言葉を採用し、FOMCの声明文では「目的」(objective)という言葉を使っていますが、こうしたことも、インフレターゲットが硬直化・自己目的化することを避けたいという姿勢の反映と見ることができます(SEPの最近例については176ページを参照)。

②金利チャネルの活用

バーナンキ議長就任当時5・25%であったFFレートは、2007年9月以降連続して急速に引き下げられ、2008年12月には0〜0・25%にまで低下しました(目標金利はそれまで単一の数値で示されていましたが、この時以降レンジで表示されることになりました)。2006年10月には、銀行の準備に対して付利が行われることになりました(当初0・25%)が、これは、膨大な準備の存在の下で短期金利が操作目標を超えて大きく低下し、ゼロないしはマイナスになるのを防ぐ手立てと考えられます。ただ、前にも触れたように(55ページ)、預金に付利されるのは連邦準備制度加盟銀行(準備預金制度適用先)に限られており、FRBに当座預金口座を持っている組織は加盟銀行以外にも数多くある(各種のファンドや政府関係金融機関等)ために、市場金利が、FRBが目標とするFFレートの水準を超えて低下する場面がしばしば見られました。

このことを問題視する学者の中には、FRBに口座を持つ機関すべての預金に付利すべきではないかという人もいます。なお、付利金利は当初、法定準備部分と超過準備部分とで区別していましたが、2021年6月に統合されて今日に至っています。膨大な準備が存在する下では、準備を法定・余剰で区別する意味が薄れたためです(2023年3月現在の準備への付利金利は4.9%(FF目標金利は4.75〜5.00%)。なお、法定準備率は現在0%)。

バーナンキ議長時代の金利機能活用例としてもう一つ挙げるべき政策は、2012年6月から短期間試みられた「長短ツイスト・オペレーション」です。具体的には、2012年央以降、残存期間6〜30年の長期債を4000億ドル買い入れる(月450億ドルのペース)と同時に3年以下の短期債を同額売却する、というものであって、FRB保有の債券残高を増加させることなく長期金利を低下させ、それによって景気刺激を図るという意図が込められています(一方、短期金利は上昇します)。この操作は一見、後に記す日本銀行の「イールドカーブ・コントロール」に似ていますが、米国の措置は、際限もなく膨張するFRBのバランスシートに対して強い拒否反応を示す議会の存在を意識しつつ、しかも緩和効果に期待するFRBの苦肉の策という性格があったことと、特定の金利水準を目標としたものでないという点で、日本のケースとは異なります。ツイスト・オペは、かつて1960年代初に試みられた施策で、短期金利を引き上げて海外の資金の流入を図る(ドル相場下支え)と同時に長期金利を引き下げて景気刺激を行うことを狙ったものですが、その効果についてはこれまでも肯定否定両論がありました。この施策は臨時的・実験的な性格を持ったもので、結局半年後の同年12月で終了しました。

③国債等の大量買入(FRBのバランスシートの規模拡大)

FRBによる長期債の買い入れは、リーマン・ショック後の危機対応策としてのそれと、長期停滞状況からの脱却手段としてのそれとに分けて考える必要があります。買い入れ対象は長期国債とAgency債・MBS債の二種類です。

まず長期国債ですが、緊急対応措置として、2009年4月以降9月末までの6カ月の間に最大3000億ドルを買い入れることとしました。FRBが金融調節手段として長期国債を買い入れた例は過去にもありますが、これほど大規模なものは初めてです。

次に、Agency債とMBS債の買い入れですが、前者は、一般貸付を主目的とする政府関係金融機関(Government Sponsored Enterprises: GSE)発行の債券、後者は、FAMY、FHLMCやFHLBといった公的住宅貸付支援機関が保証する住宅担保付抵当証券(Mortgage-Backed Securities: MBS)を指します。FRBによるこれら債券の買い入れは、金融システムの動揺が激しさを増していた2008年12月に開始され、その規模を漸次拡大していきました(上限はAgency債2000億ドル、MBS同1兆2500億ドル)。

この時期には、前に記した短期の危機対応策(148ページ参照)と並んで、ユーロドル市場の動揺に対応した中央銀行間スワップ協定の発動もあり、FRBのバランスシートは前例のない急膨張を示しています。こうした危機対応措置は、2009年の秋口から10年の初めにかけて情勢が好転するにしたがって漸次解除されていきました。長期国債、Agency債等の買入はともに次第にスローダウンし、長期国債の買入は2009年9月末に、Agency債及びMBS債の買入は2010年3月末に終了しました。こうした危機対応策としての長期債買入は一般にQE1と称されますが、バーナンキ議長自身はQE(Quantitative Easing)という言葉を好まず、CE(Credit Easing)ないしはLSAP(Large-Scale Asset Purchases)という言葉を好んでいました(portfolio rebalance 効果とも言います)。マネタリズムの匂いがあり、理論面でその効果について疑念があるQEに対し、リスク・プレミアムの軽減(リスクは民間からFRBに移転)によって金利のさらなる引き下げを図ることを意味するCEの方がより優れているという学者的な発想ですが、一般には(バーナンキ自身も後に認めているように)QEの方が市民権を得ています。

QE1の終了は、しかしながらFRBのバランスシートの縮小を意味しません。2010年8月のFOMCは、政策金利を0・1%に据え置くとともに、FRBが保有するAgency債やMBS債が償還される都度同額の国債を買い入れて、長期債の保有総残高を2兆ドルに維持するという決定を行いました。バーナンキ議長は当時の講演で、FRBが長期債を大量に保有し

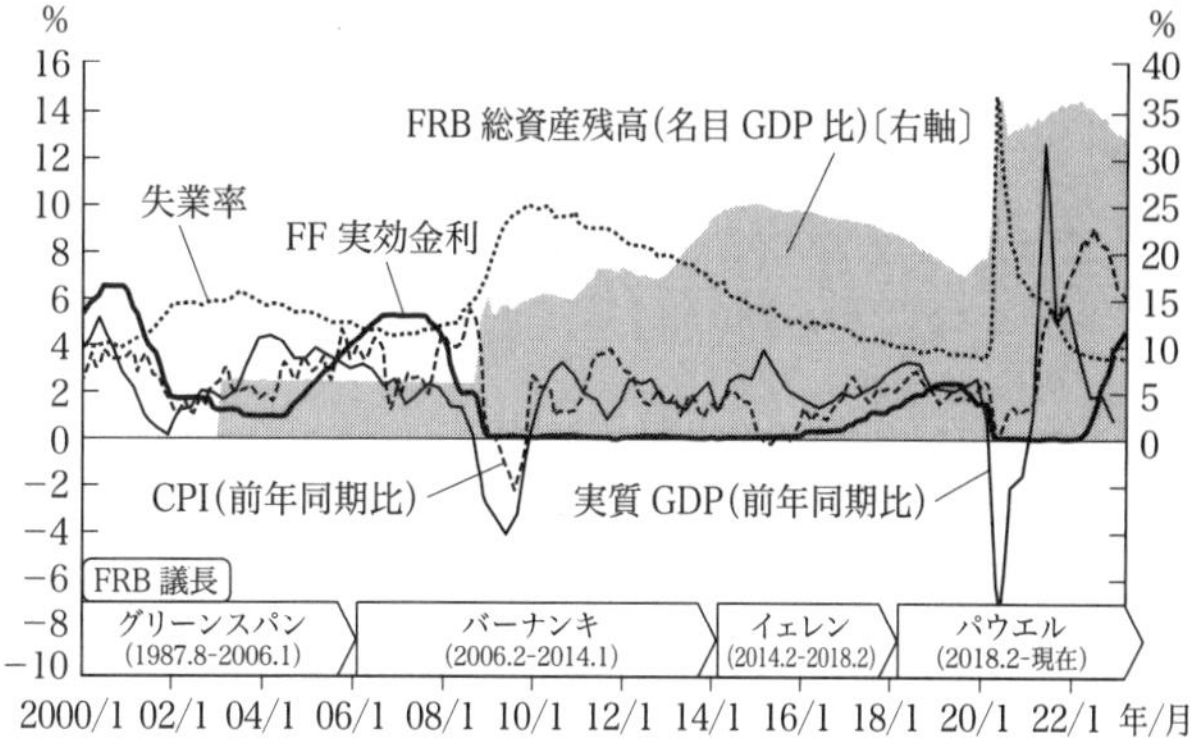

注：FRB総資産残高(名目GDP比)は2002年12月以降
出所：セントルイス連邦準備銀行

図表6-1　FRBの金融政策と実体経済の関係

ているという事実、あるいはそうした状態が長く続くであろうという市場の期待が、買入という行為以上に効果があると述べています(「残高(ストック)効果」)。一方、Agency債やMBSの償還分を長期国債に乗り換えるということは、FRBの資産構成は国債中心であるべきだ(保有資産の信用度の高さを重視する、また、中央銀行として資源配分への関与を極力避ける)という姿勢が明確に示されたことを意味します。後述するように、こうした姿勢はその後のFRBの施策に引き継がれています。

この時期、米国経済は、金融危機は脱出したものの失業率は10%近い高水準にあり、物価上昇率もFRBメンバーの大方の見通しである2%を下回るという状況にありました(図表6-1)。バーナンキ議長は当時の講演で、米国はデフレに陥ることに強く抵抗する、もしデフレが深刻化するという見通しが強まったならば、多少の問題はあっても、それを克服するために躊躇なくさまざまな手段を講ずる、という二点を強調しています。この段階での問題意識が、危機回避から転じて明確にデフレ回避に変化したことが読み取れます。2010年11月、FRBは長期債の償還分補塡策を継続するとともに、2011年6月までに新たに長期国債6000億ドルを買い入れることにしました(保有証券総残高の上限を2・6兆ドルに引き上げ)、これがいわゆるQE2、ないしはLSAP2と呼ばれているものです。この思い切った緩和策については、さすがにFOMC内部でも議論があり、有力地区連銀総裁の中には強い反対意見を表明する者が続出しました。その理由としては、QE2が実質的に財政ファイナンスであること、流動性が世に溢れてインフレやバブルの兆候がみえること、出口段階でFRBに損失が生ずる恐れがあること、等ですが、それに加えて、米ドル安を誘発することに対する懸念が表明されたことが注目されます。

経済情勢が再び悪化の様相を見せ始めた2012年9月、FRBはさらに保有残高の増加を伴った資産買入政策に出ます。いわゆるQE3です。具体的には、それまで行われてきたツイスト・オペを続行する(長期国債の買入額月450億ドル)とともに、MBSを月400億ドルのペースで買い入れる(長期債買入額合計月850億ドル)というもので、期限については、「雇用情勢が顕著に改善するまで継続」とされました(以下に記したフォワード・ガイダンス参照)。

④フォワード・ガイダンス、ないしはコミュニケーション戦略

人々の「期待」が市場に、ひいては経済活動一般に及ぼす影響力の強さについては先に述べた通りです（80ページ参照）。それを意識してFRBがFOMCの声明文（statement）の表現に気を配るということは以前も行われていたことでしたが、それが本格的・意識的に多用されるようになったのは、やはり金利ゼロの時代になって、金利機能の活用に期待できなくなってから、具体的にはバーナンキ議長時代以降のことです（M. Woodford, "Central Bank Communication and Policy Effectiveness". 2005 は、それまでのFRBのコミュニケーション戦略について興味深い分析を行っています）。

バーナンキ議長時代に入って、この問題についてFRB内部に小委員会が設けられましたが、そこでの検討を主導したのは、当時の副議長でバーナンキ後の議長となるジャネット・イエレン氏でした。以下の例からは、微妙な言葉遣いの違いで政策運営姿勢の変化を表現したいという苦心の跡が窺《うかが》われます（アンダーラインは筆者。以下同じ）。

・政策金利の先行きについて

２００８年12月ＦＯＭＣ決定声明文："economic conditions are likely to warrant exceptionally low levels of the federal funds rate for some time"（ある程度の期間）

２００９年３月："for some time" を for an extended period（相当の期間）に変更

・金融資産の買入について

２０１３年12月："the Committee is prepared to increase or reduce the pace of purchases to maintain appropriate policy accommodation"（加速・減速両方の可能性あり）

・失業率についての閾値（threshold）の呈示

２０１２年12月："the Committee anticipates that this exceptionally low range of the FF rate will be appropriate at least as long as the unemployment remains above 6.5%"（少なくとも失業率が６・５％を上回っている限り）。

しかしながら、こうした戦略についてはさまざまな問題があります。とりわけ失業率についての閾値の設定は、市場との間で上手くコミュニケーションがとれず、結局姿を消したことは既に述べた通りです（84ページ参照）。

以上、バーナンキ議長が、米国経済が長期停滞―いわゆる「デフレ」の状態―に陥ることの無いようにとの問題意識に基づいて次々と繰り出したさまざまな施策を概観してきました。しかしながら、彼が超緩和状態の維持ないしは推進のみに腐心し、正常化への努力をないがしろにしてきたかのような印象を受けたとしたらそれは事実ではありません。ただ、そのことがうまく市場に伝わらなかったことから、世上テーパリング騒動（tapering tantrum―"taper" は「漸減」

で、膨張したFRBのバランスシートを次第に縮小していくこと、"tantrum"は文字通りには「癇癪を起す」ことですが、市場の強い反発と理解すればいいでしょう)と呼ばれる市場の混乱を引き起こしたことは事実であって、ここにもコミュニケーション戦略の難しさが表れています。以下この間の出来事について少し詳しく見ていきます。

バーナンキ議長の正常化への努力は、リーマン・ショックの余波がようやく薄れかけた2011年に早くも始まっています。FOMCにおける議論の足取りをたどると概略以下のとおりです。

2011年4月：金融正常化(normalization policy)の進め方についてFRBスタッフが論点を整理し、これに基づいて予備的な議論が行われたが決定には至らず、次回に持ち越す。

2011年6月：金融正常化についての議論を継続。しかし、あくまでも今後に備えての検討の一環(part of prudent planning)ということであって、近々正常化が開始されるということでは必ずしもないことが強調された。多数意見は次のとおり。

—正常化のタイミングとペースは、雇用の最大化と物価安定の達成というFRBの使命(mandate)の実現を念頭において決定されるべきである。

—正常化は、保有証券の償還期到来分を買い埋めて残高の全部ないしは一部を維持する措置を停止することからスタートする。

―それと同時に(あるいはその少し後で)政策金利についてのフォワード・ガイダンス文言を修正するとともに、政策金利引き上げのための環境整備を目的として一時的な準備吸収操作を行う。

―経済的諸条件が整ったところで、政策金利の引き上げを開始する。以後、政策金利の水準とレンジ幅が政策運営方針変更の主役となる。政策金利を目標水準に近づける手段としては、準備への付利金利の操作と銀行準備の水準調整を活用する。

―保有証券の売却は、最初の政策金利引き上げが行われた後で若干の時間をおいて実施する。売却のタイミングとペースはあらかじめ公表する。売却は漸進的・安定的なペースで行われるが、経済・金融情勢によっては変更があり得る。

―保有証券の内、MBSについては3~5年内に残高がゼロとなるよう売却を行う。このペースであれば、FRBが保有する証券の規模は2~3年内に正常な水準に戻るであろう。証券保有の額及び銀行準備の水準は、効率的な金融政策の運営と矛盾しない最低限のレベルにまで減少することが期待される。


バーナンキ議長は、その後の記者会見で次のように述べています。

- 2011年6月に決定した正常化についての方針を維持する。
- 長期的に見た場合、FRBの保有資産は専ら国債であるべきである。
- MBSの市場への売却は原則として考えていない。

・資産買入の停止と政策金利の引き上げの間には相当程度のタイムラグをおく。
・２０１２年9月以降続いている国債月４５０億ドル、ＭＢＳ月４００億ドルの買入プログラムは変更しないが、経済情勢の変化によっては２０１３年後半にでも買入ペースを徐々にスローダウンする可能性はある。その場合は、２０１４年央に買入終了というシナリオとなる。
・そうはいっても、政策運営はあらかじめ定まった途を辿るわけではなく、その時々に入手可能なデータや経済情勢の見通し如何で変わってくる。
・資産買入ペースのスローダウンが行われるからと言って、ＦＲＢの資産規模を圧縮しようとしているわけではない。償還期限が到来した分についての買い埋め操作は継続する。たとえて言えば、アクセルペダルの踏み込みを少し軽くするだけであって、ブレーキをかけるわけではない。ブレーキ（金利の引き上げ）はなお遥か先の話である。

前述したテーパリング騒動"tapering tantrum"―具体的には、金利の急騰と株価の大幅下落に代表される市場の混乱―が発生したのは２０１３年5月から6月にかけてですが、ここで、その引き金を引いたとされるバーナンキ議長の発言を改めて振り返ってみます。

まず、その前段階となった5月の議会証言ですが、次のように、資産買入の増額とともに減額の可能性も示唆されており、バーナンキ議長の本音が出た形となりました。

"... the Committee ... is prepared to increase or <u>reduce</u> the pace of its asset purchases"

さらにその翌月のＦＯＭＣ後の記者会見では、以下のように一歩踏み込んだ発言があり、それまで国債等の買入政策が継続されるものと信じていた金融市場には大きな衝撃が走りました。これが "tapering tantrum" の始まりです。

"… it would be appropriate to moderate the monthly pace of purchases later this year. … we would continue to reduce the pace of purchases in measured steps through the first half of next year, ending purchases around midyear"

"… the pace of asset purchases could be reduced somewhat more quickly …"

景気情勢が好転し、市場が落ち着きを取り戻して実際にtaperingが開始されたのは、バーナンキ議長退任直前の２０１３年12月でした。その内容は以下のとおりですが、「出口」に向けての努力は次のイエレン議長に引き継がれます。

—長期国債・ＭＢＳの新規買入額を、それまでの月４５０億ドル、４００億ドルから減額し、国債４００億ドル、ＭＢＳ３５０億ドルとする。以後それぞれ月50億ドルのペースで減額し、２０１４年９月時点での毎月の買入額は、国債１００億ドル、ＭＢＳ50億ドルとなる。

バーナンキ議長の業績としてもう一つ挙げるべきことは、金融政策運営の透明性の向上はＦＲＢにとって妨げになるどころかむしろ政策効果を高めるとの確信の下に、様々な新機軸を打ち出したことです。とかく霧の中に包まれたようなグリーンスパン議長時代に比べると、透明性の向上によって広く国民の理解と支持を得、それによって、FRBが国民に対して負っている義務と責任を果たそうという姿勢を強く打ち出したという意味で、意義ある企てと評価することができます。その好例が、2012年に始まった、"Statement on Longer-run Goals and Monetary Policy Strategy"(金融政策の長期的目標とその実現手段)であって、毎年初のFOMCにおいて見直され、発表されています。声明文に盛り込まれた文言の変化を辿っていくと、その時々のFRBの問題意識が窺われて興味深いものがあります。

今一つ、バーナンキ時代に考え出された新機軸は、四半期に一度のFOMC参加者全員による経済動向見通し(Summary of Economic Projections: SEP—150ページ参照)に、FF金利の先行き予想である、いわゆるdot plots(dot chart)を加えるということでした。FRBとしては、個々の参加者それぞれが持っている経済情勢の見通しを前提とすればFF金利はどの程度になるであろうかということを示すために始めたものだということなのですが、市場はそうは受け取らず、FRBという政策決定機関が持っているFF金利引き上げないし引下げの予定表であるかのように扱う傾向があります(85ページ参照)。FRBもその点について度々注意喚起を行っていますが、メディアを含め、金利変更予定表扱いは改まっていません。

透明性向上のためのその他の工夫—FOMC決定文の細部にわたる微調整—については既に触れましたので省略します。四半期一度のSEPの内容はその後、統計的手法を駆使したきわめて精緻複雑なものになっています。

2　イェレン議長の時代（2014～2018）——金融正常化の道筋の模索

百花繚乱といった感じのバーナンキ議長時代に比べると、イェレン議長時代はどちらかと言えば地味な感じで終始したという印象がありますが、一つ言えることは、もともと労働市場の研究を専門としていたこともあって、雇用情勢の分析には格別の注意を払っていたということです。とりわけ、所得・貧富の格差問題、マイノリティへの配慮といった点で従来よりもきめ細かい分析が行われ、単にマクロの失業率が上がったとか下がったとかでは満足しないという姿勢が窺われます。この姿勢は次のパウエル議長時代にも引き継がれていきます。

今一つ挙げるならば、イェレン議長時代には、超金融緩和状態からの脱却—いわゆる「出口」—を求めての模索が真剣に続けられたという点です。以下この問題に的を絞ってその足取りを辿ってみることにします。

①政策金利の連続引き上げ

2015年12月、それまで長期にわたり0～0・25％と事実上ゼロ金利で推移してきたF

Fレートを0・25%ポイント引き上げて0・25～0・5%とし、以後引き上げを重ねて2018年12月に2・25～2・5%の水準にまで到達（図表6－2）。

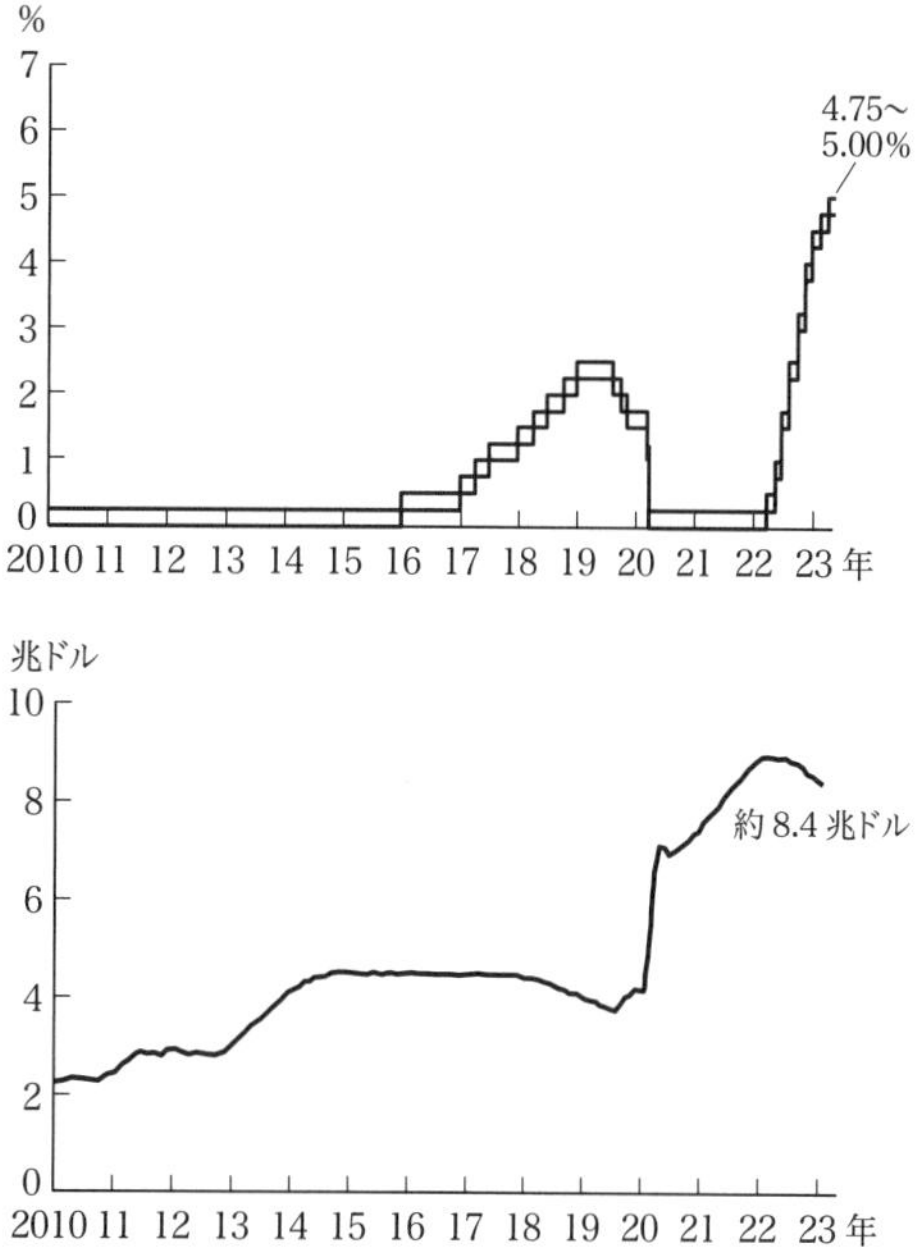

出所：FRB，2023年2月末現在

図表6-2　FRBの政策金利（FFレート）の推移（上）と同資産規模の推移（下）

②金融正常化プランの再検討

２０１４年９月、バーナンキ議長時代に決定した金融正常化プランを改めて見直し、その結果を定例のＦＯＭＣ声明文と併せて発表（"Policy Normalization Principles and Plans"）。

―基本的には２０１１年の原則を踏襲する。

―正常化の議論即ち正常化の開始ではないことを再確認する。

―正常化を進めると同時に、巨大なバランスシートの存在を前提として、その下で金融政策を円滑に進めるための方策を検討する。

―緩和政策の変更が妥当と考えられる経済情勢となった場合は、政策金利の目標水準及びそのレンジを引き上げる。その際は、主として準備への付利金利を活用する。

―正常化の過程では、一時的な余剰資金を吸収するため、買戻条件付証券売却（reverse repurchase program: RRP）を活用する。

―保有証券の減少は、漸進的かつ予測可能な方法、すなわち償還分の買い埋め（再投資）を停止することを通じて実現する。買い埋めの停止は、政策金利の引き上げが行われた後で実施する（どの程度時間をおくかはその時の経済・金融情勢による）。

―ＭＢＳの売却は当面考えていない（長期的に見て、ＭＢＳの保有額をゼロにするための限定的な売却はあり得る）。売却の場合はその概要を前もって通知する。

―FRBは長期的に見て金融政策の有効かつ円滑な運営上必要な限度を超えて証券を保有しない。保有する場合は国債が主体となる。

③金融正常化プロセスの開始

2014年10月に長期国債・MBSの新規買入を停止。2017年6月には、期限到来分の買い埋めにcap制度を導入し、capを超える部分のみを買い埋める(つまり、保有残高はcap分だけ減少する)。長期国債のcapは当初毎月60億ドル。その後3カ月ごとに60億ドルずつ引き上げる(12カ月後(2018年10~12月)の最終capは月300億ドルということになる)。MBSのcapは当初月40億ドル。その後3カ月ごとに40億ドルずつ引き上げる(12カ月後の最終段階のcapは月200億ドル)。この措置は2017年10月より実施する。

3　パウエル議長の時代(2018~)――金融正常化の中断と再開、その加速と減速

パウエル議長は財務省出身ですが、FRB理事として金融政策分野の経験を積んできました。トランプ大統領はイェレン議長の再任も念頭にあったようですが、結局パウエル理事を議長に任命、上院の承認を得ました(イェレン議長はその後バイデン政権下で財務長官に就任)。なお、パ

ウエル議長は2021年11月にバイデン大統領によって再任され、6カ月後の2022年5月に上院によって承認されています（任命から承認に至る期間の長さは民主・共和の党派対立の反映です）。任期は2026年までとなっています。バーナンキ議長のような学者肌ではなく、地味ながら手堅い手腕が評価されたものと思われます。トランプ前大統領は一時、FRBの政策運営に口を出しかけたことがありましたが、パウエル議長は上手くこれを乗り切り、政治的難敵に対して中央銀行の中立性を保持し得たとの評価があります。

イエレン議長時代に開始された金融正常化路線は、パウエル議長になってからもしばらくの間継続されました。cap の規模、すなわち保有長期債残高の減少は予定通り進行し、2018年10〜12月には長期債については月300億ドル、MBSについては同200億ドルに達して2019年に入りました。しかしながら、トランプ政権下で米中通商摩擦が深刻化したこと、海外景気が鈍化したこと等を背景に先行き不透明感が広がり、正常化路線の行方に暗雲が立ち込める状態となりました。

これを受けて、これまでゼロ状態から連続して引き上げられてきた政策金利は、2019年7月から逆に引き下げに転じ、以後2020年3月までに4回の引き下げを経て、再び0・00〜0・25％という2008年12月の水準（事実上のゼロ金利—ELB）に戻ってしまいました。

それに加えて、2019年秋口には短期金利の急騰という予想外の出来事があり、FRBは急遽大量の短期証券を買い入れてこれを鎮める（2019年10月、短期国債を月600億ドルのペースで買い入れ、少なくとも2020年1月まで継続）という一幕がありました。短期金利急騰の原因はどちらかと言えば一時的なものであって（政府の資金繰りや、銀行に対する流動性規制の影響等）、いずれは解消される性質のものであったのですが、市場はこれまで分厚い流動性の存在に慣れ切っており、そうした環境がいわば「常態」化していたために、わずかの動きにも敏感に反応したということかと思います。パウエル議長はこの時の流動性供給について、それが緩和策への転換ではなく、市場の安定化のための措置であって、金融正常化路線には変更はないことを強調しましたが、かねてからFRBの長期国債保有高の漸減に不安感を抱いていた市場は耳を傾けようとしなかったようです。この出来事は、金融正常化と言ってもおのずから限界があるのではないか、量的緩和政策の結果積み上げられた流動性の塊は不可逆的(one-way ticket)ではないかという疑念を抱かせることになりました。

こうした時に起こったのが、2019年末頃から顕著となった新型コロナ感染症の拡大です。FRBは正常化路線をとりあえず棚上げにし、経済活動の崩壊を防ぐ危機対応策に専念することになりました。この時役立ったのが、2008年のリーマン・ショック後の経験であって、2020年初から春先にかけて矢継ぎ早に繰り出された様々な措置はリーマン当時を彷彿させるものがあります。詳細は巻末に掲げた年表に譲りますが、政策金利は一転引下げに転じ、保有債券残高は縮小どころか再び拡大に向うなど、金利正常化の努力は再び振り出しに戻りました。

正常化への動きは、コロナ危機が一段落した2021年央になって復活します。パウエル議長は、しかしながら当初極めて慎重な言い回しに終始していました。これは明らかに、バーナンキ議長時代の"tapering tantrum"を意識してのことと思われます。国債及びMBSの毎月買入額の段階的縮小が始まったのは2021年11月でしたが、償還分の買い埋めは続いており、この段階では残高削減には至っていません。ただ、2022年1月には、「新規買入額を漸減し、3月末には停止する」というフォワード・ガイダンスを行って、市場へのインパクトを最小限に止めようとする努力を行っています。同時に、FRBのバランスシートの圧縮について、次のような基本方針—"Principles for Reducing the Size of FRB Balance Sheet"—が発表されました。

—バランスシートの圧縮は、予測可能な方法、具体的には毎月の満期償還額を買い埋める金額の調整によって行う。

—2022年6月1日より、国債については300億ドル、3カ月後に600億ドル、MBSについては175億ドル、3カ月後に350億ドルを毎月のcapとし、これを超える額について再投資を行う(すなわち、バランスシートは毎月cap分だけ削減される。減額規模総額は当初月47

5億ドル、3カ月後には月950億ドルとなる)。
—国債(利付債)の償還額が cap に満たない場合は、その分を政府短期証券(TB:割引債)の償還額で補填する(すなわち、cap 総額は変わらない)。
—テーパリングはFRBが十分と判断する準備の水準を若干上回る(somewhat above)レベルで停止する。

この最後の傍線の部分は、以前(168ページ)触れたように、2019年秋、テーパリング実行の過程で短期金利の急騰という予期せぬ事態が生じ、FRBが急遽大量の短期証券を買い入れてこれを鎮めるという一幕があったことを踏まえた措置であることは明らかです。

この間、政策金利については、2022年1月のFOMCの声明文で「近々引き上げが適当」というフォワード・ガイダンス文言が現れ、実際に3月には0・25%ポイントの引き上げが実現(FF金利0・25~0・50%)して、再びゼロ金利からの脱却の試みが始まりました。

事態を複雑にしたのは、2021年秋口より顕著になった消費者物価高騰の性格です。物価高騰の背景に、コロナによる供給面の制約(bottlenecks)と、コロナ後の需要の急速な回復(pent-up demand)があることは明らかですが、そのことは物価の上昇が果たして持続的なものであるかどうかという問題を突き付けます。物価の安定を使命(mandate)とするFRBとしては、人々のインフレ期待に火が付くまで事態を放置しておくわけにはいかないことは当然ですが、物価の高騰がコロナに起因するものであるとすれば、それは一時的な要因と言ってよく、金融引き締めを焦るあまり、雇用の最大化という、FRBの今一つの使命の達成がおろそかになってはならないからです。

この問題は、2022年2月下旬に始まったロシアのウクライナ侵攻という地政学上の大事件によって一段と複雑さを増しました。豊富な天然資源、とりわけエネルギーや農産物の供給地である両国の争いは当初の予想を超えて長期化し、その影響は世界中に及んでいます。ただ、こうした時に、物価の高騰を防ぐことを専一に考え、強い金融引き締め策を講じた結果雇用面に悪影響が及ぶ(オーバーキル)ようでは後々強い批判を浴びることになるはずです。正にパウエル議長の手腕が試される場面であって、FOMCが示す方針にこれまで以上の視線が集まったのも当然です。

その後の推移については巻末の年表に記す通りであって、政策金利の連続引き上げと引き上げ幅の急速な拡大(通常の0・25%ポイントから0・50%ポイント、さらには0・75%ポイントという大幅引き上げ)、保有債券残高削減テンポの加速(当初国債月300億ドル、MBS月175億ドルのペースを倍増して毎月それぞれ600億ドル、350億ドル、合計950億ドルへ)等、何としてもインフレを抑えなければならないという強い決意が窺われます。パウエル議長は、2022年

8月の恒例のジャクソンホール・コンファランスで次のように述べています。

—FRBの目下の最重要課題は物価を2%のゴールに戻すことである。

—金利上昇は景気の若干の鈍化・雇用環境の悪化(softening)をもたらすかもしれないが、インフレ抑制のためには必要なコストであり、インフレ防止の努力はここで止まるものではない("not a place to stop or pause")。

—インフレ抑制のためには、人々のインフレ期待(inflation expectation)が十分に安定している(well-anchored)ことが必要。

その後、一時顕著であった供給面のボトルネックは漸次解消に向かい、資源価格は総じて反落ないしは軟調に転じています。素材段階の価格上昇の転嫁の進捗とコロナ後の旺盛な需要回復を背景に高水準で推移してきた消費者物価も上昇率が明らかに鈍化してきているようです。労働需給は依然タイトで、失業率は3%台央という歴史的低水準にありますが、一部先端企業では、先行きの景気鈍化を念頭においた大規模な人員削減の動きが話題を呼んでいます。

ただ、議長は、2023年3月7日の議会証言で、インフレ抑制のために必要な究極の金利レベル(ultimate level of interest rates—自然利子率に相当する)は、以前予想されていたよりも若干高めにあるのではないかとも述べており、性急な緩和を求める声を戒めています。政策金利の上げ幅は、2022年12月の50%ポイントから2023年2月の25%ポイントと半減しており、政策金利の引き上げもそろそろ終盤に差し掛かったのではないかとの見方も出てきました。

議長の議会証言の直後の3月10日に発生したのが、カリフォルニア州シリコンバレーの大手金融機関Silicon Valley Bank: SVB（総資産2090億ドル、全米16位）の経営破綻です。原因は金利の上昇による保有債券等の含み損拡大と、それを懸念した預金等の急速な流出とされていますが、その背景に、上昇する短期金利で資金調達を行う一方、なかなか上昇しない長期金利で資金運用を行わざるを得ない（逆イールドの頻発—60ページ参照）金融機関が置かれた全般的な状況があります。破綻はその他の金融機関へも広がりました。

これに対する財務省・FRB・FDIC（連邦預金保険公社）の対応は極めて素早く、3月12日には3機関共同の声明を発出して、SVBの預金に対して預金保険制度の限度（1口座当たり25万ドル）を超えて全額を保護することとしました。加えてFRBは、金融機関に長期（1年以内）の流動性供給を（しかも担保の評価を額面で）行う旨を明らかにしました（Bank Term Funding Program: BTFP）。同時にFRBは、連銀からの直接借り入れを利用することができることを強調して、金融機関の資金繰りに支障が起こらぬよう配慮しました。なお、財務省は「本件に係る損失は tax payer の負担にならぬ」と述べています。資金源としては、預金保険公社に蓄積された基金（払い込まれた保険料のプール）、財務省が管理する為替平衡基金等が考えられます。

こうした金融規制当局の素早くかつ果敢な行動は、リーマン・ショックの際の教訓が生かされた結果とみることができますが、ただ、こうした金融機関の破綻が長期にわたる金融緩和政策の継続と無関係だとは言えません。むしろ、量的緩和政策がもたらした必然的な副作用として、十分な警戒が必要です。2008年のリーマン・ショックは、金融機関が過大なリスクを冒して拡大の一途を辿った結果どのようなことが起きるかを手荒い形で我々に示しました。かつて神様扱いされ、米国に“Great Moderation”(偉大なる安定)をもたらしたとして栄光と称賛に包まれていたグリーンスパン議長(一時は“Greenspan put”グリーンスパン頼み、という言葉が流行ったことがありました。putとは先物を売る権利のことで、最終的には安全が保障されているといった意味です。この場合は、何かあればグリーンスパン議長が金利の引き下げ等の緩和策を講じてくれるという意味です)が、リーマン・ショック後一転して危機の元凶といった扱いになったことが思い出されます。このことは、バーナンキ議長以降長期にわたって続いてきたFRBの緩和気味な政策運営に対する批判につながります。

こうした状況下で注目されていたFRBは、3月22日のFOMCでは、前回(2月1日)に引き続きFF金利を0・25%ポイント引き上げて4・75〜5・00%としました(資産削減ペースは国債月600億ドル、MBS月350億ドル、合計950億ドルと不変)。声明では、最近の金融システムの動揺が米国経済に及ぼす影響については不確実要因があるが、インフレのリスクは高く、FRBは引き続きその動向を注視していると述べています。なお、今回のFF金利引き

図表 6-3　FOMC による経済見通し(SEP)(2023 年 3 月 22 日現在)

	2022	2023	2024	長期
GDP	0.4	1.2	1.9	1.8%
失業率	4.5	4.6	4.6	4.0
PCE	3.3	2.5	2.1	2.0(≒目標)
FF 金利	5.1	4.3	3.1	2.5

出所：FRB

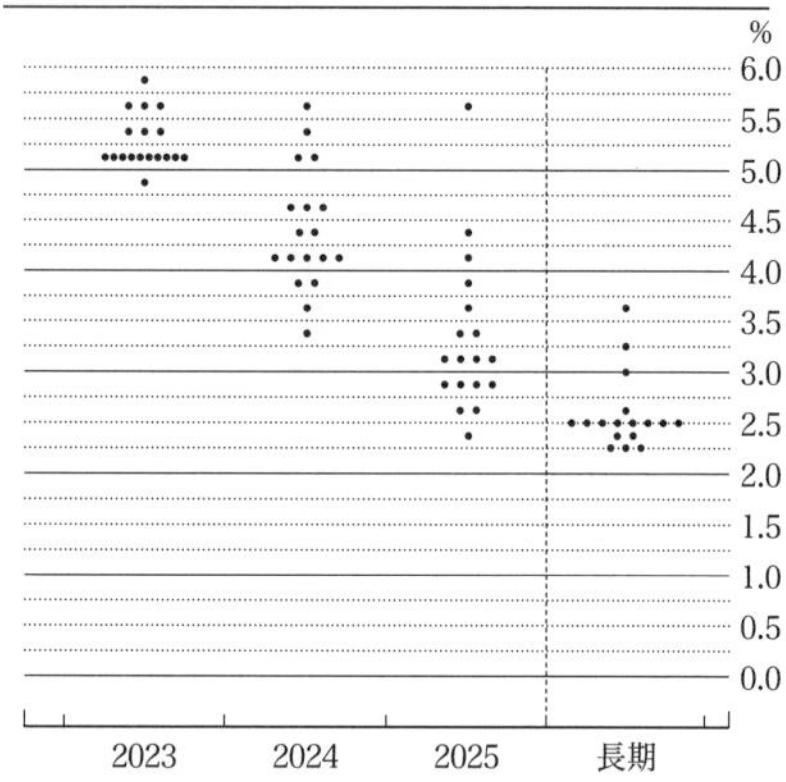

出所：FRB

図表 6-4　ドット・プロット(FOMC メンバーによる FF レート予測—中央値)(2023 年 3 月 22 日現在)

上げに伴う関連金利は次のようにそれぞれ同幅引き上げられています。

repurchase(O/N)　5.00%

reverse repurchase(O/N)　4.80%

interest on reserves　4.90%

ちなみに、同日発表されたFOMCメンバーによる予測値(SEP—中央値 median)は図表6-

3のようになっており、図表6-4のdot plotsは、FOMCメンバーの多くが、2023年中に今一段(+0・25%)の引き上げを、その後2024年から2025年にかけては引き下げを予想していることを示していますが、なおバラつきが目立ちます。

補論(1) 金融政策の長期的目標とその実現手段

以上、バーナンキ議長からパウエル議長に至るここ16年間余のFRBの政策運営のあとを辿って現在に至りました。締めくくりとして、以前も触れた、2012年以来FRBが毎年初に発表する、"Statement on Longer-run Goals and Monetary Policy Strategy"(「金融政策の長期的目標とその実現手段」—163ページ参照)について、当初の内容が、その後の状況の変化に応じてどのように変わっていったかを見ておきます。声明文のモデルとなった、2012年1月(バーナンキ議長時代)の発表文の概要は以下のとおりとなっています。

- FOMCは、議会から与えられたFRBの使命(mandate)である雇用の最大化と物価の安定の達成に全力を尽くす("firmly committed")。
- 金融政策に関する決定を国民に対して明確に伝えること(透明性の確保)は、民主主義社会において当然のことである。

・前年比2％の物価上昇率（ＣＥＰベース）が、長期的に見てＦＲＢの法的使命である物価の安定と整合的（consistent）であると考える。

・このインフレ目標（ゴール）を明確に伝えることは、長期的に見て国民のインフレ期待の安定化（“firmly anchored”）に寄与する。

・雇用の最大化は、金融以外の要因（労働市場の構造等）によるところが大きい。これらは時代によって変化し、直接に測定することは困難である。したがって、雇用について特定の目標値（fixed goal）を定めるのは適切ではない。ただ、ＦＯＭＣは、年4回、長期的な成長率と失業率の見通しを含む“Summary of Economic Projections”（SEP）を公表しており、その際に、ＦＯＭＣが長期的にみてノーマルと考える雇用のレベルを示すことは可能である。

・金融政策の運営に当たっては、物価については長期的目標からの、雇用についてはＦＯＭＣが判断する最大レベルからの乖離（deviation）を最小限に止めるべく努力する。

・この二つは通常は両立し得る（complementary）が、ＦＯＭＣが両立し難いと判断する場合は、両者の間でバランスのとれたアプローチを採用する。その際には、そうした乖離の程度や、それらがＦＯＭＣが使命としているレベルにまで戻るのに必要なタイミングを考慮に入れる（原文は “FOMC ... follows a balanced approach in promoting them, taking into account the magnitude of deviations and the potentially different time horizons over which employment and inflation are projected to return to levels judged consistent with its mandate”原文が極めてわかりづらい表現になっているのは、物価の安定と雇用の最大化を両立させることの難しさを物語っているように思われる）。

・この文書は毎年1月のＦＯＭＣにおいてレビューを行い、必要に応じ修正を加える。

２０１３年以降現在に至るまでの声明文の内容は、基本的に２０１２年版と大きく変わるところはありませんが、以下の点に留意する必要があります（傍線の部分—傍線は筆者による。以下同じ）。

・重点の置き方について…２０１９年までは雇用よりインフレを重視している感があったのに対し、２０２０年以降は、インフレもさることながら雇用をより重視するようになっている。

・物価目標について…２０１５年版までは、「２％の物価上昇率が、長期的に見てＦＲＢの使命（mandate）と最も整合的（consistent）」としてきたのに対し、２０１６年版以降２０１９年版までは、持続的に２％を上回る場合も下回る場合もともに懸念の対象であるとして、目標が双方向（symmetric）である点を強調している。２０２０年版以降ではこの表現は消え、代わりに、物価上昇率が常に２％を下回って推移している場合は、相当期間にわたり（for some time）、２％を若干上回る（moderately above）ところを目指して金融政策を運営することが適当、として、物価が下振れる傾向があることに対して警戒感を強めている。

•2020年版以降、FOMCの主たる金融政策運営方針はFFレートの変更で示されるという点を強調している。併せて、FFレートが歴史的低レベルに達し、限界(effective lower bound)に近付いていること、このため、雇用・物価面で下押しのリスクが大きくなっていると判断していることが示されている。

•年1回1月にレビューする点は2012年以降毎年変わりはないが、2020年版以降は、5年に一度、一般からの意見を踏まえて総点検を行う旨を追加している。

右で述べたことに関連して、ある程度の期間、物価が目標値を上回ることを許容するというスタンス(overshooting—ある程度の時間をかけプラスマイナスを平準化させるという意味で、"make-up policy"とも言われます)について一言しておきます。これについては後に日本銀行のところでも触れます(225ページ)が、そこには、様々な要因で物価が一旦目標値に達し、ないしは相当期間目標を上回っても、それが持続的なものであるかどうかを十分に見極める必要があるという判断があると同時に、それによって物価の上昇を誘発し、実質金利を引き下げようという意図があります。こうしたスタンスは、インフレを恐れるあまり引き締めを急ぎ過ぎて失敗することを恐れてのことですが、逆に、引き締めのタイミングを失してさらなる物価上昇を許容することになった(behind the curve)という批判にもつながりかねません。FRBもこの点にはかなり気を使っており、そのことは、公表されるFOMC声明文の言葉遣いの細かい変化に表れています。

中央銀行が、金融政策運営の透明性向上という旗印の下で繰り出す様々な工夫についてはすでに触れました（81、157ページ参照）が、それを正確に読み解くには、国民の側にも相当なレベルの金融リテラシーが要求されます。かつて金融政策の運営が不透明な霧に包まれていた時代に、政策運営のポイントを一般に解説する“Fed watcher”というエコノミストの一群がいましたが、透明化が進んだ現代においても彼らは失業したわけではなさそうです。

補論(2)　金融政策がFRBの収益に及ぼす影響

金融正常化、すなわち政策金利の引き上げとFRBのバランスシートの圧縮が進行する中で浮上してきたのが、それがもたらすFRBの収益への影響という問題です。どの中央銀行もそうですが、FRBのバランスシートと収益構造（各地区連銀収支の統合バランスシート）は、ごく大雑把に言えば次のようになっており、準備への付利が行われる以前はかなりの利益を上げることができるようになっていました。この点はどの中央銀行についても言えることです。

資産負債の構造
　資産サイド―国債等債券
　負債サイド―金融機関預金（準備）・銀行券
損益の構造
　収入―保有国債等からの金利収入（額面×クーポンレート）
　支出―金融機関の準備に対して支払われる利子
　　その他必要経費等

問題は、金融正常化が進行し、金利が上昇するとともにバランスシートの圧縮が進捗した場合、FRBの収支がどうなるかということです。保有国債等について見れば、量の減少もさることながら、償還期が来てバランスシートから姿を消す国債等は高クーポン時代に買い入れたものが多いはずで、低クーポン物中心の資産構成になる結果、収入は次第に減少に向かうはずです。ちなみに、FRBについては（後に記す日本銀行も同様ですが）民間金融機関であれば財務内容を悪化させるはずの金利上昇に伴う含み損増加という問題はありません。保有債券等の評価が時価（fair value）ではなく、償却原価法（amortized cost）で行われるためです。このことについては、後に記す日本銀行の経理方法についての記述を参照してください（239ページ）。

図表6-5　FRBのバランスシートと収益状況

1. バランスシート(2022年末―単位：億ドル，括弧内前年末比増減)

資　産		負　債	
国債	57,292(▲1,881)	銀行券	22,589　(＋718)
MBS等	26,975　(＋123)	買戻条件付債券売却	28,895(＋7,065)
		金融機関預金	26,848(▲9,594)
		政府預金	4,466　(＋405)
		資本金	350　(―)
その他とも計	85,693(▲1,870)	その他とも計	85,693(▲1,870)

2. 収益状況(2022年暫定―単位：億ドル，括弧内前年比増減)

受取利息	1,701(＋475)
支払利息	1,023(＋966)
利息収支	677(▲490)
業務収益	587(▲490)
(参考―財務省納付金)	594(▲495)

出所：FRB

一方、準備への付利金利は政策金利の引き上げに伴って引き上げられていきますから、支払利子は嵩んでいき、収支は悪化の方向に向かいます。資産サイドの圧縮は負債サイドの圧縮を意味しますから、準備にかかる支払利子は減少していく筋合いにありますが、過渡期には収支赤字がしばらく続く可能性があります。現に、2023年1月に発表されたFRBの損益計算書(暫定)は、2022年中の収益が前年比大きく悪化したことを示しています(図表6-5)。

以下、やや細かい話になりますが、FRBによる国債・MBS等の買入は、ＦＯＭＣの指示に基づいてニューヨーク連銀が執行し、System Open Market Account: SOMAとして経理した上で、資本金等の規模に応じて地区連銀にそれぞれ割り振られます（そこからの利息収入はその地区連銀に帰属）。地区連銀の費用は、その地区の加盟金融機関の当座預金への付利金利とその他の経常費用であり、それが収入を上回れば赤字となります（ＦＲＢ全体としては収入超過でも、地区連銀のレベルでは赤字となるところがあり得る）。その場合には、その地区連銀の財務省への納付金はゼロという結果になります。赤字はdeferred assets（繰延資産）として資産処理され、後に利益が出たところで取り崩されます。

通貨に対する信認維持を責務とする中央銀行として、健全な財務内容（収支の黒字化・高水準の自己資本比率）の維持は絶対の条件であるという命題は一見疑問の余地がないように見えますが、理論的にそれを証明することは困難です。現代は、中央銀行が発行銀行券に対してどの程度の金準備を持っているかが重大問題であった金本位制の時代とはまったく異なり、通貨への信認は、中央銀行の財務内容ではなく、金融政策の運営全般に対する信認如何にかかっているからです。ＦＲＢは、現在赤字の状態にあることは認識しつつも、それが通貨の信認の動揺といった問題に発展するような性格のものではないという姿勢をとっており、ＦＯＭＣでもその問題をtake note（認識）しておくといった程度に止めています（そうした姿勢をサポートするＦＲＢのスタッフ・ペーパーとして次のようなメモ（notes）があります。“An Analysis of the Interest Rate Risk of the Federal Reserve's Balance Sheet". 2022. 7. 15)。183ページでも触れた暫定損益を発表した際にも、それが金融政策の運営に何ら影響を及ぼすものではない旨をわざわざ強調しています。

それでは、中央銀行の財務内容などは全く無視していいかと言うと、そうは言い切れません。メディアが極度に発達した現代社会において、影響力あるメディア人（今どきの言葉で言えば「インフルエンサー」）が発する言葉が世論に大きなインパクトを与え、予想外の結果をもたらす事例は後を絶ちません。そのことは中央銀行の財務内容についても言えることであって、インフルエンサーが中央銀行財務の悪化を殊更にはやし立てた結果、現実に通貨に対する信認が揺らぐという可能性は全く否定するわけにはいきません。こうしたことを考えると、中央銀行としては、そうした「フェイク・ニュース」がはびこる余地を極力なくしていく努力が求められます。具体的には、現在進行中の財務内容の悪化がどのような理由で生じたものであるかということ、そのことが、通貨の信認に影響を及ぼすような性格のものでは全くないということを丁寧に説明するという、広義の透明性の確保に努めるということに尽きるかと思われます。

第七章　ＥＣＢ（欧州中央銀行）とＢＯＥ（イングランド銀行）の政策運営

リーマン・ショックから今日に至るまでの欧州中央銀行（ＥＣＢ）とイングランド銀行（ＢＯＥ）の政策運営も、ＦＲＢのそれと大きく異なるところはありません。

１　ＥＣＢ

①政策金利の操作

政策金利は次の三つのセットになっており、変更時には原則として同じ幅で上下します。

Main Refinancing Operation: MRO—市場への資金供給金利（期間1週間）

Marginal Lending Facility: MLF—同右オーバーナイト金利（O/N）

Deposit Facility: DF—ＥＣＢに置かれた金融機関の当座預金のうち、法定準備及び決済用資金を除いた余剰資金への付利金利

２０２３年３月末現在の金利水準は、ＭＲＯ３・５０％、ＭＬＦ３・７５％、ＤＦ３・００％

となっています（２０２３年３月16日理事会決定）。ＤＦは、２０１４年６月にマイナス金利が付され（▲０・１％）、次第に「深掘り」されて一時▲０・５％に達しましたが、その辺が限界で、やがて２０２２年７月にプラス金利に戻って現在に至っています。マイナス金利政策には、海外資金の流入を妨げて自国為替相場高を是正するという隠れた動機があるとも言われています。

他の中央銀行同様、ＥＣＢも高騰する物価に対応して２０２２年９月以降政策金利を０・７５％ポイントという急ピッチで引き上げてきました（図表７-１参照）。２０２２年12月の理事会でも、引き続き０・７５％ポイントのペースでの引き上げを主張する声が強かったのですが、先行きの景気停滞の可能性を懸念して０・５０％ポイントの引き上げ幅に止めたという経緯があります。ただ、そこでは、「政策金利が引き締めの領域に達するまでは利上げの継続が必要である」というメッセージをつけることが条件となっており、インフレに対するＥＣＢの強い警戒感が窺われます。このフォワード・ガイダンスは翌２０２３年２月の理事会でそのとおり実行され（０・５０％ポイント引き上げ）、さらに３月の同幅引き上げとなりました。

②金融資産の買入

ＥＣＢは２０１４年央以降、Asset Purchase Program（APP）に基づいてＥＣＢ加盟諸国の国債・地方債・適格社債等を積極的に買い入れてきました（国債等の国別買入枠は、原則としてＥＣ

Bへの各国の出資割合に基づいて決められています）が、やがて新規の買入額を漸次減らしていき、2018年12月に買入を停止するとともに、期日が到来して償還される分を全額買い入れて残高を維持する方針に転じました。その後、2022年12月の理事会で、2023年2月までは これまで通り償還分を全額再投資して残高を維持する、その後同年6月末までの間は月150億ユーロのペースで再投資額を減額する、その後の削減ペースは状況を見定めて決定する、という方針が打ち出されて現在に至っています。ちなみに、国債等の国別買入枠は原則としてECBへの各国の出資割合に基づいて決められています。ただ、南欧諸国等で問題が起こった場合などには特別の配慮をする用意があります。

③フォワード・ガイダンス

他の中央銀行同様、ECBも、理事会決定声明文や専務理事の記者会見等で積極的にフォワード・ガイダンスを活用しています。最近の例については前ページで触れたとおりです。

④その他の措置

コロナ対応特別金融資産買入プログラム（Pandemic Emergency Purchase Program: PEPP）――少なくとも2024年末までは償還額を全額買い埋め。

金融機関の対顧客与信の長期低利リファイナンスプログラム（Targeted Longer-term Refinancing Operations: TLTRO）—２０１４年以来３次にわたり実施されている（現在はTLTRO III）。四半期に１回実行。与信期間３年。

ユーロ圏特定国市場の動揺に備えるプログラム（Transmission Protection Instrument: TPI—２０２２年６月新設）を継続。

ＥＣＢの金融政策運営に影を投げかけたのは、２０２２年頃から始まり、２０２３年３月に頂点に達したスイスの大手銀行クレディ・スイス（Credit Suisse—以下Credit）の経営悪化です。原因は異なるものの、たまたま前出の米国の金融機関の破綻（174ページ参照）と時を同じくして問題が表面化したことで国際金融界に緊張が走りました。２０２３年３月の政策金利引き上げは、ＥＣＢが、（この問題を注視しつつ、しかし）インフレ抑制の姿勢を変えなかったことを示しており、この点は前出のＦＲＢのスタンスに通ずるところがあります（図表7-1）。

Credit については、かねてから経営面の不手際や不祥事その他さまざまな問題が噴出しており、預金が大量に流出していましたが、新規の資本調達にも失敗し、3月には株価が急落するという事態となりました。3月15日、Swiss National Bank: SNB（スイス中銀）及びスイス金融市場監督当局は共同声明を発し、Credit が国際的に活動する大銀行（G-SIB）に適用される諸規制を充足していること、ＳＮＢは必要があればCreditに対し流動性を供給する用意がある旨を告げ、実際に５００億スイスフラン(SFr)という多額の資金を供給しました。これに対し、米財務長官とＦＲＢ議長はＳＮＢの措置を歓迎する声明を発表しています(３月15日)。なお、Ｆ

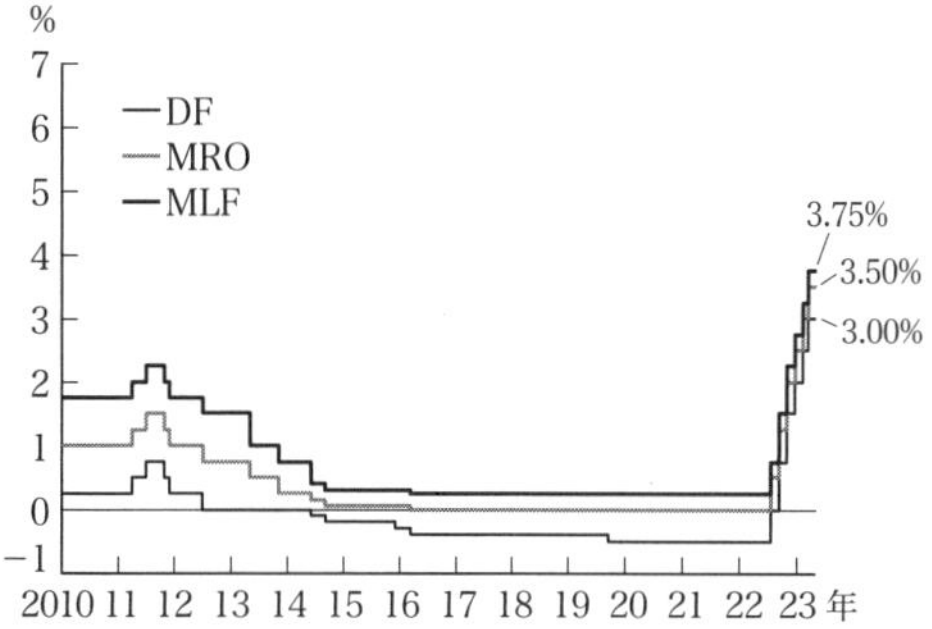

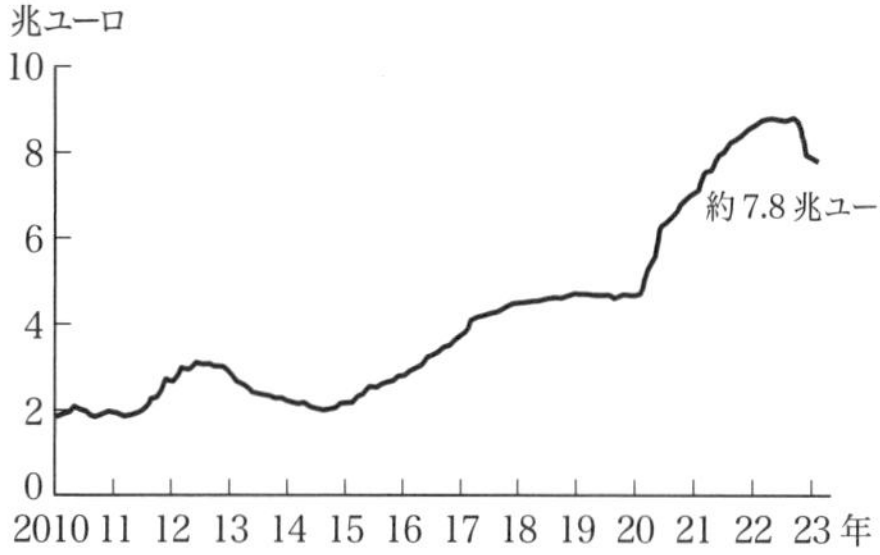

出所：ECB，2023年3月末現在

図表7-1 ECBの政策金利の推移(上)と同資産規模の推移(下)

ＲＢのイニシャチブで、主要中央銀行間スワップ・ネットワーク（133ページ参照）の利用を促進し、国際金融市場でドル決済に支障が起こらないようにとの手立てを整えています。３月19日には、ＳＮＢの肝いり（背後にスイス大統領が動く）で、ライバル行の大手（Union Bank of Switzerland: UBS）がCreditを買収することで合意しました（30億SFrの株式交換方式―3月17日のCreditの時価総額は74億SFrであって、半分以下の大幅なディスカウントになりますが、Creditの株主は全損は免れることになります）。ＳＮＢはＵＢＳに対し、資金繰りのために１０００億SFrを供給して側面からこれを支援しています。

事のついでに、右に記したG-SIBないしはバーゼル協定について一言しておきます。これは、主要銀行監督当局が集う金融安定理事会の下で、バーゼル銀行監督委員会が定める、国際的に活動する金融機関（Global Systematically Important Banks）に適用される諸規制を指します。バーゼル協定は、２０１０年に作業が完了、２０１７年に各国間で合意が成立し、その後数年の移行期間を経て漸次適用されたもので、クリアすべき自己資本比率（Capital Ratio）は、国内活動を主とする銀行は４％以上、国際的な活動を行う銀行は８％以上とされており、後者のうち、特に大規模な業務を展開する銀行（G-SIF）に対しては追加的な比率が義務付けられています。自己資本比率規制の他には、流動性規制（Liquidity Coverage Ratio: LCR）、安定調達比率規制（Net Stable Funding Ratio: NSFR）等があります。自己資本比率の分母は、リスクでウエイト付けられた各資産、分子はTier I（基本項目）、Tier II（補完項目）、Tier III（準補完項目）の合計です。

問題は、Creditが発行しているＡＴ１（Additional Tier-1）債券の扱いです。ＡＴ１は債券ですが、自己資本規制上資本金に準じた扱いとなっています（Tier-1に組み入れ可能）。ただ、破綻に際しては普通の債券より弁済順位が低く、経営困難時には強制的に元本削減ないしは株式転換が求められる可能性があり、そのために金利が高く、投資対象として好まれています（米国では自己資本充足手段として優先株を主体としていますが、欧州ではＡＴ１債発行が好まれています）。銀行破綻時にＡＴ１が無価値になるようなことになれば、ＡＴ１の市場価格に、ひいてはこれを大量に保有する金融機関の経営問題に発展しかねず、また、Creditの株主が全損を免れることとの対比も問題で、今後格別の注意をもって見ていく必要があります。

2　ＢＯＥ

①政策金利の操作

ＢＯＥは、金融機関当座預金への付利金利をもって政策金利（Bank Rate）としています。他の中央銀行同様、ＢＯＥも昨年来の急速な物価上昇に対応して急ピッチで金利を引き上げてきました（図表7-2）。

②金融資産（国債・民間社債等）の買入

BOEの金融資産買入制度の特徴は、本体の他に別組織（Asset Purchase Facility: APF）を設けてこれに買い取りを行わせ、本体が必要資金を貸し出すという間接的な体制をとっていることで、

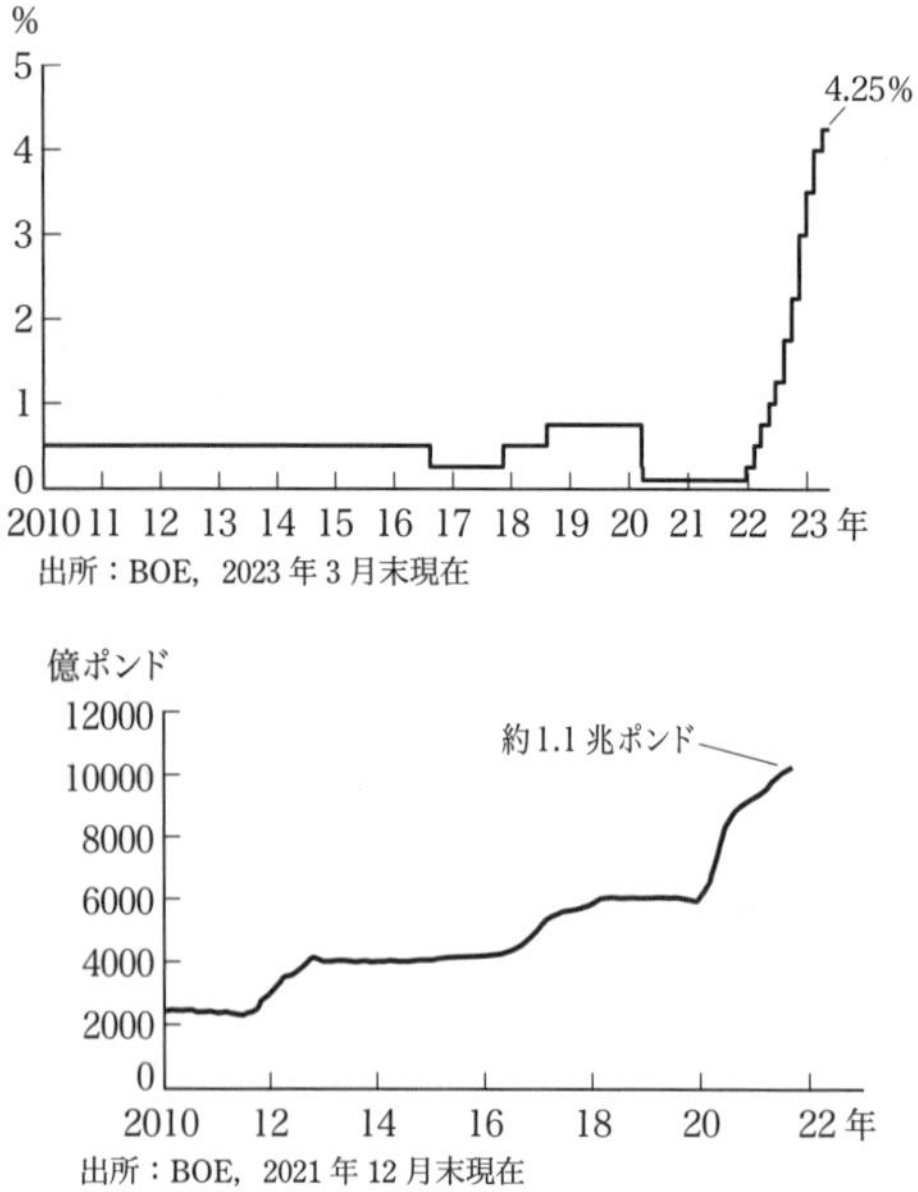

図表 7-2 BOE の政策金利（Bank Rate）の推移（上）と同資産規模の推移（下）

この点が他の中央銀行と異なります（２００９年創設）。したがって、本体のバランスシートにはこの組織に対する貸出のみが記録され、買い入れた国債等は姿を見せていません（表参照―２０２２年２月末現在、単位：億ポンド）。

ＡＰＦには保有残高上限が設けられていますが、買入枠は漸次引き上げられて、ピーク時には国債８７５０億ポンド、社債等２００億ポンド、合計８９５０億ポンドとなりましたが、実際の買入額もそれに近いところにまで達してしばらくその状態が続きました。ＦＲＢとの違いは、買入資産に民間企業発行の債券を含めているところですが、この点は日本銀行に通ずるところがあります（ただ、日本銀行は買入のための別組織は設けず、本体で買い入れています）。

２０２２年２月、相次ぐ政策金利の引き上げと並行して、それまで上限に達していた保有証券残高についてもこれを漸減する方針が打ち出されました。いわゆる"tapering"の開始です。具体的には、２０２１年12月に、償還分を買い埋めて残高を維持していたこれまでの方針を変更し、償

BOEのバランスシート
（2021年12月末，億ポンド）

資　産	
貸出	
対金融機関等	1,938
対APF	8,949
債券等	169
その他とも計	11,424

Asset Purchase Facilityのバランスシート
（2022年2月末，億ポンド）

資　産		負　債	
債券等	8,661	借入	8,952
その他とも計	8,952		8,952

出所：BOE

還分が残高に反映されるようにすること、併せて市場での売却をも考慮すること、とされました。そして、遅くとも２０２３年末までには保有残高をゼロにするという方針が示され、２０２２年9月には具体的な資産圧縮額が決まりました(保有債券を今後12カ月間に８００億ポンド減額し、７５８０億ポンドとする。社債の売却は9月27日から、国債の売却は10月6日から実施する)。市場へのインパクトを考えて市中売却はできるだけ避けようとするＦＲＢの姿勢と比べると、ＢＯＥの保有残高圧縮意欲がきわめて強いことが窺われますが、結果的にはそれが裏目に出て、逆に国債の買入を余儀なくされるという事態になりました。その前後の事情については別掲コラム及び図表7-3をご覧下さい…２０２２年9月28日から10月14日までに市場で買い入れた国債は１９３億ポンド(固定金利１２１億ポンド、指数連動金利72億ポンド)に達しましたが、その分は、市場の混乱が収まった２０２３年1月に全額を市場で売却しており、元の状態に戻っています。２０２３年3月22日現在の保有残高は、国債８１８０億ポンド、社債等77億ポンドの計８２６０億ポンド、ピーク比約６７０億ポンドの減少となっています。

コラム●他山の石

名言・格言の類いであっても、時が過ぎるにつれてその意味が変わり、全く別のこととして受け止められるというケースは数多い。古代中国の詩経に由来するこの言葉は、本来、「他人の愚行・失策は自分が向上する助けになる」との意味であるが、最近ではそれが、「他人の善行は自分の手本になる」と理解している人が多いとのことである。

そのことはともかく、2022年9月末から10月にかけて新聞等を賑わせた「他山の石」についてはー言しておく必要がある。英国の政界を揺るがせた、例のトラス政権の失態である。

BOEは、押し寄せるインフレの波を抑えるべく、2021年末から連続して政策金利(Bank Rate)を引き上げると同時に、これまで買い入れてきた国債や社債の保有残高の圧縮を開始する姿勢を整えてきた。圧縮に際しては、償還期到来分の再投資停止という、FRBやECBなどが採用している通常の方法に加えて、市中売却という、いわば果敢な手法を併用することとした。このことからも、インフレ抑制にかけるBOEの並々ならぬ決意を読み取ることができる。売却は9月末から10月初めにかけて行われる予定であった。

一方、時を同じくしてトラス政権は、財源について確たる見込みのないままに、巨額のエネルギー価格高騰対策・景気拡大策のパッケージを発表した。金融当局の強い抑制姿勢と、財政当局の大盤振る舞いというこの政策コンビネーションを突き付けられた金融・為替市場は大混乱となり(長期金利急騰・英ポンド暴落)、格付け機関では、英国債の格付け見直しに踏み切る向きも見られた。このためBOEは、予定されていた国債の売却を見送

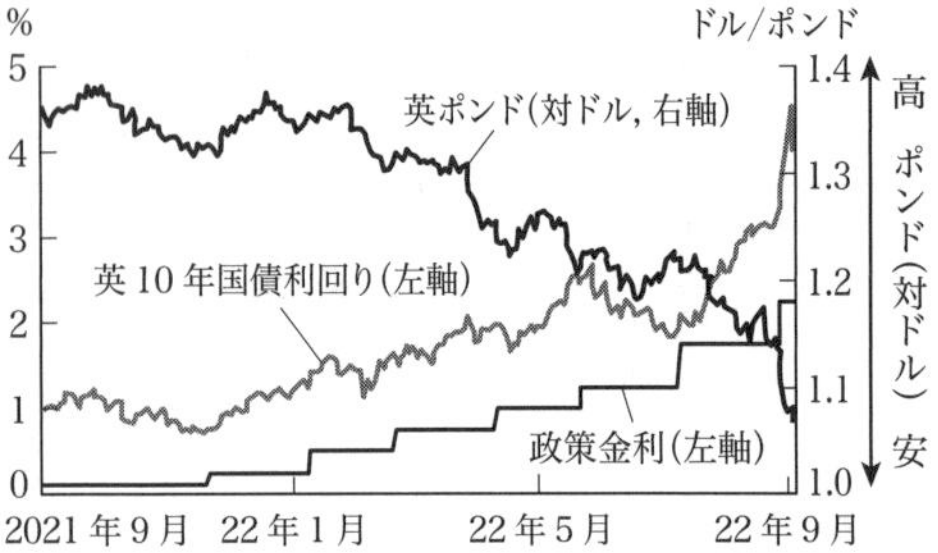

出所：Bloomberg

図表 7-3 トラス・ショック時の市場の反応

るどころか、臨時異例の措置として逆に中長期国債の買い入れを行わざるを得なくなった(図表7-3)。

BOEの無念は、この時に発出された市場通告「財政面からの景気刺激については、それが、経済および財政状況に及ぼす影響に十分注意を払っているものと理解する」という文言によく表れている。受け取りようによっては政府に対する痛烈な皮肉である。この、史上あまり例のない fiasco(大失態)の結末は皆の知る通りである。トラス内閣は崩壊し、史上最短の政府として歴史にその名を遺《のこ》した。

この「事件」が我が国にもたらした教訓とは何か。それが、「他山の石」がメディアを賑わした理由である。まさか「他人の善行に学ぶ」ということではあるまい。CPIの跳ね上がりが懸念される中で、膨大な政府債務残高を抱えたまままさらに拡張的・景気刺激的対策を積み上げようとしている岸田政権と、黒田日銀が死守する超緩和的金融政策の継続は果たして最善のコンビネーションか。答えはやがて市場が出すであろう。

(2022年12月記)

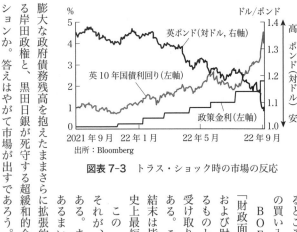

第八章　日本銀行の政策運営

1　前史

　1945年夏に終わった第二次大戦後の日本経済の足取りを振り返ってみると、1950年代後半の戦後復興期とそれに続く高度成長期（1970年代の初め頃まで）は、例外的な時期はあったものの、基本的に総需要が総供給ないしは潜在成長力を上回る、いわゆる「高圧経済」の時代であったということができます。こうした状況下ではどうしてもインフレが起きやすく、当時の日本銀行の最大の関心事は、どのようにすれば物価の上昇を抑えることができるかということでした。もう一つの課題は「国際収支の天井」問題、すなわち、いかにして経常収支の悪化をくい止め、乏しい外貨準備の枯渇を防ぐか（経常収支の悪化により下落する円相場を、ドル（外貨準備）売り円買い介入によって一定の水準（平価─当初1ドル＝360円、後に1ドル＝308円に変更）に維持しようとしたため（平価の維持は当時の国際的なコミットメント））ということでした。

こうしたことから、金融政策の重点は自ずから引き締めに置かれることになったのですが、そのために、日銀と、選挙を意識して何はともあれ緩和を望む政権との間で軋轢が生じがちであって、新聞ダネになるような出来事もしばしば起こりました。「日本銀行の独立性はどこへ」といった文字が新聞紙上を賑わすことも少なくなかった時代です。金融政策の舵取りにあたる歴代総裁は、例外なく政権との間合いのとり方に腐心し、文字通り心身をすり減らすといった光景も珍しくありませんでした。

このような環境下で育った日銀マンのマインドセットがどのようなものであったかは容易に想像できるところであって、内部では、「金融引き締めは善、緩和は悪」といった雰囲気が支配的であったと言っても過言ではありません。その意味で、資産価格バブル発生の遠因となったプラザ合意後の行き過ぎた金融緩和は、米国からの強い圧力があったためとはいえ、苦い思い出となって残っています。ちなみにプラザ合意とは、1985年9月、財政・貿易両面の双子の赤字に悩む米国の強い働きかけによって、先進5カ国蔵相・中央銀行総裁がニューヨークのプラザホテルに集まり、為替市場への協調介入と、国内財政金融政策の調整(米国は財政緊縮と金融引締め、日本を含む各国は財政拡大と金融緩和)を行うことによって米ドル高の是正に努めることに合意したことを指します。

当時の日銀の政策担当者の側から言えば、この間消費者物価指数は比較的落ち着いた足取りを辿っていたのであって、そうした状況下で引き締めに転ずることは到底無理であった、ということなのですが、このことは、バブルと一般物価の双方を適切にコントロールすることが如何に難しいかを物語っています。

その後、バブル崩壊(1980年代末～1990年代初)後の「失われた10年」とも言われる長い停滞期を経て、度重なる緩和政策の結果、金利がほぼゼロの状態になったところで、日本銀行は、これからどのように政策運営を行っていけばいいかという問題に直面することになりました。当時、こうした課題を突き付けられた中央銀行は他には見当らず、その意味で、以下に記した速水・福井総裁の時代は、非伝統的金融政策の創世紀ともいうべき時期にあたります。この頃内部でどのような議論があったかを知るためには、植田和男著『ゼロ金利との闘い――日銀の金融政策を総括する』(2005)が参考になります。当時は学界においても議論が十分に熟していたとは言い難い状況にあったことが窺《うかが》われます。

2　速水総裁(1998～2003)・福井総裁(2003～2008)の時代

日本銀行が非伝統的金融政策のパイオニアの役割を務めざるを得なくなった遠因は、先にも触れたように1980年代央から始まった株価と不動産価格のスパイラル的上昇とその崩壊にあります。関係者すべてが、価格の上昇が永続すると信じて行動する典型的なバブル現象(期待の循環)ですが、バブルの常で、破裂して初めてそれと知ることになります。

いわゆる「平成バブル」の崩壊は、企業、とりわけ金融機関の財務内容に大きな影響を与え、その活動を委縮させたのみならず、それらの多くを破綻に追い込みました。金融機関の経営悪化が、金融システム全体、ひいては経済全般の動揺につながることを恐れた政府は、金融機関への公的資金の投入(資本基盤強化)を含む様々な措置を講じました(この時期の極度に緊迫した状況は中曽(2022)において活写されています)。日本銀行も政策金利(コールレート)を次々と引き下げていき、ついに実質ゼロ(effective lower bound: ELB)に達したところでその水準を維持することを決定しました(操作目標は引き続きコールレート)。これが、いわゆる「ゼロ金利政策」(1999年2月〜2000年8月)です。コールレートとは、金融機関の間で行われるごく短期(主としてオーバーナイト)の資金—具体的には日本銀行に置かれた金融機関預金(準備)—の貸借金利を指します。FRBのフェデラル・ファンド(FF)金利もこの類です。日本銀行は1984年にコールレートを短期金融市場調節のための操作目標として発表し始めました。

こうした政策の枠組みを何時まで維持するのかについては、「デフレ懸念の払拭が展望されるまで」ということにされました。いわゆるフォワード・ガイダンス(当時は「時間軸効果」などと呼ばれました)が行われたことになります。しかしながら、この条件についてはかねてから表現が極めて曖昧で恣意的であるという批判がありました。その懸念は2000年8月の政策委員会において現実のものとなります。すなわち、今やデフレ懸念の払拭が展望されるに至ったとして、コールレートをゼロ%から0・25%に引き上げるべきだとする執行部提案に対し、政府サイドは、未だそういう状況にないとして議決延期請求を行った(根拠—日銀法第19条第2項)という「事件」です。これに対して政策委員会は、多数でこれを否決し(根拠—同条第3項)、ゼロ金利解除に踏み切りました。ちなみに、植田委員(当時)はこの時、解除は時期尚早として反対票を投じています。

これに対して、2001年3月から2006年3月までの5年間にわたる、いわゆる「量的緩和政策」においては、①操作目標をそれまでのコールレートから日銀当座預金残高に変更し、これを積み増して潤沢な資金供給を行う、②そうした政策の枠組みを「消費者物価指数の前年比上昇率が安定的にゼロ以上」になるまで継続する、とされました(図表8-1)。今どきの言葉で言えば、金利機能の活用が期待できない実質ゼロ金利時代(ELB)となったため、金融機関保有の各種の証券を積極的に買い入れてマネタリーベースを積み増し、物価と経済活動の活性化を図るとともに、そうした政策がどれだけの期間続くかについてのフォワード・ガイダンスをより明確化した、ということになります。日銀当座預金の目標残高は当初10〜15兆円とされましたが、次第に引き上げられて、ピーク時には30〜35兆円に達しました。当時の法定準備高が約4兆円でしたから、相当な規模の積み増しということになります。ただ、後の量的・質的緩和時代とは異なり、この時代には長期国債を大量に買い入れるというようなことはなかったために、長期にわたって高水準のマネタリーベースが積み上がった状態が続くというようなことにはなりませんでした（数年内に漸次償還期が到来して残高が減少に向かう）。

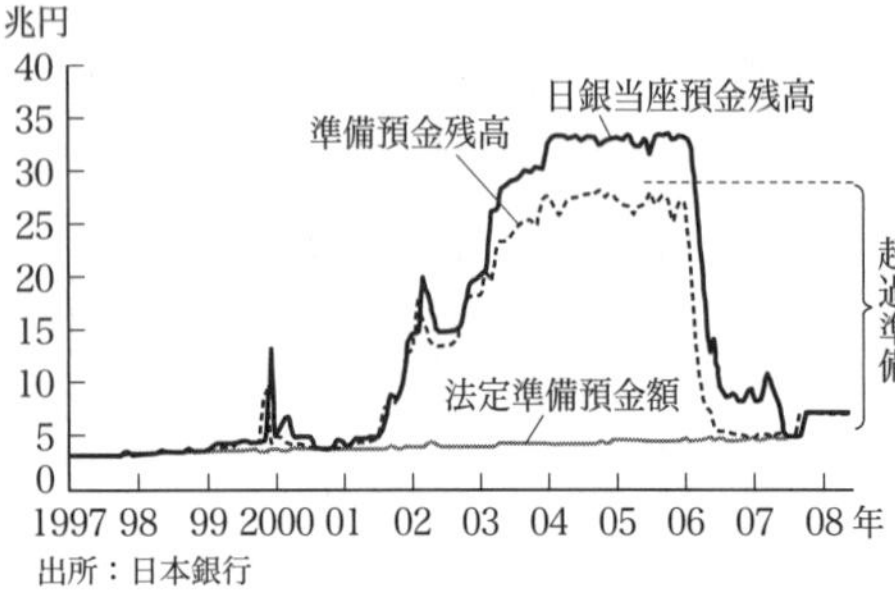

出所：日本銀行

図表 8-1　速水・福井総裁時代の量的緩和政策の推移

　この政策を何時まで続けるかについてのフォワード・ガイダンス（「安定的にゼロ％以上」）は、ゼロ金利時代と比べるとある程度明確化されたと言えます。それでも、数値目標が明示されていないということでインフレターゲット論者からは批判を受けたのですが、日銀はそれに対して強く抵抗しました。その理由は、一旦数値を掲げると、それが独り歩きしてその後の政策運営の自由度を妨げる恐れがあるということだったのですが、後に見るように、この問題は2013年1月に再燃します（212ページ）。

　ゼロ金利にせよ量的緩和にせよ、政策運営上最大の争点となったのは、それらを何時、どのような形で終わらせるかという、いわゆる「出口」問題でした。ゼロ金利時代に比べれば明確化されたと言える量的緩和時代についても、「出口」においてタイミングを誤り、性急に引き締めに転じた、それがその後の長引くデフレの原因になったという批判は絶えません（学界でもそうした声がありました）。先にも触れた日銀マンの伝統的なマインドセットがそうさせたのだ、という声が広く聞かれたのですが、この問題は後々まで尾を引くことになります。出口において当座預金残高を圧縮していく過程では、短期金融市場が不安定化して金利が急騰しかねず、それを防ぐために苦労した話がいろいろ伝わっていますが、FRBもこの問題に悩まされたことについては既に見てきたとおりです。なお、金融市場調節上の操作目標は、2006年3月に日銀当座預金から再びコールレート（無担保O/N）に戻りました。

3　白川総裁（2008〜2013）の時代

世上、2013年4月の黒田総裁の登場によって、それまでの正統的金融政策が非伝統的政策へと一気に大転換を遂げた、というような理解が広まっていますが、実態は大分異なります。手探り状態であったゼロ金利時代とは異なり、この頃になると学界での議論も深まっており、欧米では既に量的緩和政策が始まっていました。その点では既に経験のある日本銀行においても、それらを生かした政策運営が始まっていたのであって、一部の人が言うように、日銀が最新の理論に疎かったために緩和が遅れた、などということは全く的外れの批判です。

白川総裁時代の量的緩和政策の始まりは、2010年10月に発表された「包括的金融緩和政策」です。その内容は、①政策金利（操作目標）であるコールレートを0・00〜0・10％で推移するよう促すとともに、②「金融資産買入等基金」を設けて、長期国債を含む多様な金融資産を市場から買い入れる、というものでした。それに伴って、これまで日銀を縛っていた自主規制である「銀行券ルール」（長期国債の保有残高を銀行券発行残高の範囲内に抑える）は、この基金が保有する長期国債については適用しないことにしました。買い入れる資産の中身は、長・短期国債の他に、企業が発行する社債、CP、ETF、J-REITといった民間部門の債権債務にまで広がりました（CP（commercial paper）―企業・金融機関が発行する一種の短期社債。ETF（exchange traded funds）―指数連動型上場投資信託（裏付けは上場株式の各種のパッケージ）。REIT（real estate investment trust）―不動産投資信託（裏付けは土地建物等の不動産）。なお、「金融資産買入等基金」と「等」がついているのは、右に掲げたような各種の金融資産を買い入れる他に、この基金を通じて、固定金利で、ある程度長期の資金を供給するオペレーションをも行うことになっているためです）。

このように、白川総裁時代の量的緩和政策は、さまざまな金融資産を買い入れるという点では黒田総裁時代と基本的に大きな違いはありません。買入枠も徐々に引き上げられて、最終的には相当の規模に達しています。ただ、いわゆる「副作用」、とりわけインフレやバブルの発生に対する懸念や、金融システム不安定化のリスクが常に念頭にあり、そのために、緩和の足取りが自然慎重なものとならざるを得なかったことは事実です。量的緩和政策を、日本銀行の通常業務とは切り離して特別の「基金」を作り、その基金の任務としたこと（ＢＯＥがAsset Purchase Facilityという本体とは別の組織を設けている（195ページ参照）のに対し、日銀の「基金」は通常のバランスシート内部に設けられた経理上の区分です）、基金のオペレーション自体は、いわゆる「銀行券ルール」の適用外とされたものの、ルールそのものは依然として維持されたこと、政策運営の硬直化を懸念して、インフレターゲットとして数値を掲げることまでには踏み切らなかったこと等を取り上げて、日本銀行はデフレ脱却に熱心ではないという批判が高まりました。実際のところは、バランスシートの対ＧＤＰ比という点で、日本銀行は欧米中銀に比して決して引けを取るようなものではなかったのですが、このあたりは政策の打ち出し方―コミュニケーション戦略の巧拙―が響いたのかもしれません。

白川総裁時代の日本銀行にとって不幸だったのは、金融政策が激しい政争の具になったことでした。当時の日本経済は、２００８年のリーマン・ショックや、２０１１年の東日本大震災の後遺症から立ち直ったとは言えず、低成長、低賃金、高失業率、円相場の高騰といった問題が山積していました。当時の政権党であった民主党は内部でトラブルが絶えず、国民の間には

2011年	3月	東日本大震災対応の緊急措置．金融市場に潤沢に資金を供給，金融資産買入等基金を増額(35兆円程度→40兆円程度)． 政府は欧米諸国とともに協調介入を実施．
	4月	被災地金融機関支援オペを導入．
	8月	政府は円高の進行に対して，為替介入を実施．日銀は金融資産買入等基金を増額(40兆円程度→50兆円程度)．
	10月	金融資産買入等基金を増額(50兆円程度→55兆円程度)． 政府による為替市場介入．
2012年	2月	「中長期的な物価安定の目途」を設定(「消費者物価指数の前年比で2% 以下のプラスの領域にあり，中心は1%」という従来の表現は変えないが，これまでの委員各自がもっている「理解」を日本銀行が金融政策運営においてめざす「目途」に変更)． 金融資産買入等基金を増額(55兆円程度→65兆円程度)．
	4月	金融資産買入等基金を増額(65兆円程度→70兆円程度)．
	9月	金融資産買入等基金を増額(70兆円程度→80兆円程度)．
	10月	金融資産買入等基金を増額(80兆円程度→91兆円程度)． 政府・日銀共同声明の発表(共同してデフレ脱却に向けての取り組みを強化する)．
	12月	貸出支援基金の創設，(「成長基盤強化支援」のための資金供給に加えて，「貸出増加支援」のための資金供給を導入)． 金融資産買入等基金を増額(91兆円程度→101兆円程度)．
2013年	1月	新たな政府・日銀共同声明の発表． 「物価安定の目標」を導入(消費者物価上昇率前年比2%)． 金融資産買入等基金に関して，現行方式での買い入れ終了後の買い入れ方式の変更(2014年初から，期限を定めず毎月一定額の金融資産を買い入れる方式を導入．当面は長期国債2兆円を含む13兆円程度の買い入れを行う)．これらの金融緩和措置を，それぞれ必要と判断される時点まで継続する旨を宣言．
	3月	退任．

出所：日本銀行

白川総裁時代の金融政策措置

緊急時対応のための措置——リーマンショック後の金融システム安定化策

2008年　4月　就任.

2008年末〜2009年末.

CP・ABCP・社債買い切りオペ，オペ適格担保範囲拡大，銀行保有株式買い入れ，米ドル資金供給オペ，企業金融支援特別オペ，金融機関向け劣後特約付き貸付，国債補完供給制度の拡充，長期国債買い入れ額引き上げ(年14.4兆円から16.8兆円へ)，買い入れ対象となる国債の範囲を拡大，中銀間通貨スワップ取極締結．CP現先オペの積極活用，年末・年度末越え資金の潤沢な供給.

デフレ対応を主目的とする措置

2008年10月　政策金利を0.3%前後で推移するよううながす(2007年2月以降0.5%).
「補完当座預金制度」の導入(超過準備に付利．現在0.1%).

12月　政策金利を0.1%前後で推移するよううながす.

2009年　3月　長期国債買い切りオペ額を年16.8兆円(月1.4兆円)から年21.6兆円(月1.8兆円)へ引き上げ.

12月　3カ月もの固定金利オペを導入.
「中長期的な物価安定の理解の明確化」の発表(物価上昇率に関して，ゼロ%以下のマイナスの値は許容していないこと，物価安定の理解の中心は1%程度であることを明確化).

2010年　6月　「成長基盤強化支援」のための資金供給(当初残高上限3兆円，その後漸次拡大し，現在の残高上限は約5.5兆円，2013年6月末の実施残高は約3.8兆円).

8月　6カ月もの固定金利オペの導入.

9月　政府による為替市場介入(6年半ぶり).

10月　「包括的金融緩和策」の発表.
——政策金利を0〜0.1%程度で推移するよううながす(従来は0.1%前後).
——物価の安定が展望できる情勢になったと判断されるまで，実質ゼロ金利政策を継続する旨を宣言.
——「金融資産買入等基金」の創設(当初35兆円程度).

閉塞感が深まっていました。こうした時期に、経済面の諸問題をすべてひっくるめて「デフレ」と断じ、その原因をすべて日本銀行の政策運営に帰して、レジームチェンジを呼びかけるという戦略…「デフレは銀行券をどんどん刷れば克服できるのに、それをしない日本銀行は何をしているのだ…」は、今で言えばフェイク・ニュースを利用した大衆煽動とも言えるものでしたが、国民感情に訴えるところがあったことは否めません。加えて、冷静な議論が求められる学界の一部でも、理論的に疑問符のつく発言（とりわけ、亜流マネタリズムに根差した）が相次ぎました。こうした時流に乗って一旗揚げようという、いわゆる「経済評論家」達の乱入も事態を悪化させました。このように見てくると、白川総裁はまことについていなかったと言わざるを得ません。かつてブラインダー氏（グリーンスパン議長時代の副議長）は、グリーンスパン議長（バーナンキ議長の前任で、その政策運営は神業（マエストロ）とも言われた。在任期間は19年に及ぶ（1987〜2006））の名人芸的政策運営ぶりについて、「能力半分、ツキが半分」と言ったと伝えられていますが、まことに身に染みる言葉です。

よく知られているように、白川総裁時代から黒田総裁時代への切り替えを画したのは、2013年1月の「政府・日銀共同声明」（いわゆる「アコード」）でした。共同声明発出に至る両者間の複雑微妙な駆け引きについては既に多くの証言があるためにここでは省略しますが、実は、これに先立つ2012年10月に、政府（当時民主党野田政権）と日銀の共同文書「デフレ脱却に向けた取組について」が公表されています。そこでは、物価安定の「目途」ということで、「消費者物価指数の前年比2％以下のプラスの領域で中心が1％程度」という数値が示されており、日銀は、その実現が見通せるようになるまで「実質的なゼロ金利政策と金融資産の買入等の措置により、強力に金融緩和を促進していく」という文言が記されています。その意味で2013年1月のアコードが全くの新機軸であったわけではないのですが、その打ち出し方（コミュニケーション戦略）には大きな違いがありました（図表8－2）。

ここで「アコード」（accord）という言葉が出てきましたが、本来の意味での「アコード」とは全く異なることに注意してください。FRBは第二次大戦中、国債の発行コストを抑えることを目的として、国債の買い手となってその価格を支えて（金利を低位に抑えて）きました。つまり、戦時という非常事態の下で、金利を経由した金融政策の運営を放棄してきたことになります。アコードとは、そうした慣行を停止することについての財務省との間の合意（1951年）を指します。なお、政府と中央銀行との間で合意文書を交わすもう一つの例としてはカナダがあります。最新の共同文書（Joint Statement―5年に一度更改。最近時は2021年12月）では、カナダ銀行は物価（CPI）を1～3％のレンジで、中期的にみて年平均2％程度を実現することを目指す、という柔軟な態度をとっており（flexible inflation targeting）、同時に雇用の最大化を支援する、としています。特に留意すべき点は、合意文書が、金融政策ができることには限界があるということ、インフレの抑制と雇用の最大化の促進は政府とカナダ銀行の「共同責任」であること、を明言していることです。

政府・日銀共同声明（平成25年1月22日）のポイントは以下のように要約されますが、昨今、その後の状況の変化に鑑み、この「アコード」を改訂すべきか否かの議論がありますので、念のため別途全文を掲げておきます。

政府・日銀共同声明のポイント

①政府日銀間の連携を強化する。

②日銀は物価安定の目標を消費者物価前年比上昇率で2％とする。

③日銀は物価安定目標の下で金融緩和を促進し、これをできるだけ早期に実現することを目指ざす。

④政府は機動的なマクロ経済政策運営に努め、持続可能な財政構造を確立するための取り組みを推進する。

ここで特筆すべきことは、物価安定の「目標」として2％という数値（インフレターゲッ

の推移

2013 年 1 月 22 日
2014 年以降，以下の内容で資産買入を行う
2014 年中に基金残高は 10 兆円程度増加し，その後残高を維持 毎月 2 兆円程度 毎月 10 兆円程度 2013 年末の残高を維持
25 兆円程度の残高を維持
期限を定めず

図表8-2　金融資産買入等基金

	2010年10月5日	2012年12月20日	2012年12月末買入残高
総　　額	35兆円程度	101兆円程度	67.1
資産の買入	5.0	76.0	40.2
長期国債	1.5	44.0	24.1
国庫短期証券	2.0	24.5	9.6
CP等	0.5	2.2	2.1
社債等	0.5	3.2	2.9
ETF	0.45	2.1	1.5
J-REIT	0.05	0.13	0.11
固定金利オペ	30.0	25.0	26.9
増額完了の目途	2011年12月末	2013年12月末	

出所：日本銀行

ト)が明示されたことです。このことは、数値目標が設定された以上はそれを実現するまで緩和政策を続ける、と約束したに等しく、その意味ではフォワード・ガイダンスの一変形とみることもできます(83ページ参照)。目標の独り歩きによって政策運営の自由度が失われることを恐れる日本銀行は、この問題についてきわめて慎重な姿勢をとってきましたが、紆余曲折を経てついにそれを受け入れた、ということです。数値の設定が日銀を自縄自縛に陥らせる、というかねてから指摘されていた問題は、その後も長く尾を引くことになります。

　この問題について若干歴史を振り返ってみると、かつて日銀は、物価の安定を、「インフレでもデフレでもない状態」などと言って

デフレ脱却と持続的な経済成長の実現のための政府・日本銀行の政策連携について(共同声明)

1．デフレからの早期脱却と物価安定の下での持続的な経済成長の実現に向け，以下のとおり，政府及び日本銀行の政策連携を強化し，一体となって取り組む．

2．日本銀行は，物価の安定を図ることを通じて国民経済の健全な発展に資することを理念として金融政策を運営するとともに，金融システムの安定確保を図る責務を負っている．その際，物価は短期的には様々な要因から影響を受けることを踏まえ，持続可能な物価の安定の実現を目指している．

日本銀行は，今後，日本経済の競争力と成長力の強化に向けた幅広い主体の取組の進展に伴い持続可能な物価の安定と整合的な物価上昇率が高まっていくと認識している．この認識に立って，日本銀行は，物価安定の目標を消費者物価の前年比上昇率で2% とする．

日本銀行は，上記の物価安定の目標の下，金融緩和を推進し，これをできるだけ早期に実現することを目指す．その際，日本銀行は，金融政策の効果波及には相応の時間を要することを踏まえ，金融面での不均衡の蓄積を含めたリスク要因を点検し，経済の持続的な成長を確保する観点から，問題が生じていないかどうかを確認していく．

3．政府は，我が国経済の再生のため，機動的なマクロ経済政策運営に努めるとともに，日本経済再生本部の下，革新的研究開発への集中投入，イノベーション基盤の強化，大胆な規制・制度改革，税制の活用など思い切った政策を総動員し，経済構造の変革を図るなど，日本経済の競争力と成長力の強化に向けた取組を具体化し，これを強力に推進する．

また，政府は，日本銀行との連携強化にあたり，財政運営に対する信認を確保する観点から，持続可能な財政構造を確立するための取組を着実に推進する．

4．経済財政諮問会議は，金融政策を含むマクロ経済政策運営の状況，その下での物価安定の目標に照らした物価の現状と今後の見通し，雇用情勢を含む経済・財政状況，経済構造改革の取組状況などについて，定期的に検証を行うものとする．

いました。しかし、「それでは何も言っていないに等しいではないか」という批判を受けて、2006年3月に、「中長期的に見て実現可能な物価の安定について、政策委員会審議委員個々人の理解を示す」という形を選択しました。2009年4月時点での「理解」は、「消費者物価指数でみた場合の前年比0〜2%程度で、中心値は大勢1%」とされましたが、同年12月には、「2%以下のプラスの領域にあって、中心値は大勢1%程度」ということになりました。さらに2012年2月には、これを、個々の審議委員の「理解」ではなく、政策委員会が全体として持っている物価安定の「目途」という扱いにしました(この表現の変更を巡って政策委員会でどのような会話が交わされたか(「目途」か「目処」か、読み方は「めど」か「もくと」か、英訳は「target」か「goal」か、それとも「aim」か…)は、2022年7月末に公表された議事録で知ることができます。ちなみに、2013年1月の委員会議事録(「2%目標」の設定)の公表は2023年7月となります)。民主党政権当時の共同文書にある文言はこれを指します。この「目途」は、2013年1月に、よりわかりやすいからという理由で「目標」(target)という表現に変更されましたが、実は、既に内々合意され発表を待つばかりになっていた前掲の「政府・日銀共同声明」の文言が念頭にあってのことと理解できます。

物価目標2%を掲げることの問題点、とりわけその硬直性・自縄自縛的性格は、その後の政策運営の過程で次第に明確になってきましたが、その意味で、この問題についての当初の日本銀行の慎重な姿勢は改めて評価されるべきであると考えます。

4　黒田総裁（２０１３～２０２３）の時代

※巻末の資料（２）「黒田総裁下における量的・質的金融緩和政策の軌跡」を参照

２０１３年４月にスタートした黒田総裁の「量的・質的金融緩和政策」、いわゆる「クロダノミクス」についてはすでに様々な場で論評され尽くした感がありますので、ここで屋上屋を重ねることは避け、ごく重要な政策措置について時間を追って略述した上で、最後に全般的な総括を試みることにします。繰り返しになりますが、量的・質的金融緩和政策への方向転換は黒田総裁一人が決めたのでなく、政策委員会を形成する審議委員の総意で決定されたものです。白川総裁時代にその政策運営方針に賛成票を投じていた委員が、それとは全く異なるレジームの開始に賛成票を投ずるからには内心様々な葛藤があったはずで、事実その後、政策委員を退任した方々のうちの何人かは、当時の様子を回顧録の形で残しておられます（参考文献参照）。いずれにせよ、会合の議事録は会合開催から10年後に公開されることになっており（黒田体制下の第一回政策委員会は２０１３年４月３～４日。議事録公開は２０２３年７月）、その時に全容が明らかになるはずです。

①量的・質的金融緩和措置の開始（２０１３年４月：黒田総裁下の第一回政策委員会）

・消費者物価の前年比上昇率２％を物価安定の目標とし、これを2年程度の期間を念頭においてできるだけ早期に実現する。

・金融市場調節の操作目標をコールレートからマネタリーベースに変更し、これを年間60〜70兆円のペースで増加させる（2年間で2倍）。

・長期国債（40年債を含むすべての年限）の保有残高が年間50兆円に相当するペースで増加するよう買い入れを行い（保有残高は2年で2倍）、平均残存期間を現状の3年弱から7年程度（国債発行残高の平均並み）に延長する。

・ＥＴＦ・Ｊ-ＲＥＩＴの保有残高がそれぞれ年間約1兆円、約３０００億円に相当するペースで増加するよう買い入れる（保有残高は2年で2倍）。

新措置の実施に伴い、白川総裁時代の「金融資産買入等基金」は廃止され、「銀行券ルール」も適用停止となりました。量的緩和はともかく、「質的」緩和とは何かが話題になり、いろいろな説が出たのですが、おそらく、この表現によってこれまでのレジームから一挙に脱却するという決意を表明した、という解釈が妥当であろうと思われます。「2年で2倍」というスローガンは確かに人々の耳に入りやすく、強いフォワード・ガイダンス効果を持つと思われますが、問題はそれによってどのような成果が得られるかであって、それ次第では当局の政策運営能力に対する信認に傷がつくことは必至です。このことを意識してか、その次の政策委員会(2013年5月)決定声明文では、消費者物価上昇率2%の達成時期についての「2年程度の期間を念頭において」という文言は早くも姿を消しています。しかしながら、当初の決定文で打ち出されたこの期限についての文言の印象は余りにも強く、何かにつけてその後の政策運営に影を落とすことになります。なお、5月の決定では、白川総裁時代には入っていたが4月の決定では落ちていたCPと社債の買入が復活しています。

②マイナス金利の導入(2016年1月)

金融機関が中央銀行に有する当座預金口座の残高(の一部)に付する金利は通常はプラスですが、この金利をマイナスにするという措置です。金融機関は(マイナス金利の適用を避けようとして)国債等僅かでもプラスの金利が付く金融資産の買い入れに走るはずで、その結果そうした資産の利回りは低下(価格は上昇)します。金融機関が買い入れる資産の利回りがマイナスでも、それを上回るマイナス幅で売却する可能性があるならば、その資産を買い入れるインセンティブが働きます(売買差益狙い)。余剰資金を抱えてマイナス金利が適用されそうになった金融機関は、次善の策としてよりマイナス幅の狭い資金有用先を探すはずですから、マイナス金利の下では貸借取引が成立しないなどということはありません。ただ、いずれにせよ、ベーシス・ポイント(basis point: bpt—100分の1%ポイント)の範囲内での出来事です。

マイナス金利というものが存在し得る理論的根拠については第一部でも見たところ(61ページ参照)ですが、ゼロ金利の壁(ELB)を乗り越えて金利の一段低下を狙う策として既に欧州でも実施されていました(マイナス金利採用中銀を早い順に列挙すると、デンマーク(2012年)、ECB(2014年—一時はマイナス0・5%まで)、スイス・スウェーデン・ノルウェー(2015年))。日本銀行のマイナス金利政策(三層構造)は具体的には次のとおりです。

- 基礎残高(2015年基準期間)における平均残高(当時約210兆円)に対し付利+0・1%
- マクロ加算残高(所要準備額+基礎残高×掛け目+その他項目—当時約40兆円)に対し付利金利ゼロ%
- 政策金利残高(当座預金残高:基礎残高+マクロ加算残高—当時約10兆円)に対し、付利金利マイナス0・1%

この政策のもたらす経済的効果については疑問とする意見が多く、かつ金融機関収益への影響等、副作用も懸念されたことから、政策委員会でも議論があり、結局5対4の僅差で可決されたという経緯があります。元々この措置は、自国為替相場の高騰を防ぐという隠れた目的があるのではないかと言われており、そのことはとりわけ、スイス等欧州諸国のマイナス金利政策についてあてはまります。ちなみにFRBは、この措置について研究はしていますが、明確な態度を表明しておらず、どちらかといえば否定的ではないかと思われます(J. Campbell et al. "Issues regarding the Use of the Policy Rate Tool"(FRB, August, 2020)は、もしFRBがマイナス金利政策を採用するなら、相当前広にその旨を市場に伝え、十分の準備を整えておく必要があるとしています)。なお、マイナス金利採用国もその後は漸次プラス金利体制に転じており、現在では日本のみがマイナス金利採用国として残っています。

日本銀行が、マイナス金利という、金融機関にとっては「禁じ手」ともいうべき措置に踏みこんだ背景には、量的・質的金融緩和政策がスタートしてから3年近く経つにもかかわらず、物価は目標2%にはるかに及ばず、このままでは政策当局に対して不信感が醸成されかねないという焦りの気持ちがあったと推測されます。とりわけ、あれだけの規模でマネタリーベースを拡大したにもかかわらず、期待された成果が上がっておらず、量的・質的緩和政策の効果に疑問符が投げかけられていたことが大きく響いたように思われます。

しかしながら、マイナス金利政策の効果については依然としてはかばかしい成果は見られていません。一つには、マクロ加算残高に手加減を加える(具体的には、基礎残高への掛け目を調整する)ことによって、マイナス金利の適用対象となる政策金利残高が多額に上ることのないようにするという配慮が働いているためです。マイナス金利によって影響を受ける金融機関収益のことを考えればやむを得ない措置なのかもしれませんが、マイナス金利政策が持っている本来の目的―ゼロ金利政策の下でさらなる金利低下を図る―に照らしてみるといささか矛盾する結果となります。一方において金融資産の買い入れで準備の積み上げを図りつつ、その残高にマイナス金利をつけるとは、右手がやっていることを左手が打ち消しているようなものだと言われても仕方がありません。マイナス金利の採用は、収益面で影響を受ける金融機関のみならず一般からも快く受け入れられたとは言えません。一般常識では理解困難ということもさることながら、「マイナス」という言葉が持つ心理的なインパクトも無視できません。そういうこともあって、こうしたマイナス幅をさらに広げる(深掘りする)ことには自ずから限界があると言えます。

そのことはともかく、マイナス金利政策の実施は、イールドカーブ全般を一段引き下げるという効果を生みました(それがこの政策が目指したところでもあったのですが)。とりわけ長期金利のイールド低下は著しく、この点は日本銀行も予想外であったようです。直接的には、マイナス金利の適用を嫌った金融機関が日銀預金を取り崩して中長期国債の購入に走った(価格の上昇=利回り低下)ことによるものですが、同時にこのことは、市場が、日銀がマイナス金利という いわば極端な措置をとらざるを得なくなったという事態を重く見て、先行きに対する警戒感を

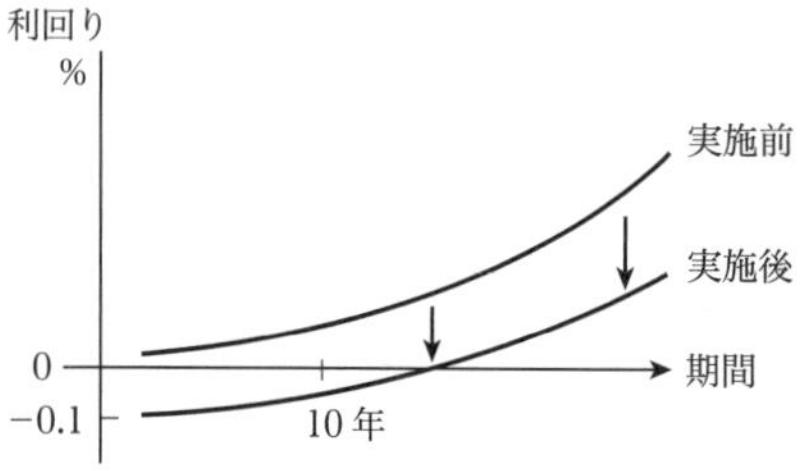

マイナス金利導入前後のイールドカーブの変化

一段と強めたことを意味します。ゼロを起点としたイールドカーブの大幅な下方シフトは、長短金利差を主たる収益源としている金融機関（各種のファンド、保険・年金基金等を含む）にとっては大きな打撃となり、日銀の政策に対する批判のトーンが高まりました。

　マイナス金利の導入は、日本銀行の収益への影響という新しい問題を提起します。ただこの点は、大きくとりあげられる割には深刻な事態に発展することはないと考えます。短期（1年以下）金利下限マイナス0・1%、10年物国債利回り0%前後という範囲内に金利を収めるということは、日本銀行がマイナス金利の中期国債を買い入れる（額面以上の価格で買い入れる）オペレーションを必要とする場面があることを意味します。それをそのまま保有し続けて満期となり、額面で償還を受けると日銀に損失が発生するはずで、それが多額に上った場合の日銀収益の悪化を懸念しての議論でした。しかし日本銀行は、マイナス金利での国債の買入額が多額に上らないよう意識しており（政策委員会の決定文にそれが反映されています）、また、しばしば話題に上る含み損についても会計処理の面で既に手当て済み（239ページ参照）であって、現実に大きな問題に発展することはないと考えられます。日本銀行が市場で保有国債を売却す

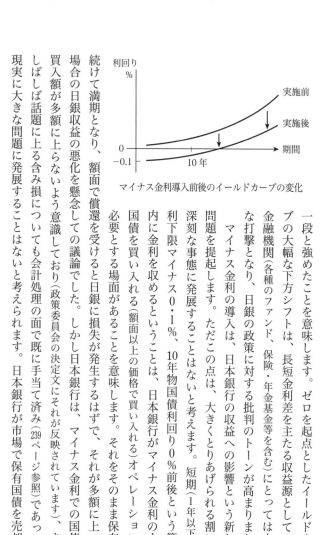

るという可能性は、よほどのこと（急激に金利を引き上げる必要に迫られるような事態）がない限りまず考えられませんから、売却損のことを考える必要もありません。

もう一つの問題は、日銀が基礎残高にプラスの金利を支払っていることであって、当面はさておき、物価の上昇局面で金利を引き上げていく過程で収益圧迫要因になることについてはすでにFRBのところで触れました（181ページ参照）。ただ、そこでも述べたように、そうした（量的緩和を必要としない）段階で高水準の基礎残高を維持しなければならない理由はないわけで、それについて今から思い悩む必要はないように思われます。

③総括的検証とイールドカーブ・コントロールの実施（2016年9月）

マイナス金利の導入後8カ月を経た2016年9月、日本銀行は、これまでの量的・質的金融緩和政策の「総括的な検証」を行い、その結果を発表しました。厳密な理論と緻密な作業の積み上げでできているその全体像をカバーすることはできませんが、そのポイントは以下のとおりです。

• 量的・質的金融緩和政策措置の導入以来、金融環境は改善し、物価の持続的下落という意味での「デフレ」ではなくなったが、2％の物価安定目標は依然として未達である。

• その原因は予想物価上昇率が依然として低位にあることであり、その背景には、過去の物価・賃金の動向によって影響を受け、いわば身体に染み込んでしまった物価観（適合的（adaptive）物価期待）がある。

・これを打破するためには、将来を見据えた「フォワードルッキング」な期待形成が必要であり、そのためには引き続きマネタリーベースの拡大に努めることが肝要であるが、同時に、（短期金利は引き続きゼロないしは若干のマイナスに維持しつつ）長期金利水準を若干引き上げ、イールドカーブの過度なフラット化を防ぐことによって、金融機関の持続性・健全性に対する信認を維持しなければならない。

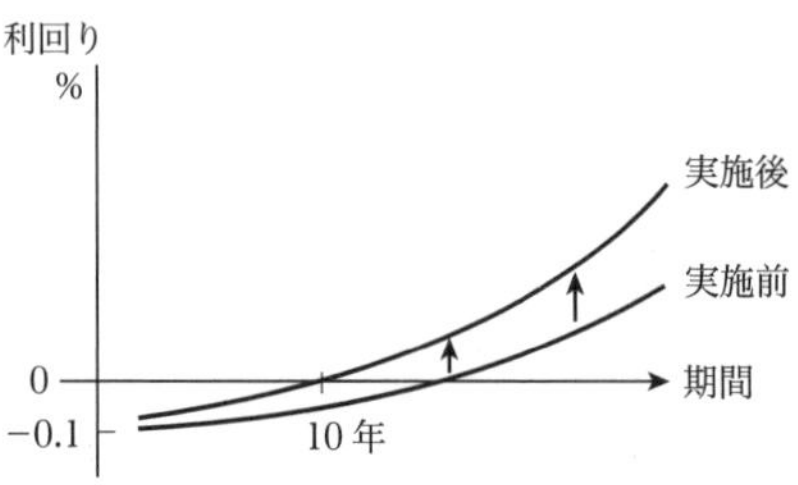

イールドカーブ・コントロール実施前後の変化

こうした検証結果を踏まえて発表された新しい政策運営の枠組みは、「長短金利操作付き量的・質的金融緩和」、通称「イールドカーブ・コントロール（YCC）」と名付けられました。具体的には、マイナス金利政策の枠組みは残しつつ（すなわち、短期金利の実質的下限をマイナス0・1%としつつ）、長期金利、具体的には10年物新発国債の利回りをゼロ近辺に維持することによって、イールドカーブの傾斜をこれまでより引き起こす、というものです。図で見るとおり、その意図はある程度は実現することができたと見てもよいようで

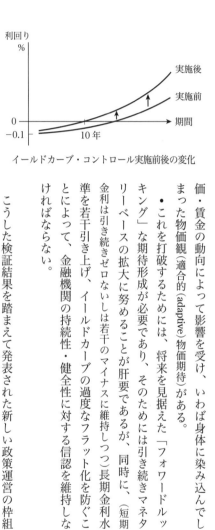

す。10年物国債の利回りは、当初非公式に0プラスマイナス0・1％程度とされていましたが、やがてプラスマイナス0・2％程度にまで広げられ、さらにその後、正式に（政策委員会決議により）プラスマイナス0・25％程度に拡大されました。

かくして、量的緩和に金利コントロールが加わったハイブリッド型金融政策ともいうべき枠組みが出来上がって今日に至っています。10年物利回りの変動幅は、2022年の12月20日の政策委員会でプラスマイナス0・50％程度に拡大され、市場に少なからぬ波紋を巻き起こしたのですが、そのことについては後述します（232ページ参照）。

今一つ、総括的検証の結果新たに登場したものに、「オーバーシューティング」と呼ばれる政策運営方針があります。これに先立つ2016年7月の政策委員会決定では、既に「2％の物価安定の目標の実現を目指し、これを安定的に持続するために必要な時点までマイナス金利付き量的・質的金融緩和」という言葉が見られますが、同年9月、総括的検証後の決定文では、それをそのまま維持しつつ、「マネタリーベースの残高は…消費者物価指数（除く生鮮食品）の前年比上昇率の実績値が安定的に2％を超えるまで拡大方針を継続する」という文言が加わりました。これを文字通り解釈すると、消費者物価指数が目標とする2％に達したからといって、直ちに緩和政策を転換しなければならないわけではないということになります。

この方針変化の背後には、以前も述べたゼロ金利政策当時の経験（引き締めのタイミングが早過ぎて、その結果デフレを招いたという批判（205ページ参照）の影が見え隠れします。それはそれで十分に理解できるところですが、こうした姿勢は、とかく現在必要とされている行動を先に延ばすという結果をもたらし易く、政策決定が遅れる原因となることが指摘されています（いわゆるmake-up policy の問題点—180ページ参照）。なお、右の決定文では、物価目標の達成が引き続きマネタリーベースの拡大と結びつけられており、日本銀行内にはなお古典的なマネタリズムを奉ずる考え方が残っているのであろうかという疑問が湧いてきます。

オーバーシューティングを許容することについては、2022年6月6日に行われた黒田総裁の講演が参考になります（「金融政策の考え方——「物価安定の目標」の持続的・安定的な実現に向けて」）。その要旨は以下の通りです。

- 日本経済は依然としてコロナ感染症による落ち込みからの回復途上にある。
- 加えて、最近の国際的な資源価格高騰により、所得流出（交易条件悪化）という下押し圧力を受けている。交易条件の悪化はあくまでも資源価格の上昇によるものであって、円安が原因ではない。
- 2％の物価安定の目標は持続的・安定的に達成される必要がある。4月のCPI上昇はエネルギー価格の高騰によるものであって、2023年には上昇幅は縮小する見込みである。
- 日本で2％の目標が実現するためにはサービス価格の上昇がカギとなる。財価格の方では、依然として「ゼロインフレ・ノルム(規範)」が支配している。

・こうした状況を変えるためには、賃金の上昇によって労働コストが上昇し、毎年物価が上がるような状況を作り出すとともに、賃金所得の上昇によって消費者の値上げ許容度を高めること、そのためには強力な金融緩和の持続により、労働需給の引き締まりを長期化することが必要である。

・日本銀行としては、賃金が上昇しやすいマクロ経済環境を提供し、足元で見られ始めているインフレ予想の上昇や値上げ許容度の変化を持続的な物価上昇に結び付けていくことができるよう、ゆるぎない姿勢で金融緩和を続けていく方針である。

このように、改めて総裁の発言を振り返ってみると、総裁が景気の先行きについて極めて慎重な見方をとっており、物価が一時的に2%の目標値に達したとしても、その背後には一時的な要因が働いている可能性が高い。そこで急いで緩和政策を転換し、その結果スタグフレーションのような事態を招いては問題である、という意識が明確に読み取れます。総裁の言いたかったことは、賃金の上昇を通ずる労働コスト、ひいてはサービス価格の上昇によって、物価が安定的に目標値をクリアするような状況を作り出すためには、現在の金融緩和政策を続けなければならない、ということであって、それはそれなりに筋が通っていると思われます。

④コロナへの対応(2020年〜2021年)

日本銀行は、2020年3月以降、コロナ危機に対応して、新型感染症にかかる企業金融支援特別オペの実施、CP等・社債等・ETF・J-REITの買入残高上限の引き上げ、国債のさらなる積極的買入(上限を設けず)といった特別措置を講じました。これらは金融政策そのものの方針変更ではなく、あくまでも緊急避難という位置づけであって、コロナが収束するに伴い漸次当初のペースに戻っています。貸出は期限到来とともに返済が進捗し、そのため日本銀行のバランスシートは一時減少に向って、あたかもテーパリングが始まったかのような様相を呈しましたが、それは一時的現象であって、その後再び拡大の方向に向かっています。

⑤円安の進行とそれへの対応(2022年9月〜2022年11月)

2022年の9月下旬から11月初旬にかけて、金融の正常化を目指して金利の引き上げと資産圧縮を進めるFRBと、緩和方針を堅持する日本銀行の政策運営姿勢の違いを材料に、為替市場において円安ドル高が急速に進行し、それが物価の上昇を加速するという事態が生じました。しかしながら黒田日銀は、現行の緩和政策を堅持するという姿勢を崩さず、そのため円安が一段と進行して140円台の後半に至りました。この段階で介入が行われ、円安は一旦沈静

コロナ危機対応措置の概要

2020. 3. 2	総裁談話で潤沢な資金供給と金融市場の安定確保に努めていく方針を表明.
2020. 3. 16	企業金融支援特別オペの導入—最長1年の資金を金利ゼロで供給(共通担保). 同残高の2倍の金額をマクロ加算残高に算入(2020. 9末まで). CP/社債等買入枠の増額—CP等約3.2兆円, 社債等約4.2兆円の残高を上限に買い入れを実施(2020. 9末まで). 既存のCP/社債等については引き続きそれぞれ約2.2兆円, 約3.2兆円の残高を維持. ETF/J-REIT—当面それぞれ年間約12兆円, 約1800億円に相当する残高増加ペースを上限に買い入れ(これまでは, それぞれ年間約6兆円, 約900億円のペースで買い入れていた). 米ドル資金供給—貸付金利を0.25%引下げ. 1週間物に加えて3カ月物を追加.
2020. 4. 27	CP/社債等追加買入枠増額—CP/社債等の追加買入枠をそれぞれ1兆円から7.5兆円に増額(2020. 9末まで). 合計約20兆円の残高を上限に買入実施. 発行体ごとの買入限度を大幅に緩和. 買入対象の社債等の残存期間を5年まで延長. 金融支援特別オペの拡充(約25兆円)—名称「新型コロナウイルス感染症対応金融支援特別オペ」. 対象担保範囲の拡大(企業債務＋家計債務), 対象先の拡大(系統金融機関を含む), 同オペ利用残高に相当する当座預金に＋0.1%付利. 国債のさらなる積極的買入—10年物国債金利がゼロ%程度で推移するよう, 上限を設けず必要な金額の長期国債を買い入れ(これまでの方針は,「保有残高の増加額年間約80兆円をめどとしつつ, 弾力的な買入を実施」).
2020. 5. 22	新たな資金供給手段の追加—政府の緊急経済対策における無利子・無担保融資の適格融資等残高を限度に, 期間1年以内, 利率ゼロで資金供給(共通担保—総額約30兆円), 利用残高の2倍の金額をマクロ加算残高に加算. 利用残高に相当する当座預金に0.1%付利. 3月以降発表された資金繰り支援を併せ,「新型コロナ対応資金繰り支援特別プログラム」(総枠20＋25＋30＝約75兆円)と総称.

2020. 12. 18	プログラムの期限延長―CP/社債等の増額買入の期限を半年延長して2021年9月末までとする(2021年6月に2022年3月末までさらに延長)．合計20兆円の残高上限は維持．このうち追加買入枠は，CP/社債等合計で15兆円とし，市況等に応じてそれぞれ配分．新型コロナ対応金融支援特別オペの期限を2021年9月末まで延長(2022年6月に2022年3月末までさらに延長)．
2021. 12. 17	これらのプログラムは一部を除き2022年3月末で終了．CP/社債等の買入残高上限は，2022年4月以降感染症拡大以前の水準(CP等約2兆円，社債等約3兆円)へ徐々に引き下げ．

(参考)コロナ対応前後における日銀のバランスシートの変化

	貸　出	長期国債	総資産残高
2020末	111.6(＋63.0)	494.3(＋22.4)	702.5(＋129.5)
2021末	144.8(＋33.2)	507.8(＋13.5)	723.7（＋21.2)
2022末	80.6(▲64.2)	556.4(＋48.6)	703.9（▲19.8)
2023. 3末	94.4(＋13.8)	576.2(＋19.8)	734.8（＋30.9)

出所：日本銀行

化の方向に向かったのですが、間もなく勢いを盛り返し、遂に150円台を超えるに至った時点で再び介入が行われました。介入の時点とその都度の介入額は正確には明らかにされていませんが、外国為替特別会計が行った為替平衡操作の数字は公表されており、そこから大凡を推測することができます(図表8－3)。介入の事実は9～10月の外貨準備の減少にも現れていますが、外貨準備の増減にはその他の要因も含まれているので、その増減額即介入額というわけではありません(122ページ参照)。

この当時の黒田総裁の(したがって政策委員会審議委員多数の)情勢判断を、記者会見や講演等から窺うと次のようになります（226ページで触れたところと若干重複します）。

・我が国経済は持ち直している。先行きについても回復を続ける可能性がある。需給ギャップは現在マイナスであるが、先行きプラスに転ずると予想する。物価は基調的には上昇するが、コスト高要因が一巡するに伴って来年度以降2％を下回る水準に低下すると見る。

・量的・質的金融緩和政策の目標は、経済活動が好転し、賃金や企業収益の増加する中で物価が緩やかに上昇し、賃金の上昇を伴う好循環を実現することである。

・今後必要とあれば躊躇なく追加的緩和措置を講ずる。当面金利を引き上げる考えはない。

・為替介入は財務大臣の所管である。金融政策は為替レートをターゲットにしていない。

・為替円安化の影響は家計と企業との間で、また企業の中でも業種や規模によって異なる。

その後、為替市場は落ち着きを取り戻し、日々の変動はあるものの、おおよそ130円台前半というところまで戻ってきました（2023年3月末現在）。介入が効果を発揮した

図表 8-3　為替平衡操作と外貨準備の変化

為替平衡操作の実績（ドル売り円買い）	
2022. 9. 22	2兆8382億円
10. 21	5兆6202億円
10. 24	7296億円

外貨準備の変化	
2021. 12末	1兆4057億ドル
2022. 9	1兆2380
2022. 10	1兆1945
2022. 11	1兆2263
2022. 12末	1兆2275（前年末比▲1781億ドル）

かと言われればそうとも言えますが、それは介入の規模そのものによるではなく、市場心理への働きかけという面が大きかったということは以前も述べました（132ページ参照）。外国為替も金融資産の一種であり、そうしたものとして市場の期待（予想）の変化に伴って大きく変動しますから、その動きに一喜一憂して性急に政策を変更することは適切ではなく、その意味で、黒田日銀の判断は間違っていなかったということになります。ただ、大量の国債を買い入れてまで現在のイールドカーブ・コントロールを続けることが果たして良策かという点になると意見が分かれ、もう少し柔軟性を持たせた方がいいのではないかという声が少なからず聞かれました。これが次に触れるイールドカーブ・コントロールの弾力化問題です。

⑥イールドカーブ・コントロールの弾力化とその後の変化（２０２２年12月〜）

日本銀行は、２０２２年12月20日の政策委員会で、これまでプラスマイナス０・２５％程度としてきた10年物新発債の変動幅をプラスマイナス０・５０％程度に拡大するという決定を行いました。金融政策の運営については現状を断固維持するという黒田総裁のこれまでの発言を信じていた市場にとっては全くの不意打ちであって、株式市場は大幅に下落、長期金利や円相場は大きく上昇する等、少なからぬ波紋が広がりました。市場が大きく反応した理由は、この変動幅拡大をもって、日本銀行が超金融緩和時代の終焉──いわゆる「出口」──への第一歩を踏み出したと受け止めたことにありました。

日本銀行は今回の決定を、昨今低下している債券市場の機能回復を図り、各種金利の基準となる債券金利の安定化を図るため、と説明しています。先般の円安進行の過程では、為替市場における投機的な動きに加え、債券市場においても、円安抑制のために金融政策に変更が加えられる（日銀が金利引き上げに動く）のではないかという思惑が強まり、先物中心に国債の売り圧力が高まりました（＝債券金利上昇）。こうした動きは、円安が一服して一応収まったかに見えたのですが、国債に対する売り圧力は依然として強く、10年物長期金利はしばしば変動幅の上限を突破する勢いを見せたため、日銀が出動して国債の買入をせざるを得ない状況が頻発していました。

これまでに出てきた先物取引についてもう少し敷衍すると、金利先高観測に基づいて今のうちに先物市場で国債を売却（確定日に現物を引き渡す約束を）しておき、実際に金利が上昇（債券価格が下落）した段階で買い戻して決済すれば売買差益を得ることができます。先物市場での売り圧力は、裁定取引を通じて現物市場の債券価格に反映されることになります（価格下落＝利回り上昇）。市場では、10年物の決済を残存期間7年の債券で行うことが多い（取引コストが最低─チーペスト）のですが、決済期に需要が急増して現物を入手できず、一時的に決済不能になる現象（フェイル）も多々見られます。なお、日本銀行は、こうした時に備えて、保有する国債を短期間貸し出す制度（国債補完供給制度）を設けています。

　この変動幅拡大に対する市場の反応は甚だ芳しくありません。これまで金融緩和を堅持すると言っていながら、この段階で金利を引き上げるなどというのは騙し討ちだなどという声も聞こえました。日銀としては、物価が安定的に2％という目標値に達していないこの段階で金融緩和方針に変更を加えるなど全く考えていない、ということなのでしょうが、市場はそれをそのまま受け止めないという、いわゆるcredibility問題ないしはtime inconsistency問題（一旦約束した政策を、その後の情勢の変化によって変更を余儀なくされることに伴う問題―市場にとっては、中央銀行の約束違反と映る）に直面したようです。市場に言わせると、債券市場の不安定化は、日本銀行が市場の実勢を無視してイールドカーブ・コントロールを死守しているためであって、いわば自業自得だ、ということなのでしょう。この「事件」は、市場とのコミュニケーション戦略というものが、そして、一旦市場の需給関係に棹さすような措置をとった場合、それを元に戻すことが如何に難しいか（とりわけ「出口」段階において）という事実を改めて我々に突き付けました。そしてそのことは、既に見てきたように、ＦＲＢが既に嫌と言うほど経験したことでした。

　こうした市場の動揺を眺め、日本銀行は２０２３年1月18日の政策委員会では次のような決定を下しました。共通担保資金供給オペの拡充という措置には、金融機関による多様な国債購入を側面援助し、イールドカーブをなだらかにする意図が込められているというのが市場の一般的な解釈です。

（1）連続指値オペ

・10年物国債金利について、0・5％程度の利回りでの指値オペを原則毎営業日実施する。併せて、各年限において機動的に買入額増額や指値オペを実施する。

（2）資産買入方針

・ETF年間約12兆円、J-REIT同1800億円に相当する残高増加ペースを上限に必要に応じ買い入れる。

・CP等、社債等については、買入残高をコロナ感染症拡大前の水準（CP等：約2兆円、社債等：約3兆円）へ徐々に戻していく。

（3）貸出増加支援のための資金供給の貸付期間延長（1年）及び共通担保資金供給オペの拡充（貸出期間1年以内から10年以内へ（この措置は、イールドカーブの歪み（10年物のところで上限0・5％に到達する一方、その前後で10年物を上回る利回りが発生した）を是正して、カーブをなだらかにするために、長めの資金を供給して、金融機関に各年限の国債購入を促す趣旨であると理解されている）。

（4）その他（フォワード・ガイダンス）

• 2％の「物価安定の目標」の実現を目指し、これを安定的に持続するために必要な時点まで「長短金利操作付き量的・質的金融緩和」を継続する。

• マネタリーベースについては、消費者物価指数（生鮮食品を除く）の前年比上昇率の実績値が安定的に2％を超えるまで拡大方針を維持する。

• コロナ感染症の影響を注視し、企業等の資金繰り支援と金融市場の安定維持に努力。必要があれば躊躇なく追加的な金融緩和措置を講ずる。

• 政策金利については現在の長短金利水準またはそれを下回る水準で推移することを想定している。

ちなみに、イールドカーブ・コントロールは日本銀行の専売特許ではなく、2020年3月にオーストラリア準備銀行も似たような措置（イールド・ターゲット）をとったことがあります。当時コロナ・パンデミックが猛威を振るい、国内経済が大きく落ち込むことが予想されたため、金融面からこれを下支えるために取られた政策パッケージの一環として実施されたもので、満期が2023年4月に到来する3年物オーストラリア国債を対象に、目標利回りを0・25％程度と定めました。目標利回りはその後0・10％に引き下げられ、対象国債は2024年4

月満期物に切り替えられました。

しかしながら、その後事態が改善して物価が上昇を始め、それに伴って金利が上昇、このため準備銀行は大量の国債を買い入れてイールド・ターゲットを維持することを余儀なくされました。このあたりは、変動幅拡大前後の日本銀行の置かれた立場に似ています。ターゲット政策は2021年11月、開始から1年8カ月で中止となりましたが、この間に起こった市場の混乱は世間の注目を引き、真相究明と再発防止のための調査委員会が設置されるまでの騒ぎになりました。準備銀行は2022年6月に"Review of the Yield Target"と題する報告書を公表し、そこで自らの行動を次のように総括・反省しています。

―ターゲットは、金利コストの引き下げ・経済への資金供給増加という面では効果があった。

―ターゲットの持つフォワード・ガイダンス効果(一定期間低金利維持を約束)は認められたが、経済が回復に向かった段階で問題が発生した。

―ターゲット維持のための市場介入(国債買入)は大部分の期間は必要なかったが、末期には実施を余儀なくされた(国債市場における利回りの変動幅―目標0・25%に対して0・12~0・34%(平均0・24%)、目標0・10%に対して0・01~0・78%(平均0・09%))。

―途中、満期接近に伴う対象国債の切り替えは必要なく、その時点でターゲット政策を中止すべきであった。

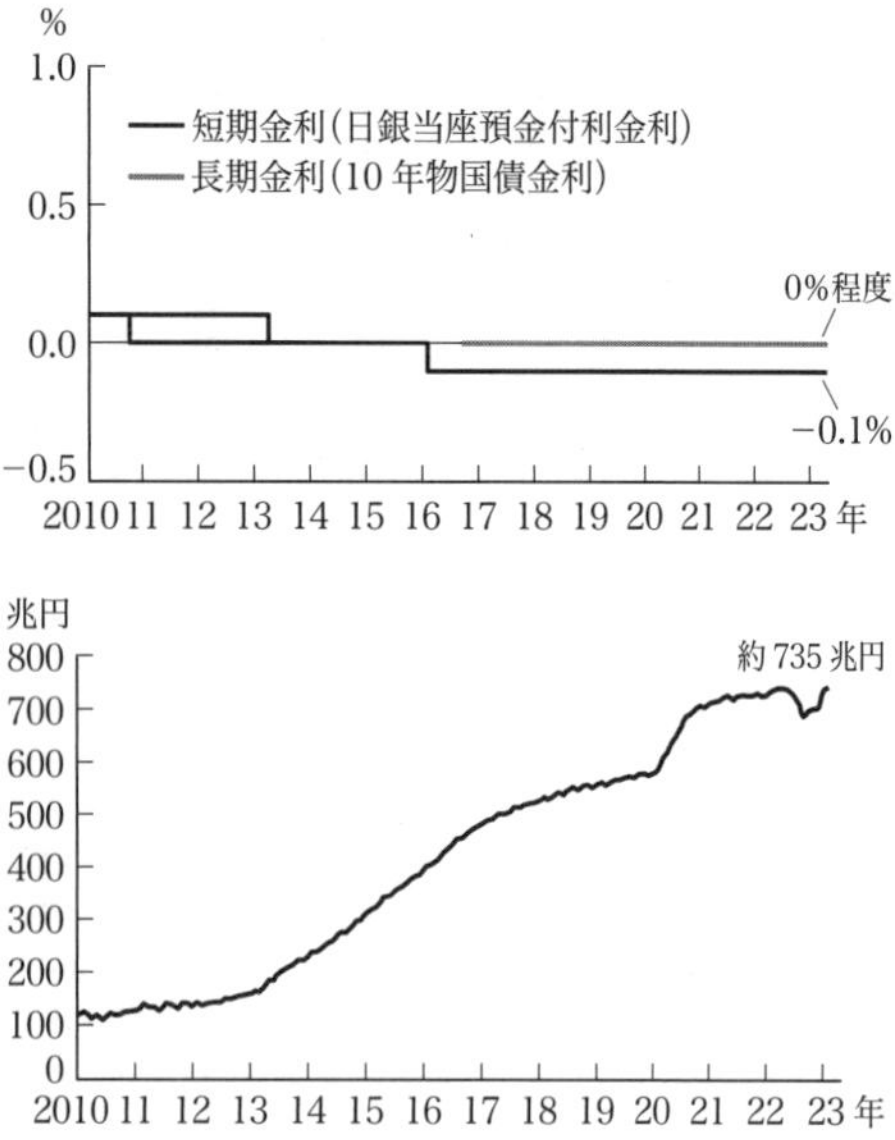

出所：日本銀行，2023年3月末現在

図表 8-4　日本銀行の政策金利の推移(上)と同資産規模の推移(下)

―出口段階で混乱を生じ、準備銀行の評価を傷つけ(reputational cost)、今後の準銀のコミットメントに対する信頼を失わせた。

―教訓としては、市場の信認を維持するために、オペレーションは短期にすべきこと。今回の経験を踏まえると、今後はイールド・ターゲットよりは、ストレートな国債の買入が選好されよう(出口における柔軟性大)。

補論　金融政策の運営と日銀の財務内容

直近における日銀のバランスシートと収益状況は以下の通り。

- 量的緩和政策の転換が日銀収益に及ぼす影響

収入：保有国債からの利子収入の増加は遅行的（低クーポン物が高クーポン物に入れ替わるのには満期まで待たなければならず、時間がかかる）。信託運用益は必ずしも保証されていない。

費用：補完当座預金利息については、金融正常化（金利の引き上げ）をそれにどの程度反映させるかの政策判断の問題（そもそも当座預金への付利は何のために行われているのか。準備への付利金利の引き上げは、余剰準備が積みあがっている下で金利全般を引き上げていくための方策の一つという性格を持つが、金融正常化が進展して準備が漸次減少（短期金融市場需給逼迫）していけば、金利の引き上げのために準備への付利に頼る必要は次第に薄れるはずである。—引き締め期に付利までして準備残高の積み上げを促進・維持する必要性があるのか？　基礎残高への付利は実は銀行への補助金ではないか？）。

（参考1）保有長期債に評価損が発生した場合の経理処理は以下の通り。

ＦＲＢ―評価は償却原価法による(182ページ参照)。赤字が発生した場合には繰延資産(deferred assets)として資産サイドに計上しておき、後に収益が発生するにつれて漸次償却していく(満期接近に伴い評価益が発生。満期まで保有すれば評価損益ゼロ)。

日銀―移動平均法による償却原価法による(当期に発生した評価損益を満期までの期間で均等化し、当期の利息収支に計上(満期まで保有すれば損益ゼロ)。なお、２０２３年2月3日衆議院予算委員会において、黒田総裁は、日銀の含み損についての質問に答えて次のように答弁―２０２２年12月末現在の保有国債簿価５６４・1兆円、時価５５５・３兆円(含み損８・８兆円―9月末時点では８７４９億円の含み損))。

(参考2)日本銀行は多額のＥＴＦやＪ-ＲＥＩＴを保有しているが、これらについての評価は時価によっており、相場次第では相当額の損失が発生する可能性がある。このため日銀は引当金を積み増しているが、潜在的には大きなリスク要因である(もっとも、それほどの暴落が起こることを想定、ないしは許容することは非現実的に過ぎるという見方もある)。

貸借対照表(2022. 3. 31 現在，単位：兆円)

主要資産		主要負債	
国債	526.1	当座預金	563.1
ETF	36.5		
貸出金	151.5		
外国為替	8.3		
その他とも計	736.2		

(参考3)引当金については、自己資本比率が10％程度となることを目途として概ね上下２％の

損益計算書(2021年度，単位：億円)

経常利益	2兆4185億円
特別損失	
債券取引損失引当金繰入	4029
外為取引損失引当金繰入	3610
税引き前当期剰余金	1兆6643億円
法人税・住民税・事業税	3396
当期剰余金	1兆3246億円
法定準備金積立	662
国庫納付金	1兆2583億円
(株主への配当金は500万円)	

損益の内訳

主要収益	
国債利息	1兆1233億円
外為収益	7299(うち為替差益7220，外貨預金利息67)
信託運用益	
株式	2973
ETF	8426
J-REIT	31
その他とも計	3兆508億円

主要経費(政策関連のみ)	
補完当座預金利息	1802億円
(プラス金利0.1%分2075，マイナス金利0.1%分▲272)	
貸出促進付利利息(プラス0.1%)	806
その他とも計	6322億円

補完当座預金制度残高(残高は2023.2.16〜3.15平残)	
基礎残高(+0.1%)	206.4兆円
マクロ加算残高(0%)	286.2
政策金利残高(▲0.1%)	23.9
当座預金総残高	516.6

出所：すべて日本銀行

範囲となるよう運営する、という規定がある。日本銀行の自己資本比率は銀行券平均発行残高に対する自己資本残高(資本勘定+引当金勘定)の比率であって、2021年度末には9・29%の水準にあるが、銀行券の持つ今日的意味に照らせば形式的な規定と言える。そもそも、自ら通貨を発行できる中央銀行にとって、自己資本を持つことは必要なのかどうかという点については、学界でも活発な議論があった。かつては、それがなければ中央銀行が様々なリスク資産を大量に買い入れて収益の増加を図ろうとする結果、インフレのリスクが高まる、というのが一つの論拠になっていたが、量的緩和がかくも進んだ今日においては通用する理屈ではない。結論としては、中央銀行の自己資本問題は、理論的というよりは、社会的・政治的意味合いを持ったものとして扱う必要がある、という点で大方のコンセンサスができているように思われる(185ページ参照)。

⑦全体的総括

黒田東彦総裁は2013年4月に就任、2018年4月に再任され、2023年4月には通算10年という日銀史上始まって以来の長期の任務を勤め上げました。後継植田和男氏をトップとする新チーム(副総裁内田眞一、氷見野良三)は3月10日両院の承認を得てそれぞれ就任(副総裁は3月20日、総裁は4月9日)、本書が刊行される頃には本格的に活動を開始しているはずです

（第一回政策委員会は4月27〜28日）。

黒田総裁時代の日本銀行のパフォーマンスを概観すると、理論的に整合性がとれた政策体系の構築は取りあえず棚上げにし、何はともあれ2％の物価目標を達成すべく、ありとあらゆる手段―マイナス金利政策、イールドカーブ・コントロール、日銀資産規模の大幅拡大、金融資産のリスク・プレミアムへの働きかけ、フォワード・ガイダンスの活用等を試してみようという姿勢が見て取れます。良く言えば意欲的・積極的、悪く言えば「ごった煮」「寄木細工」というところなのですが、様々な制約の中で、可能な限り理論的にも説得力のある体系にもっていこうと努めてきたFRBの政策運営態度とはかなりの違いが見て取れます。ただ、政策の急転換が市場に及ぼす重大な影響を考えれば、しばらくの間は現状維持の政策運営が望ましいことは明らかであって、その意味で新総裁のスタンスは評価できます。

本書もそろそろ終わりに近づきました。執筆を終えるにあたり、以下黒田総裁時代の日本銀行の政策運営について自分なりの一応の総括を試みてみることにします。

(1)伝統的な金融政策において主たる役割を果たしていた金利機能の働きについては、理論的に筋の通った根拠があり、学界においても大方のコンセンサスが成立している。これに対して、量的・質的金融緩和政策を含む非伝統的政策については、その波及効果について納得のいく説明を見出すことが難しく、学界でも意見の一致を見るに至っていない。このことについては、バーナンキ元FRB議長の次の言葉がしばしば引用される―"The problem with QE is that it works in practice, but it does not work in theory"("A Conversation: The Fed Yesterday, Today and Tomorrow" Brookings Institution, 16 January, 2014)。

(2)一頃勢いのあった、マネタリズムに基づく政策効果の波及過程に関する仮説は、この10年間に及ぶ実験でほぼ完全に否定された。さりとて、フォワード・ガイダンスによって期待を操作することに多くを望み、それに「期待」することはあまりにも不確実な要因が多く、十分な信頼を置き難い(この点については、ピーターパンの空中飛行に触れた黒田総裁の講演(2015年6月)が一頃話題となった―「人は飛べると思うから飛べる(飛べないと思った途端に落下する)」―この話はフォワード・ガイダンスの性格を如実に物語っていると言われているが、それは勿論若干の皮肉を込めて言っているのであって、総裁自身がそのようなことを言うはずがない(門間2022、144ページ参照))。

(3)量的・質的金融緩和政策の目玉である長期国債の大量買入れは、財政支出の拡大を望む政治勢力にとってはこの上ない援軍である。長期債の利回りを低位に釘付けする政策は、国債の大量発行にもかかわらず発行コストを低く抑える効果を持つ。金融政策当局は、量的緩和政策が財政赤字ファイナンスであることを強く否定するが、実質的に国債の中央銀行引き受けに等しいこの措置を何時まで続けられるか…結果的にMMTの主張と同じことになっているのではないか…日銀は、こうした問いかけに対して説明抜きで否定したり、曖昧な言葉遣いで切り抜けるようなことをせず、正面から国民に説明する責務(accountability)がある。

(4)右に述べたことにも関連するが、黒田総裁時代に目立ったのは、政府の財政運営について口を挟むことは極力控えるという姿勢であった。国民によって選ばれたわけではない中央銀行が財政について発言するのは越権だという考え方に基づくものと思われるが、金融政策に重大な影響を及ぼす財政運営について、金融の専門家としての立場から、その思うところをもっと積極的に発言すべきではなかったか。それこそが、日銀法に言うところの「財政と金融の整合性を保つ義務」ではないであろうか。

(5)量的緩和政策の旗印の下で日本銀行が買い入れている資産の範囲は、国債から民間債務(社債・CP)さらには株式・不動産関連金融商品(ETF、J-REIT)にまで広がっている。コロナといった緊急事態においてならともかく、平時の中央銀行の保有資産として民間資産・債務が多額に上ることに問題はないのか(信用・価格リスクの存在、市場価格に及ぼす影響、公的機関による資源配分への介入、等々)。とりわけETFの買入額が市場規模に比して極めて大きいことは、株価支配力という観点からみて問題はないのか。これらの点は、FRBがその保有資産を極力国債に限定すべく努力を続けていることと対照的である。

(6)ETFについてさらに付言すれば、その背後には企業が発行した株式があり、いわば間接

長期金利

注：日本国債 10 年物利回り
出所：財務省

ETF 保有残高推移

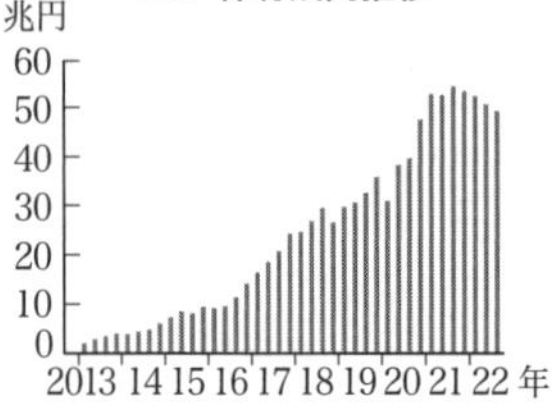

注：時価ベース
出所：日本銀行

国債保有残高推移

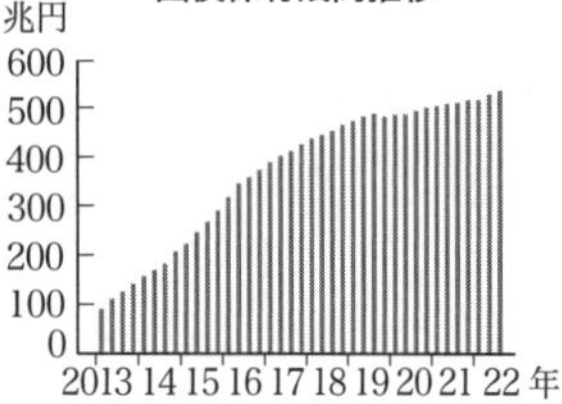

出所：日本銀行

日経平均株価

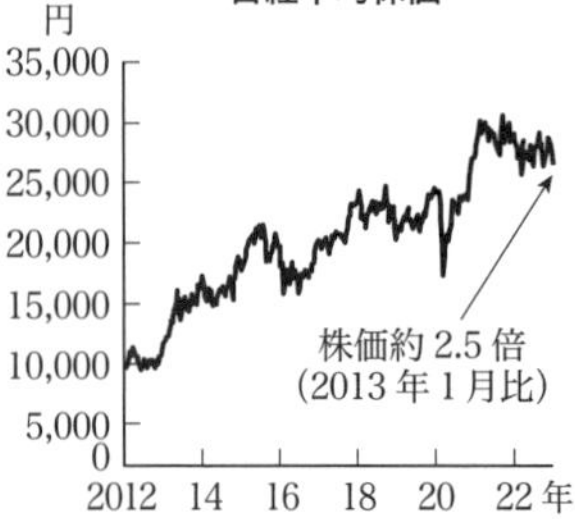

ドル円相場

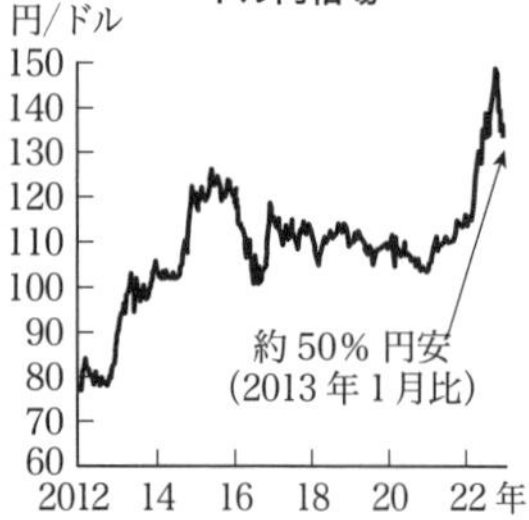

金融指標

主要金融指標(右)と実体経済指標(左)の推移

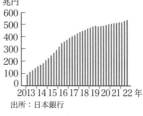

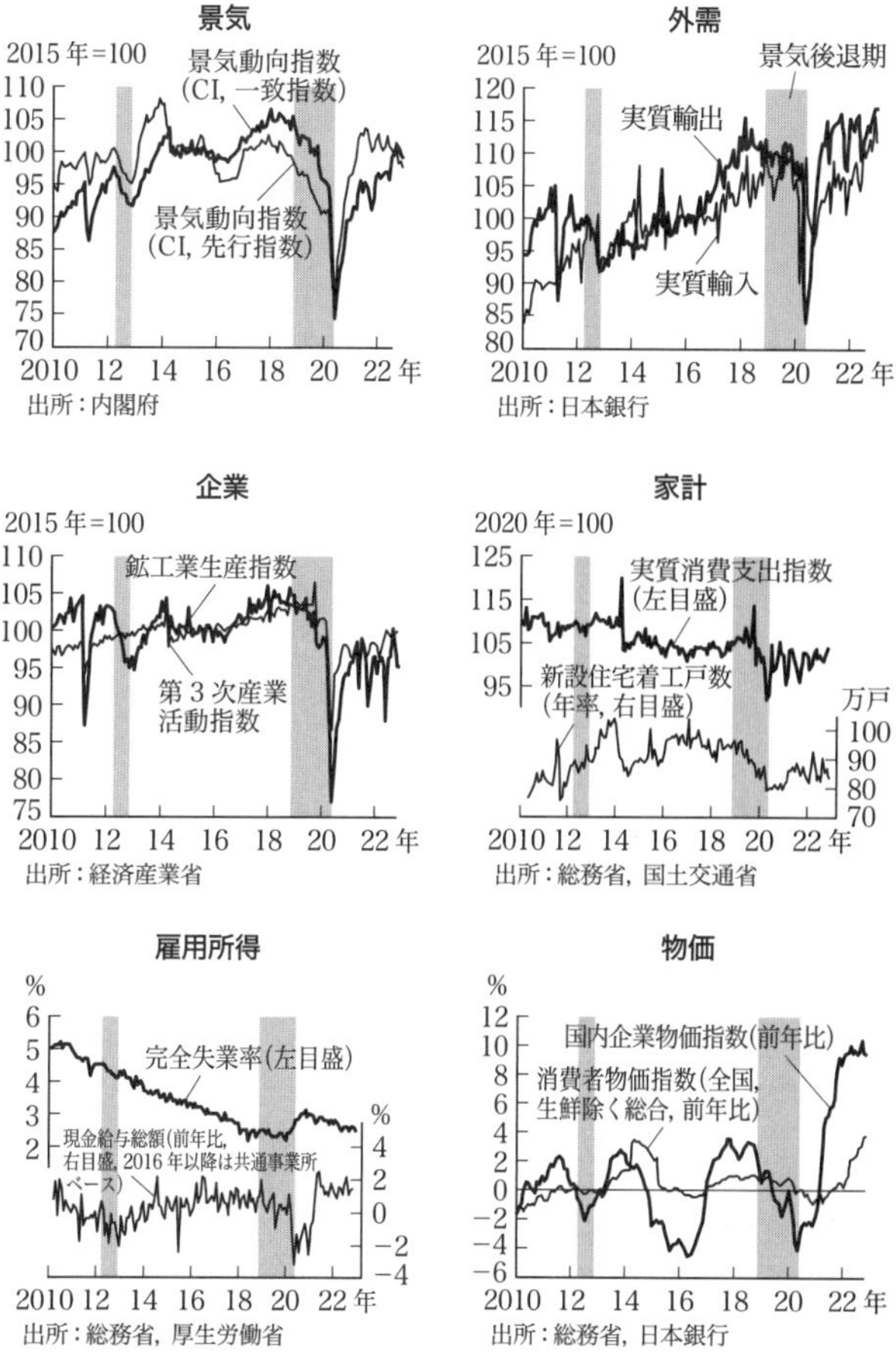

図表8-5　量的・質的金融緩和時代における実体経済指標

的に企業を支配していると考えることができるが、それに伴う株主としての責任をどう考えるかという問題がある。その点は買入事務を委託している信託銀行に任せてあり（この点については、信託費用が予想以上に多額に上っているということが問題となっており、日銀は、2022年10月に、買入原則を見直し、保有にかかる費用等を勘案して買い入れることにした）、日銀としてはあくまでも中立的な立場にある、というのが公式見解であるが、それで万人を納得させることができるかは疑問である。緩和政策が一段落した後で日銀に蓄積されたETFをどう処理するかはまさに大問題であって、いろいろな案が出されており、いずれは正面から取り組まざるを得ないであろうが、大きな政治問題に発展する可能性がある。市場へのインパクトを考えると、日銀保有ETFを市中に放出することは非現実的である。特別の基金ないしは管理組織を作ってそこに残高を移管し、その運用益を国民のために使うというのは一案であるが、その原資を巡って議論が沸騰する可能性がある。原資については、日銀貸出ないし出資とするか、その場合政府保証をどうするか、あるいは財政資金を利用する等々の問題がある。本体とは別の組織を作り、国債購入等の量的緩和措置をそれに任せたイングランド銀行の知恵が思い出されるところである。

（7）すでにFRBやBOEについて見てきたところであるが、日銀によるイールドカーブ変動幅拡大に対する市場の反応は、超金融緩和状態に慣れきった経済を相手に金融の正常化を推し進めることが如何に難しいかを改めて印象付けることになった。金利が上昇するにつれて今まで隠れていたさまざまな問題が浮上してくることが予想される。企業の投資活動に水を差す、家計の住宅購入意欲を殺ぐ、といったこともさることながら、大量の金融資産を抱えた民間金融機関の財務内容の悪化（株価の下落、利上げによる保有債券等に係る含み損の増大等）は特に懸念材料であって、下手をすると金融システム全体の動揺につながりかねない。とりわけ最後の点については、長期にわたる金融緩和が続いた結果、金融界がそれに慣れきって、少々のリスクは無視して経営拡大に走るという傾向が生まれているとすれば大きな問題である。リーマン・ショックの遠因がグリーンスパン議長の緩和的な政策運営（Greenspan put）にあったという批判はよく耳にするところであるが、当時世間はその成果を"Great Moderation" "Goldilocks Economy"（暑過ぎでも冷た過ぎでもない、丁度良い温度の経済）として大いに歓迎したことを忘れてはならない。これまで何度も繰り返し強調してきたように、金融システムはガラスでできた細工物のようなものであって、わずかなショックで崩壊する危険が潜在している。日本銀行法が、日本銀行の使命として、物価の安定とともに金融システムの安定維持を強調していることを改めて想起すべきである。

（8）近年、伝統的に市場機能に委ねてきた分野、あるいは行政（財政）の分野とされてきた領域に中央銀行としてどの程度関与するべきかという問題が大きく浮かび上がってきた。その端的な例が気候変動対応を支援するための資金支援メカニズムである。この点は、これまで設けられている制度の延長線上にあるということで説明されており、気候変動問題の重要性についての世界的な関心の高まりという観点からも十分正当性を主張できるとも言えようが、こうした形で、中央銀行の守備範囲が際限もなく拡大していくことをどう考えたらいいか…。この問題は、日本銀行の理念とされる「国民経済の健全な発展」をどう解釈するかということにもかかってくる。この文言を拡大解釈すれば、金融政策と財政政策の境界は限りなく接近し、遂には一体となることも考えられないではない。民意を反映した代表制民主主義を奉ずる以上、当然の道筋と考えるべきであろうか。この問題は、古くて新しいテーマである「中央銀行の独立性・自主性」の議論に発展する。

(9)近年における労働市場の顕著な改善に見るように、かつてと比較すれば実体経済の体温は明らかに上昇しており、そこに潤沢な資金の供給が寄与したことは否定できない。しかし、それが物価に反映されず(最近の物価上昇は政策外の要因によるところが大きい)、むしろ株式、あるいは住宅市場における投機的な動きの原因になっており、それが所得・資産の格差拡大に寄与しているという議論には説得力がある。その一方で、豊富な余剰資金の存在は、本来ならば姿を消してしかるべき低生産性の産業・企業をそのまま温存させておく効果を持つ。いわゆる「ゾンビ」の存在である。一方において生産性の向上を唱えつつ、こうした経済構造を温存する効果を持つ量的緩和政策を何時までも続けていいのか。「正常化」はこうした観点からも必要ではないのか。

(10)日本の物価を巡る光景は、コロナとウクライナ問題によって一変した。これまで全く動意を見せなかった消費者物価は、今や2％の目標値を遥かに超えて上昇している。この経験は、今後の金融政策の運営に一つのヒントを与えてくれる。これまで、物価の上昇を阻んでいるのは総供給に対して総需要が不足しているためであるとして、財政金融政策によって懸命に総需要の嵩上げを図ってきた。しかしながら、近時の出来事は、こうしたアプローチが果たして正しかったのかという疑問を投げかける。これまでの物価の低位安定の背景として、日本特有の経済構造があったことは事実であるが、それに加えて、世界的な供給面の構造変化、具体的にはグローバリゼーションの急速な進行の影響が大きく働いたのではなかろうか。我々はここで、あらためて「要素価格均等化定理」—生産要素(資本・労働)の国際移動がなくとも、自由貿易によって、自国の生産要素の相対価格(絶対価格ではない)と他国のそれとが等しくなる—を思い起こす必要がある。グローバリゼーションがさらに進展すれば、生産要素自体の移動が生ずる結果、世界を一つの国と観念することも可能である。

(11)これまで述べてきたところにさらに付言すれば、我々はしばしば国内経済の停滞を憂うるが、企業活動は国境を遥かに超えてその範囲を広げつつある。近年、海外進出企業を中心に収益面で記録的な成果を挙げているという事実は何を物語るか（図表8-6）。こうした状況の下で「国力」とは何を意味するか…我々はこの問題をもう一度原点に立ち戻って考えてみる必要がある。この点については、いわゆる「長期停滞」と言われている現象が、これまで地球の東

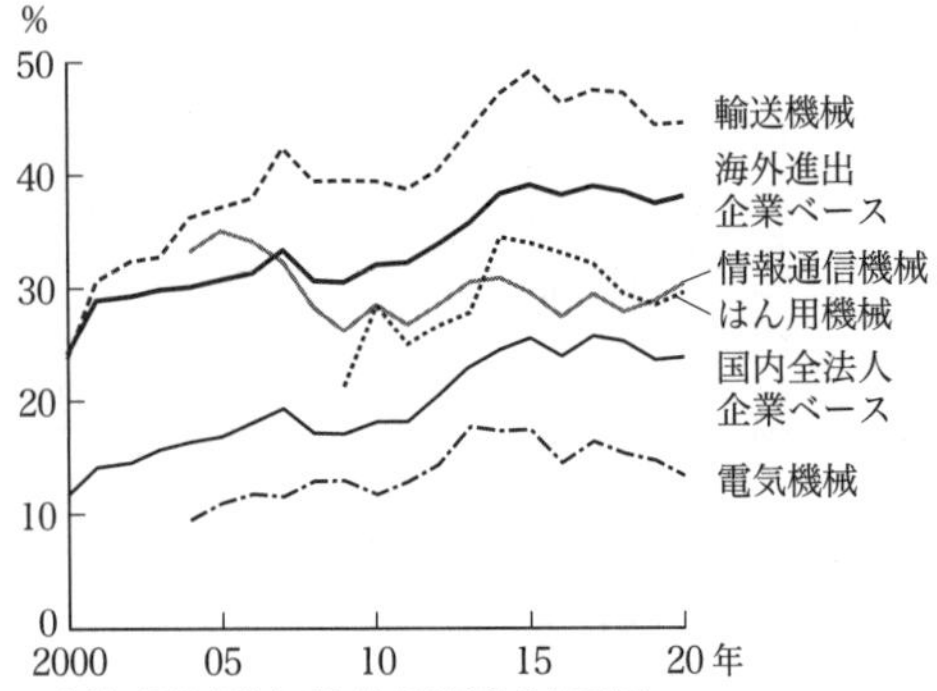

出所：経済産業省「海外事業活動基本調査」

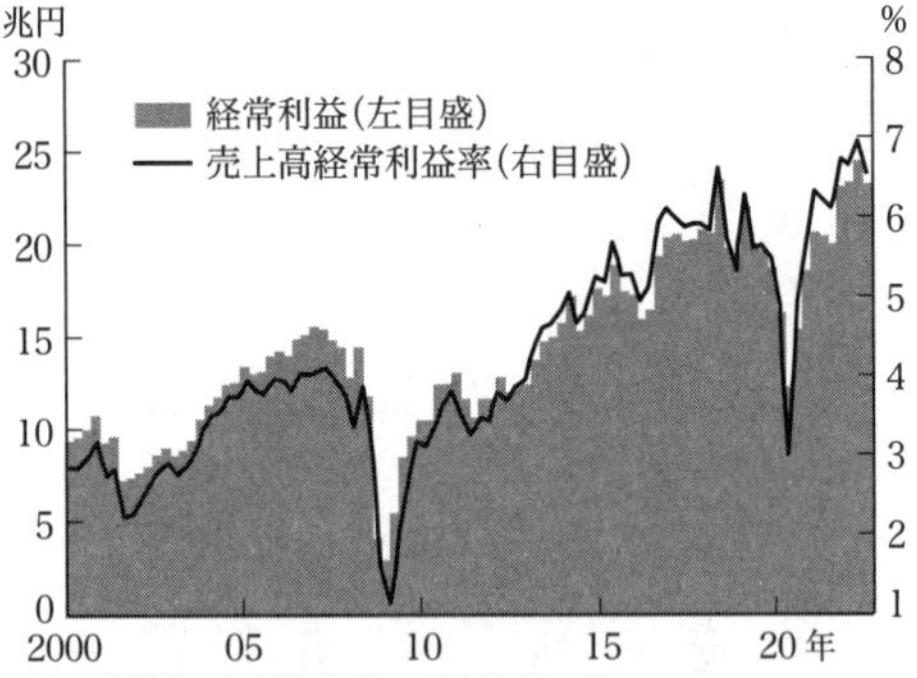

注：全規模・全産業(金融・保険業を除く)
出所：財務省

図表8-6　企業の海外生産比率(上)と経常利益の推移(下)

西・南北を隔ててきた経済的・社会的な壁の消失――いわゆるグローバリゼーションの進行――とほぼ同時に生じていることに留意する必要がある。先進国についての「長期停滞」は、途上国にとっては「長期繁栄」の時期ではなかったか。統計資料等の制約で、そうした事実が正しく把握・評価されぬまま今日に至っているのではないだろうか。

(12)急速なグローバリゼーションの進行が、世界的な規模で人々の社会的・経済的厚生(welfare)の向上に寄与したことは疑いない。しかしながら、個別国、とりわけ先進国の立場から見ると、それは、既存の経済・社会構造が大きなショックに見舞われたことを意味する。事実様々な摩擦現象の事例は枚挙に暇がなく、それらを克服するのは容易なことでない。その過程で人はしばしば先の見えない閉塞感に囚われる。「失われた10年、20年」「長期停滞」とはそうした閉塞感の端的な表現ではなかろうか。長期停滞、いわゆる「デフレ」がこのような性格を持つものであるとするならば、政策運営の重点は、総供給に対する総需要の嵩上げといったことではなく、新たな経済環境――「新常態」――の下で生じている需要と供給それぞれの変化に着目し、そこから生じている摩擦現象を極力最小限に止める、さらに進んで、経済構造それ自体を変えていくことに集中すべきではなかろうか。

(13)以前、いわゆる「高圧経済」の時代に生きた伝統的な日銀マンのマインドセット――わずかの物価上昇の気配にも鋭く反応する――について触れた。それが行き過ぎて、消費者にとって物価はむしろ下落した方がいいとまで言い出すと、それは明らかに誤りである(部分均衡と一般均衡の取り違え)。さりとて、中央銀行として物価の上昇に対して鈍感になれとまでは言っていない。今や伝説的な存在となった前川春雄元総裁(在任1979〜1984)が好んだ言葉に「奴雁」があったことはよく知られている(寒夜、旅に疲れた一群の仲間が眠る中で、ただ独り目を覚ましてあたりを見張る一羽の雁)。かつて福沢諭吉が学者の使命を論ずるのに使ったこの言葉は、中央銀行マンにこそふさわしい。この十年、デフレ脱却という旗印の下で物価を上げることに注力してきた日銀マンのマインドセットをもう一度振り出しに戻って考え直すために、改めてこの言葉を思い出したいものである(福沢諭吉との関係については東大名誉教授平石直昭氏からご教示を得ました—慶應義塾福沢研究センター刊「福沢手帖」第186号(2020年9月))。

参考文献

前著刊行(2013年10月)以降公にされた文献の中で、比較的一般向けのものをできるだけ手広く取り上げてあります(発行年順―その時々の時事解説的なものは除きます)。それ以前のものについては、前著の末尾、及び、拙著『サブプライム危機後の金融財政政策――伝統的パラダイムの転換』(2010、岩波書店)及び『デフレ下の金融・財政・為替政策――中央銀行に出来ることは何か』(2011、岩波書店)及び前著に掲げた文献を参照してください。

池尾和人『連続講義・デフレと経済政策――アベノミクスの経済分析』(2013、日経BP社)
須田美矢子『リスクとの闘い――日銀政策委員会の10年を振り返る』(2014、日本経済新聞出版社)
岩田一政・日本経済研究センター編『量的・質的金融緩和――政策の効果とリスクを検証する』(2014、日本経済新聞出版社)
服部茂幸『アベノミクスの終焉』(2014、岩波新書)
加藤出『日銀「出口」なし！　異次元緩和の次に来る危機』(2014、朝日新書)
田中隆之『アメリカ連邦準備制度(FRS)の金融政策』(2014、金融財政事情研究会)

翁邦雄『シリーズ　現代経済の展望　経済の大転換と日本銀行』（2015、岩波書店）
早川英男『金融政策の「誤解」――〝壮大な実験〟の成果と限界』（2016、慶應義塾大学出版会）
日本経済研究センター編『激論　マイナス金利政策』（2016、日本経済新聞出版社）
宮尾龍蔵『非伝統的金融政策――政策当事者としての視点』（2016、有斐閣）
白井さゆり『超金融緩和からの脱却』（2016、日本経済新聞出版社）
河村小百合『中央銀行は持ちこたえられるか――忍び寄る「経済敗戦」の足音』（2016、集英社新書）
翁邦雄『金利と経済――高まるリスクと残された処方箋』（2017、ダイヤモンド社）
高田創編著『シナリオ分析　異次元緩和脱出――出口戦略のシミュレーション』（2017、日本経済新聞出版社）
原田泰・片岡剛士・吉松崇編著『アベノミクスは進化する――金融岩石理論を問う』（2017、中央経済社）
野口悠紀雄『異次元緩和の終焉――金融緩和政策からの出口はあるのか』（2017、日本経済新聞出版社）
木内登英『異次元緩和の真実』（2017、日本経済新聞出版社）
木内登英『金融政策の全論点――日銀審議委員5年間の記録』（2018、東洋経済新報社）
野口旭『アベノミクスが変えた日本経済』（2018、ちくま新書）
神津多可思『「デフレ論」の誤謬――なぜマイルドなデフレから脱却できなかったのか』（2018、日本経済新聞出版社）

白川方明『中央銀行――セントラルバンカーの経験した39年』(2018、東洋経済新報社)
岩田規久男『日銀日記――五年間のデフレとの闘い』(2018、筑摩書房)
日本経済新聞社編『黒田日銀――超緩和の経済分析』(2018、日本経済新聞出版社)
大竹文雄『行動経済学の使い方』(2019、岩波新書)
L. R. Wray『MMT現代貨幣理論入門』(島倉原監訳、原題“Modern Money Theory”2019、東洋経済新報社)
S. Kelton『財政赤字の神話――MMTと国民のための経済の誕生』(土方奈美訳、原題“The Deficit Myth”2020、早川書房)
平山賢一『日銀ETF問題――《最大株主化》の実態とその出口戦略』(2021、中央経済社)
櫻川昌哉『バブルの経済理論――低金利、長期停滞、金融劣化』(2021、日経BP日本経済新聞出版本部)
原田泰『デフレと闘う――日銀審議委員、苦闘と試行錯誤の5年間』(2021、中央公論新社)
翁邦雄『人の心に働きかける経済政策』(2022、岩波新書)
中曽宏『最後の防衛線――危機と日本銀行』(2022、日経BP日本経済新聞出版)
渡辺努『物価とは何か』(2022、講談社選書メチエ)
渡辺努『世界インフレの謎』(2022、講談社現代新書)
門間一夫『日本経済の見えない真実――低成長・低金利の「出口」はあるか』(2022、日経BP)

清水順子『悪い円安　良い円安――なぜ日本経済は通貨安におびえるのか』（2022、日経ＢＰ日本経済新聞出版）
軽部謙介『アフター・アベノミクス――異形の経済政策はいかに変質したのか』（2022、岩波新書）
森田長太郎『政府債務』（2022、東洋経済新報社）
河村小百合『日本銀行　我が国に迫る危機』（2023、講談社現代新書）
中島真志・島村高嘉『金融読本（第32版）』（2023、東洋経済新報社）

なおこの他に、物価水準の財政理論（ＦＴＰＬ）と仮想通貨論をベースとして、ユニークな（まさに「異次元の」といってもいい）議論を展開する岩村充『中央銀行が終わる日』（2016、新潮選書）、同『金融政策に未来はあるか』（2018、岩波新書）がありますが、本書のレベルを遥かに超えますので、リストに含めなかったことをお断りしておきます。財政についての基礎的な事柄については、拙著『日本の財政はどうなっているのか』（2015、岩波書店）をご覧ください。

おわりに

翁邦雄氏といえば、金融論・金融政策論の分野では知らない人がいない斯界の権威ですが、その著作『金利と経済』(2017)は、同氏が日本銀行入行を目指して採用のための面接を受けたときの光景から始まっています(1970年代初の頃です)。そこで彼(経済学部出身です)は、人事担当の責任者から、「経済理論などは金融政策には何の役にも立たない」と言われてショックを受けるのですが、その様子は、その一世代前の日銀OBである筆者にはよくわかります。当時のOB達が集まったときによく出て来る想い出話の中に、「インフレを抑えるために、大晦日の夜に日銀の窓口を出来るだけ遅くまで開けておき、銀行券の回収に努めた」というエピソードがあるのですが、このことは、その当時の日本銀行の金融理論のレベルを如実に物語っています。

こうした、いわば“idyllic”(牧歌的)な時代に育った日銀マンから見ると、「昨今の日本銀行の後輩たちは一体何をやっているのだ」と言うようなコメントになります。いわゆる「正統派」から見れば、今やっていることは異端の極致だということになりましょう。コペルニクスやガリレオに遡るまでもなく、学問の歴史を振り返ってみたとき、「正しい理論は（如何に時間がかかろうとも）結局は自己を貫徹する」という冷厳な事実に気づかされますが、問題は何が「正しい」理論であるかが初めからわかっているわけではないということであって、そこにたどり着くまでにはどうしても試行錯誤の段階を経ざるを得ません。「正統」と「異端」の狭間は一般に考えられているよりも狭く、しかも複雑に絡み合っていて、一刀両断にはできないのです。金融政策についても同じようなことが言えるわけで、昨今の主要国の中央銀行が行っていることは、デフレという怪物に遭遇し、それへの対応策—王道—を求めて苦闘する模索の過程と見ることが出来ます。

しかも以前は、学界で理論が発表されてからそれが現実の政策として実施されるまでに相当な（何年、いや何十年という）期間が経過し、その間、それらを咀嚼する時間がある程度あったのですが、最近ではその期間がどんどん短くなっている傾向があります。かくして、常日頃学界での議論に接する機会がない一般の人々にとっては、「中央銀行は今何をやっているのかさっぱりわからない」ということになります。

重要なことは、既成の概念にとらわれることなく、広い心を持って、しかし、冷静かつ客観的な目で新たな理論を吟味してみるという態度でしょう。日本銀行の元副総裁中曽宏氏は、以前講演の中で、「かつては学術的な興味で語られてきたことが、…実践的な政策選択肢として論じられるようになってきた…中央銀行や政府の政策担当者がおかれている環境変化の速さとダイナミックさに的確に対処していくためには、ある時点の常識に止まっていてはいけない…時代や環境とともに自らも進化を遂げていくことに勇気を持たなくてはならない」ということを自省の言葉として述べておられます(「金融緩和政策の「総括的な検証」にむけて」2016年9月8日、於在日米国商工会議所)が、まさに至言というべきでしょう。書店の店頭には、おどろおどろしいタイトルで、クロダノミクスを手放しで絶賛するかと思えば、目茶目茶にこき下ろすといったような本が山積していますが、そうした書物に惑わされないようにするためにも、今一度基礎に立ち返る作業が必要であると思います。

2023年4月、10年間という、日本銀行の歴史始まって以来の長期の任期を全うした黒田総裁の時代は終わり、植田総裁をリーダーとする新レジームが発足しました。大胆・強烈な政策変更によって市場心理に強いインパクトを与えることを狙った黒田氏の登場とは対照的に、植田新レジームのとりあえずの政策運営方針は、前任者が推進してきた金融緩和政策を継承することによって市場に安心感を与え、移行期におけるいらざる混乱を避けるということにあるようですが、その姿勢は市場の内外で好意的に受け止められています。しかしながら、ことがそれで済まないことは、歴代総裁の苦闘の歴史が物語っています。まずは、前レジームが繰り広げた政策措置の数々を点検整理し、理論的に整合性がとれた政策体系を構築するという仕事が待ち構えています。しかもこの作業は市場の目を十分に意識しつつ行う必要があります。この点については、新総裁が、かつて政策委員会の審議委員として速水・福井総裁時代のゼロ金利政策及び量的緩和政策の策定に深くかかわったという事実と、内外で卓越した academic credentials ないしは stature（学問的に高い評価・確立した地位）を背後に持っているということが、その任務を遂行する上で大きな助けになることでしょう。加えて（これが最も大きな要素ですが）、白川—黒田のレジーム移行期に不可避的に負わされていた政治色の濃い任務—アベノミクスの推進—から解放され、自主・自立して思うところを実行することができるようになったはずです。これまでがそうであったように、今後もまったく想定外の出来事が次々と起こり、新総裁の真価が試される場面が続出することが予想されますが、それを克服して、物価の安定と国民生活の健全な発展という、日銀法に定められた使命の達成に努められることを期待しています。金融政策の透明性の向上、言い換えれば、現在行っている施策がどのような意図で立案され、それがどのような過程を経て実現していくと考えているかを国民に対して丁寧に説明することは、政策の成否を左右するだけでなく、民主主義国家における中央銀行の責務（accountability）でもあることを熟知しておられる新総裁のことですから、「学者語」ではなく、できるだけ平易な言葉で語り掛けていくという姿勢をとられることでしょう。

筆者は2013年4月（丁度クロダノミクスがスタートした時）以来、衆議院調査局財務金融調査室の客員調査員として、財政金融に関連する様々な事柄についてスタッフとともに研究を行ってきました。財務金融調査室は、室長以下14名の小所帯ですが、衆議院の各委員会における財政金融に関連した事項の精査、議員からの個別調査依頼への対応等を任務として連日多忙な日々を送っています。この間を縫って、スタッフとの共同作業『日本の財政はどうなっているのか』(2015)を刊行できたことは、筆者にとって誠に幸せなことでしたが、本書もそうした積み重ねの一環という位置づけにあります。前著同様、読者の皆様方にとって何らかのお役に立つことができるならば、筆者として幸いこれに過ぎるものはありません。

前著の場合もそうでしたが、本書についても様々な方のお世話になりました。まずは、在米8年を含む30年余りの間にご指導、お付き合いを頂いた日本銀行の諸先輩・同僚・後輩の方々のお顔が目に浮かびます。いちいちお名前を挙げることは控えますが、優れた能力と人格を兼ね備えたこれらの方々から学んだ事柄は数知れず、その貴重な経験は、日銀を卒業した後、東京証券取引所や杏林大学の教壇を含む次の30年間の職業生活において自らを支える確たる基盤となりました。

筆者が現在所属する衆議院調査局の財務金融調査室での生活もかれこれ10年になりました。そこでは様々なことを学ばせて頂きましたが、とりわけ税法・税制面の第一人者である同室首席の相川雅樹氏と、同室と筆者の間にあってリエゾン役を務めてくださった斎藤壮一氏の行き届いたご配慮には大変感謝しています。本書のグラフの一部については、同室のスタッフ（永田隼、手塚泰子の両氏）のお手をお借りしました。記して感謝の意を表します。

前著同様、本書の出版に当たっては岩波書店の皆様方にいろいろお世話になりました。新書編集部の島村典行氏は本書の編集作業を引き受けてくださり、原稿段階から仕上げに至るまでの間を通じ大変貴重なコメントを下さいました。前著でもお世話になった坂本純子氏は、今回も企画段階からいろいろ相談に乗って下さり、貴重なアドバイスを頂きました。最後になりましたが、筆者が過去十数年間に同書店から世に出した5冊（本書を入れれば6冊）の本のすべてに直接間接関与し、強いご支持・ご支援を下さった髙橋弘氏には特に感謝の意を表したいと思います。

なお、文中に挿入したコラムは、筆者がこの数年間に時事通信社「金融財政ビジネス」に寄稿したものの一部であり、同社編集部のご厚意で本書に転載させて頂きました。

2023年3月

湯本雅士

索　引

ア　行

カ　行

サ 行

タ　行

ナ　行

ハ　行

資料(1)　FRB—金融緩和政策の推進と金融正常化への足どり
(2023年3月31日現在)

第一段階　金融緩和政策の推進(Bernanke 議長時代)	
2006.6〜2007.9の間	FF金利は当初5.25%．その後連続して10回引き下げた結果，2008.12には0〜0.25%に到達(実質ゼロ(ELB))．
2008.12〜	Agency債1000億ドル，MBS 5000億ドルを上限に買い入れ．
2009.4〜	Agency債2000億ドル，MBS 1兆2500億ドルを上限に買い入れ． 国債を3000億ドル買い入れ(2009年9月末まで)．
2010.8〜	MBSの満期償還分を国債で買い埋めて債券保有総残高を2兆ドルとしてこれを維持．
2010.11〜	長期国債の新規買入枠を6000億ドル引き上げ．債券保有総残高を2.6兆ドルとしてこれを維持．
2012.6〜	長期国債(期間6〜30年)を月450億ドル買い入れ，期間3年以下の国債を同額売却(いわゆるツイスト・オペ)．
2012.9〜	MBS月400億ドル，長期国債月450億ドル，合計850億ドルを買い入れ．
2012.12	ツイスト・オペ終了．
第二段階　金融正常化に向けての努力(Bernanke—Yellen—Powell 議長時代)	
2013.6	記者会見で本年後半に債券の新規買入額の削減(tapering)を開始し，2014年央に終了する旨を示唆．
2013.12	新規買入額を毎月減額(2014.1以降　国債月400億ドル，MBS月350億ドルのペース)．償還分の買い埋めは継続．
2014.9	「金融正常化原則」(“Policy Normalization Principles and Plans”)を公表． 毎月の新規買入額を国債100億ドル，MBS 50億ドルとする．
2014.10	債券の新規買い入れを停止．償還分の買い埋めは継続．
2015.12	FF金利を0.25〜0.50%へ引き上げ(+0.25%)．
2016.12	同　0.50〜0.75%に引き上げ(+0.25%)．
2017.3	同　0.75〜1.00%に引き上げ(+0.25%)．

2017. 6	同　1.00〜1.25% に引き上げ(＋0.25%). 償還分買い埋めの規模を漸減(保有残高漸減. 実施は 2017. 10〜). 具体的には, 償還額に cap を設け, そこからの超過分だけを買い埋める(すなわち残高は cap 分だけ減少する). 国債についての cap は当初月 60 億ドル, 3 カ月ごとに 60 億ドルずつ引き上げ(最終 cap は月 300 億ドル). MBS についての cap は当初月 40 億ドル, 3 カ月ごとに 40 億ドルずつ引き上げ(最終 cap は月 200 億ドル).
2017. 12	FF 金利を 1.25〜1.50% に引き上げ(＋0.50%).
2018. 3	同　1.50〜1.75% に引き上げ(＋0.25%).
2018. 6	同　1.75〜2.00% に引き上げ(＋0.25%).
2018. 9	同　2.00〜2.25% に引き上げ(＋0.25%).
2018. 12	同　2.25〜2.50% に引き上げ(＋0.25%).
第三段階　正常化政策の中断	
2019. 7	FF 金利を 2.00〜2.25% に引き下げ(−0.25%).
2019. 8	償還分買埋額の漸減措置(保有残高圧縮)を停止.
2019. 9	FF 金利を 1.75〜2.00% に引き下げ(−0.25%).
2019. 10	同　1.50〜1.75% に引き下げ(−0.25%).
2020. 3. 3	同　1.00〜1.25% に引き下げ(−0.50%).
2020. 3. 15	同　0.00〜0.25% に引き下げ(−1.00%). 国債残高上限を 5000 億ドル, MBS を 2000 億ドルそれぞれ引き上げ.
2020. 3〜	コロナ危機に対応して潤沢に流動性を供給する旨宣言.
2020. 6〜	国債の新規買入月 800 億ドル, MBS 同 400 億ドル, 併せて毎月 1200 億ドルの残高増加を目指す(償還分は買い埋めて残高を維持).
第四段階　正常化努力の復活とその加速・テンポの再調整	
2021. 11〜	国債・MBS の新規買入額をそれぞれ月 100 億ドル, 50 億ドルずつ減額. 償還分の買い埋めは継続. 11 月の新規買入額は国債 700 億ドル, MBS 350 億ドルであり, このペースで行けば債券の新規買入は 2022 年央には終了するはず.
2021. 12〜	新規買入額の毎月減額規模を 2 倍に拡大. このペースで行けば債券の買い入れは 2022 年 3 月で終了することになる.

2022. 3	FF 金利を 0.25〜0.50% に引き上げ(+0.25%). 同時に次回 FOMC(5 月)で保有債券残高の減少を開始する予定であることを確認.
2022. 5	FF 金利を 0.75〜1.00% に引き上げ(+0.50%). 保有債券残高の cap(毎月残高減少額)は, 6〜9 月の間国債 300 億ドル, MBS 175 億ドル(3 カ月後には cap を倍増する予定).
2022. 6	FF 金利を 1.50〜1.75% に引き上げ(+0.75%).
2022. 7	同　2.25〜2.50% に引き上げ(+0.75%).
2022. 9	同　3.00〜3.25% に引き上げ(+0.75%). 10〜12 月の cap は国債 600 億ドル, MBS 350 億ドル.
2022. 11	FF 金利を 3.75〜4.00% に引き上げ(+0.75%).
2022. 12	同　4.25〜4.50% に引き上げ(+0.50%).
2023. 2	同　4.50〜4.75% に引き上げ(+0.25%). cap は不変(保有残高漸減).
2023. 3	10 日 SVB 破綻. 12 日 FRB は Bank Term Funding Program (BTFP)により金融機関に長め(1 年以内)の流動性を供給. FF 金利を 4.75〜5.00% に引き上げ(+0.25%). cap は不変.

資料(2)　黒田総裁下における量的・質的金融緩和政策の軌跡（2013年4月〜2023年3月）

年・月	出来事
2013. 4. 4	金融市場調節操作目標をコールレートからマネタリーベースに変更．マネタリーベースを年間約60〜70兆円相当のペースで増加するよう金融市場調節を行う． 長期国債の保有残高が年間約50兆円のペースで増加するよう買い入れ．買入対象債の期間長期化(40年債を含む)．残存期間を3年弱から7年へ延長．ETF/J-REITの買入枠を拡大． 物価安定の目標を「2年程度の期間を念頭においてできるだけ早期に」実現． 金融資産買入等基金の廃止．銀行券ルールの一時停止．
2013. 5. 22	CP/社債等買入を復活． 物価安定の目標の実現を目指し，これを安定的に維持するために必要な時点まで量的・質的金融緩和を継続(「2年程度の期間」の文言削除)．
2014. 10. 31	マネタリーベースを年間約80兆円相当のペースで増加するよう金融市場調節を行う． 長期国債の買入平均残存期間を延長(残存期間7〜10年)．
2015. 12. 18	長期国債の買入平均残存期間延長(7〜12年)．
2016. 1. 29	マイナス金利付き量的・質的金融緩和の導入． 量・質・金利の3つの次元で追加的緩和措置を講ずる．
2016. 7. 29	ETF買入額増額(保有残高を年間約6兆円相当増加するよう買い入れ—従来の2倍)． 成長支援資金供給・米ドル特則の総枠を120億ドルから240億ドルに拡大(最長4年)．
2016. 9. 21	長短金利操作付き量的・質的金融緩和策(イールドカーブ・コントロール)の導入—政策金利残高にマイナス0.1%付利．10年物国債金利がおおむね現状(ゼロ%)程度で推移するよう買い入れ(指値オペ—非公式には±0.1%程度)． 固定金利資金供給オペの期間を1年から10年に延長． マネタリーベースについては，CPI(除く生鮮食品)前年比上昇率が安定的に2%を超えるまで拡大方針を継続(オーバーシュート型コミットメント)． 長期国債の買入額はおおむね現状程度(保有残高増加額80兆円)を目途としつつ，金利操作方針を実現するよう幅広い銘柄を買い入れ．平均残存期間の定めは廃止． 総括的検証の実施．

2018.7.31	現在のきわめて低い長短金利の水準を維持することを想定．併せて，「長期金利は経済・物価情勢等に応じて上下にある程度変動し得る」の文言を追加．変動幅は，それまでの±0.1% から±0.2% 程度に拡大(非公式)．
2019.4.25	上記に「少なくとも 2020 年春頃まで」を追加．
2019.10.31	「先行き物価安定の目標に向けたモメンタムが損なわれる恐れが高まる場合には，躊躇なく追加的な金融緩和措置を講ずる」の文言を追加．
2020.3.16	コロナ対応企業金融支援特別オペの実施．CP/社債買入枠の増額．ETF/J-REIT の積極的買入． 米ドル資金供給オペの貸し付け金利引き下げ(0.25%)．これまでの 1 週間物に加えて 3 カ月物を追加．
2020.4.27	コロナ対応金融支援特別オペの拡充，CP/社債買入枠の増額．国債のさらなる積極的買入．
2020.5.22	長期国債を上限を設けず必要な額を買い入れ．CP/社債を追加買入． 新型コロナ対応資金繰り支援特別プログラム(総枠約 75 兆円)
2020.11.10	地域金融強化のための特別当座預金制度導入．
2021.3.19	長期金利の許容変動幅が±0.25% であることを政策委員会決定として明確化．併せて，連続指値オペ制度を導入． 貸出促進付利制度を創設． これまでの施策を点検．継続が妥当との結論．
2021.7.16	気候変動対応支援資金供給(貸出利率ゼロ)実施を決定(2030 年度まで)．
2022.6.17	政策金利残高にマイナス 0.1% 付利．10 年物国債金利について 0.25% の利回りでの指値オペを毎営業日実施．同措置はその後 7 年物国債をも対象とすることとした(逆イールドに対応)． 10 年物国債金利がゼロ程度で推移するよう上限を設けず必要な金額の長期国債を買い入れ．ETF 及び J-REIT については，それぞれ年間約 12 兆円，1800 億円相当の残高増加ペースを上限に，必要に応じ買い入れ．CP/社債等については，買入残高を感染症拡大前の水準に徐々に戻していく(CP 等約 2 兆円，社債等約 3 兆円)．

2022. 9. 22	共通担保資金供給オペを金額に上限を設けず実施. 新型コロナ対応中小企業向け融資の期限延長(3 カ月．その後終了).
2022. 10. 28	ETF の買入基準を従来の「銘柄別市場流通残高に概ね比例」から「保有にかかる費用を勘案」に変更.
2022. 12. 20	長期金利の変動幅を従来の±0.25% から±0.50% に変更.
2023. 1. 18	イールドカーブ維持のため大規模な国債買入を継続．各年限において機動的に買入額の増額や指値オペを実施．共通担保資金供給オペの拡充(期間 1 年から 10 年へ). 貸出増加支援資金供給の実行期間を 1 年延長.
2023. 3. 20	米国の銀行破綻に対応し，米ドル資金供給オペ(期間 1 週間)の頻度を，これまでの毎週から毎日に変更.

湯本雅士

1937年生まれ．60年東京大学法学部卒業後日本銀行に入行．63〜65年ペンシルバニア大学ウォートン・スクール(MBA)．67〜71年IMF(国際通貨基金)出向．その後日本銀行の国際金融・政策関連部局等を経て，91〜98年東京証券取引所常務理事．1999〜2012年杏林大学総合政策学部教授．現在公益財団法人資本市場研究会理事を務める傍ら，衆議院調査局財務金融調査室客員調査員としてスタッフとの共同研究にあたる．主たる著書に『日本の財政はどうなっているのか』『日本の財政　何が問題か』『サブプライム危機後の金融財政政策』『デフレ下の金融・財政・為替政策』『金融政策入門』(以上，岩波書店)がある．

新・金融政策入門　　岩波新書(新赤版)1980

2023年7月20日　第1刷発行

著　者　湯本雅士《ゆもとまさし》

発行者　坂本政謙

発行所　株式会社 岩波書店
〒101-8002 東京都千代田区一ツ橋 2-5-5
案内 03-5210-4000　営業部 03-5210-4111
https://www.iwanami.co.jp/

新書編集部 03-5210-4054
https://www.iwanami.co.jp/sin/

印刷・三陽社　カバー・半七印刷　製本・中永製本

ISBN 978-4-00-431980-1　　Printed in Japan

岩波新書新赤版一〇〇〇点に際して

ひとつの時代が終わったと言われて久しい。だが、その先にいかなる時代を展望するのか、私たちはその輪郭すら描きえていない。二〇世紀から持ち越した課題の多くは、未だ解決の緒を見つけることのできないままであり、二一世紀が新たに招きよせた問題も少なくない。グローバル資本主義の浸透、憎悪の連鎖、暴力の応酬――世界は混沌として深い不安の只中にある。

現代社会においては変化が常態となり、速さと新しさに絶対的な価値が与えられた。消費社会の深化と情報技術の革命は、種々の境界を無くし、人々の生活やコミュニケーションの様式を根底から変容させてきた。ライフスタイルは多様化し、一面では個人の生き方をそれぞれが選びとる時代が始まっている。同時に、新たな格差が生まれ、様々な次元での亀裂や分断が深まっている。社会や歴史に対する意識が揺らぎ、普遍的な理念に対する根本的な懐疑や、現実を変えることへの無力感がひそかに根を張りつつある。そして生きることに誰もが困難を覚える時代が到来している。

しかし、日常生活のそれぞれの場で、自由と民主主義を獲得し実践することを通じて、私たち自身がそうした閉塞を乗り超え、希望の時代の幕開けを告げてゆくことは不可能ではあるまい。そのために、いま求められていること――それは、個と個の間で開かれた対話を積み重ねながら、人間らしく生きることの条件について一人ひとりが粘り強く思考することではないか。その営みの糧となるものが、教養に外ならないと私たちは考える。歴史とは何か、よく生きるとはいかなることか、世界そして人間はどこへ向かうべきなのか――こうした根源的な問いとの格闘が、文化と知の厚みを作り出し、個人と社会を支える基盤としての教養となった。まさにそのような教養への道案内こそ、岩波新書が創刊以来、追求してきたことである。

岩波新書は、日中戦争下の一九三八年一一月に赤版として創刊された。創刊の辞は、道義の精神に則らない日本の行動を憂慮し、批判的精神と良心的行動の欠如を戒めつつ、現代人の現代的教養を刊行の目的とする、と謳っている。以後、青版、黄版、新赤版と装いを改めながら、合計二五〇〇点余りを世に問うてきた。そして、いままた新赤版が一〇〇〇点を迎えたのを機に、人間の理性と良心への信頼を再確認し、それに裏打ちされた文化を培っていく決意を込めて、新しい装丁のもとに再出発したいと思う。一冊一冊から吹き出す新風が一人でも多くの読者の許に届くこと、そして希望ある時代への想像力を豊かにかき立てることを切に願う。

（二〇〇六年四月）